老科学家学术成长资料采集工程

中国工程院院士传记丛书

至纯至强之光

高伯龙传

王晓军◎著

8 年
广西南宁

1951 年
毕业于清华大学物理系

1979 年
晋升为教授

1984 年
担任博士生导师

1991 年
获国家高科技先进个人奖

1997 年
当选为中国工程院院士

老科学家学术成长资料采集工程
中国工程院院士传记 丛书

至纯至强之光

高伯龙传

王晓军◎著

中国科学技术出版社
上海交通大学出版社

图书在版编目（CIP）数据

至纯至强之光：高伯龙传／王晓军著．—北京：中国科学技术出版社，2017.5

（老科学家学术成长资料采集工程丛书；中国工程院院士传记丛书）

ISBN 978-7-5046-7453-1

Ⅰ. ①至… Ⅱ. ①王… Ⅲ. ①高伯龙－传记 Ⅳ. ① K826.11

中国版本图书馆 CIP 数据核字 (2017) 第 067502 号

责任编辑	余　君
责任校对	杨京华
责任印制	张建农
版式设计	中文天地

出　版	中国科学技术出版社　上海交通大学出版社
发　行	中国科学技术出版社发行部
地　址	北京市海淀区中关村南大街 16 号
邮　编	100081
发行电话	010-62173865
传　真	010-62173081
网　址	http://www.cspbooks.com.cn

开　本	787mm × 1092mm　1/16
字　数	330 千字
印　张	21
彩　插	2
版　次	2017 年 5 月第 1 版
印　次	2017 年 5 月第 1 次印刷
印　刷	北京华联印刷有限公司
书　号	ISBN 978-7-5046-7453-1 / K · 214
定　价	78.00 元

老科学家学术成长资料采集工程
领导小组专家委员会

主　任： 杜祥琬

委　员：（以姓氏拼音为序）

巴德年　陈佳洱　胡启恒　李振声

齐　让　王礼恒　王春法

老科学家学术成长资料采集工程
丛书组织机构

特邀顾问　（以姓氏拼音为序）

樊洪业　方　新　谢克昌

编 委 会

主　编： 王春法　张　藜

编　委：（以姓氏拼音为序）

艾素珍　崔宇红　定宜庄　董庆九　郭　哲

韩建民　何素兴　胡化凯　胡宗刚　刘晓勘

罗　晖　吕瑞花　秦德继　王　挺　王扬宗

熊卫民　姚　力　张大庆　张　剑　周德进

编委会办公室

主　任： 孟令耘　张利洁

副主任： 许　慧　刘佩英

成　员：（以姓氏拼音为序）

董亚峥　冯　勤　高文静　韩　颖　李　梅

刘如溪　罗兴波　沈林芑　田　田　王传超

余　君　张海新　张佳静

老科学家学术成长资料采集工程简介

老科学家学术成长资料采集工程（以下简称“采集工程”）是根据国务院领导同志的指示精神，由国家科教领导小组于2010年正式启动，中国科协牵头，联合中组部、教育部、科技部、工信部、财政部、文化部、国资委、解放军总政治部、中国科学院、中国工程院、国家自然科学基金委员会等11部委共同实施的一项抢救性工程，旨在通过实物采集、口述访谈、录音录像等方法，把反映老科学家学术成长历程的关键事件、重要节点、师承关系等各方面的资料保存下来，为深入研究科技人才成长规律，宣传优秀科技人物提供第一手资料和原始素材。

采集工程是一项开创性工作。为确保采集工作规范科学，启动之初即成立了由中国科协主要领导任组长、12个部委分管领导任成员的领导小组，负责采集工程的宏观指导和重要政策措施制定，同时成立领导小组专家委员会负责采集原则确定、采集名单审定和学术咨询，委托科学史学者承担学术指导与组织工作，建立专门的馆藏基地确保采集资料的永久性收藏和提供使用，并研究制定了《采集工作流程》《采集工作规范》等一系列基础文件，作为采集人员的工作指南。截至2016年6月，已启动400多位老科学家的学术成长资料采集工作，获得手稿、书信等实物原件资料73968件，数字化资料178326件，视频资料4037小时，音频资料4963小时，具有重要的史料价值。

采集工程的成果目前主要有三种体现形式，一是建设“中国科学家博物馆网络版”，提供学术研究和弘扬科学精神、宣传科学家之用；二是编辑制作科学家专题资料片系列，以视频形式播出；三是研究撰写客观反映老科学家学术成长经历的研究报告，以学术传记的形式，与中国科学院、中国工程院联合出版。随着采集工程的不断拓展和深入，将有更多形式的采集成果问世，为社会公众了解老科学家的感人事迹，探索科技人才成长规律，研究中国科技事业的发展历程提供客观翔实的史料支撑。

总序一

中国科学技术协会主席　韩启德

老科学家是共和国建设的重要参与者，也是新中国科技发展历史的亲历者和见证者，他们的学术成长历程生动反映了近现代中国科技事业与科技教育的进展，本身就是新中国科技发展历史的重要组成部分。针对近年来老科学家相继辞世、学术成长资料大量散失的突出问题，中国科协于2009年向国务院提出抢救老科学家学术成长资料的建议，受到国务院领导同志的高度重视和充分肯定，并明确责成中国科协牵头，联合相关部门共同组织实施。根据国务院批复的《老科学家学术成长资料采集工程实施方案》，中国科协联合中组部、教育部、科技部、工业和信息化部、财政部、文化部、国资委、解放军总政治部、中国科学院、中国工程院、国家自然科学基金委员会等11部委共同组成领导小组，从2010年开始组织实施老科学家学术成长资料采集工程。

老科学家学术成长资料采集是一项系统工程，通过文献与口述资料的搜集和整理、录音录像、实物采集等形式，把反映老科学家求学历程、师承关系、科研活动、学术成就等学术成长中关键节点和重要事件的口述资料、实物资料和音像资料完整系统地保存下来，对于充实新中国科技发展的历史文献，理清我国科技界学术传承脉络，探索我国科技发展规律和科技人才成长规律，弘扬我国科技工作者求真务实、无私奉献的精神，在全社会营造爱科学、学科学、用科学的良好氛围，是一件很有意义的事情。采集工程把重点放在年龄在 80 岁以上、学术成长经历丰富的两院院士，以及虽然不是两院院士、但在我国科技事业发展中作出突出贡献的老科技工作者，充分体现了党和国家对老科学家的关心和爱护。

自 2010 年启动实施以来，采集工程以对历史负责、对国家负责、对科技事业负责的精神，开展了一系列工作，获得大量反映老科学家学术成长历程的文字资料、实物资料和音视频资料，其中有一些资料具有很高的史料价值和学术价值，弥足珍贵。

以传记丛书的形式把采集工程的成果展现给社会公众，是采集工程的目标之一，也是社会各界的共同期待。在我看来，这些传记丛书大都是在充分挖掘档案和书信等各种文献资料、与口述访谈相互印证校核、严密考证的基础之上形成的，内中还有许多很有价值的照片、手稿影印件等珍贵图片，基本做到了图文并茂，语言生动，既体现了历史的鲜活，又立体化地刻画了人物，较好地实现了真实性、专业性、可读性的有机统一。通过这套传记丛书，学者能够获得更加丰富扎实的文献依据，公众能够更加系统深入地了解老一辈科学家的成就、贡献、经历和品格，青少年可以更真实地了解科学家、了解科技活动，进而充分激发对科学家职业的浓厚兴趣。

借此机会，向所有接受采集的老科学家及其亲属朋友，向参与采集工程的工作人员和单位，表示衷心感谢。真诚希望这套丛书能够得到学术界的认可和读者的喜爱，希望采集工程能够得到更广泛的关注和支持。我期待并相信，随着时间的流逝，采集工程的成果将以更加丰富多样的形式呈现给社会公众，采集工程的意义也将越来越彰显于天下。

是为序。

总序二

中国科学院院长　白春礼

由国家科教领导小组直接启动，中国科学技术协会和中国科学院等 12 个部门和单位共同组织实施的老科学家学术成长资料采集工程，是国务院交办的一项重要任务，也是中国科技界的一件大事。值此采集工程传记丛书出版之际，我向采集工程的顺利实施表示热烈祝贺，向参与采集工程的老科学家和工作人员表示衷心感谢！

按照国务院批准实施的《老科学家学术成长资料采集工程实施方案》，开展这一工作的主要目的就是要通过录音录像、实物采集等多种方式，把反映老科学家学术成长历史的重要资料保存下来，丰富新中国科技发展的历史资料，推动形成新中国的学术传统，激发科技工作者的创新热情和创造活力，在全社会营造爱科学、学科学、用科学的良好氛围。通过实施采集工程，系统搜集、整理反映这些老科学家学术成长历程的关键事件、重要节点、学术传承关系等的各类文献、实物和音视频资料，并结合不同时期的社会发展和国际相关学科领域的发展背景加以梳理和研究，不仅有利于深入了解新中国科学发展的进程特别是老科学家所在学科的发展脉络，而且有利于发现老科学家成长成才中的关键人物、关键事件、关键因素，探索和把握高层次人才培养规律和创新人才成长规律，更有利于理清我国科技界学术传承脉络，深入了解我国科学传统的形成过程，在全社会范围内宣传弘扬老科学家的科学思想、卓越贡献和高尚品质，推动社会主义科学文化和创新文化建设。从这个意义上说，采集工程不仅是一项文化工程，更是一项严肃认真的学术建设工作。

中国科学院是科技事业的国家队，也是凝聚和团结广大院士的大家庭。早在 1955 年，中国科学院选举产生了第一批学部委员，1993 年国务院决定中国科学院学部委员改称中国科学院院士。半个多世纪以来，从学部委员到院士，经历了一个艰难的制度化进程，在我国科学事业发展史上书写了浓墨重彩的一笔。在目前已接受采集的老科学家中，有很大一部分即是上个世纪 80、90 年代当选的中国科学院学部委员、院士，其中既有学科领域的奠基人和开拓者，也有作出过重大科学成就的著名科学家，更有毕生在专门学科领域默默耕耘的一流学者。作为声誉卓著的学术带头人，他们以发展科技、服务国家、造福人民为己任，求真务实、开拓创新，为我国经济建设、社会发展、科技进步和国家安全作出了重要贡献；作为杰出的科学教育家，他们着力培养、大力提携青年人才，在弘扬科学精神、倡树科学理念方面书写了可歌可泣的光辉篇章。他们的学术成就和成长经历既是新中国科技发展的一个缩影，也是国家和社会的宝贵财富。通过采集工程为老科学家树碑立传，不仅对老科学家们的成就和贡献是一份肯定和安慰，也使我们多年的夙愿得偿！

鲁迅说过，“跨过那站着的前人”。过去的辉煌历史是老一辈科学家铸就的，新的历史篇章需要我们来谱写。衷心希望广大科技工作者能够通过“采集工程”的这套老科学家传记丛书和院士丛书等类似著作，深入具体地了解和学习老一辈科学家学术成长历程中的感人事迹和优秀品质；继承和弘扬老一辈科学家求真务实、勇于创新的科学精神，不畏艰险、勇攀高峰的探索精神，团结协作、淡泊名利的团队精神，报效祖国、服务社会的奉献精神，在推动科技发展和创新型国家建设的广阔道路上取得更辉煌的成绩。

总序三

中国工程院院长　周　济

由中国科协联合相关部门共同组织实施的老科学家学术成长资料采集工程，是一项经国务院批准开展的弘扬老一辈科技专家崇高精神、加强科学道德建设的重要工作，也是我国科技界的共同责任。中国工程院作为采集工程领导小组的成员单位，能够直接参与此项工作，深感责任重大、意义非凡。

在新的历史时期，科学技术作为第一生产力，已经日益成为经济社会发展的主要驱动力。科技工作者作为先进生产力的开拓者和先进文化的传播者，在推动科学技术进步和科技事业发展方面发挥着关键的决定的作用。

新中国成立以来，特别是改革开放30多年来，我们国家的工程科技取得了伟大的历史性成就，为祖国的现代化事业作出了巨大的历史性贡献。两弹一星、三峡工程、高速铁路、载人航天、杂交水稻、载人深潜、超级计算机……一项项重大工程为社会主义事业的蓬勃发展和祖国富强书写了浓墨重彩的篇章。

这些伟大的重大工程成就，凝聚和倾注了以钱学森、朱光亚、周光召、侯祥麟、袁隆平等为代表的一代又一代科技专家们的心血和智慧。他们克服重重困难，攻克无数技术难关，潜心开展科技研究，致力推动创新发展，为实现我国工程科技水平大幅提升和国家综合实力显著增强作出了杰出贡献。他们热爱祖国，忠于人民，自觉把个人事业融入到国家建设大局之中，为实现国家富强而不断奋斗；他们求真务实，勇于创新，用科技为中华民族的伟大复兴铸就了辉煌；他们治学严谨，鞠躬尽瘁，具有崇高的科学精神和科学道德，是我们后代学习的楷模。科学家们的一生是一本珍贵的教科书，他们坚定的理想信念和淡泊名利的崇高品格是中华民族自强不息精神的宝贵财富，永远值得后人铭记和敬仰。

通过实施采集工程，把反映老科学家学术成长经历的重要文字资料、实物资料和音像资料保存下来，把他们卓越的技术成就和可贵的精神品质记录下来，并编辑出版他们的学术传记，对于进一步宣传他们为我国科技发展和民族进步作出的不朽功勋，引导青年科技工作者学习继承他们的可贵精神和优秀品质，不断攀登世界科技高峰，推动在全社会弘扬科学精神，营造爱科学、讲科学、学科学、用科学的良好氛围，无疑有着十分重要的意义。

中国工程院是我国工程科技界的最高荣誉性、咨询性学术机构，集中了一大批成就卓著、德高望重的老科技专家。以各种形式把他们的学术成长经历留存下来，为后人提供启迪，为社会提供借鉴，为共和国的科技发展留下一份珍贵资料。这是我们的愿望和责任，也是科技界和全社会的共同期待。

周济

高伯龙

朱起鹤院士（中）接受采访（2013 年 3 月 19 日，周富敬摄）

清华大学张书练教授（左二）接受采访（2013 年 3 月 17 日，周富敬摄）

目录

老科学家学术成长资料采集工程简介

总序一……韩启德

总序二……白春礼

总序三……周　济

导　言……1

第一章　少小坎坷求学路……9

幼年生活记忆……13
辗转各地的小学学习……16
自修初立志……21
亚姨龙瑞瑛……23
考取汉民中学……24
父亲去世……25

汉民中学学习生活 …… 27
短暂从军 …… 36
上海中学学习生活 …… 40

第二章 清华园里的高才生 …… 45

甫入清华 …… 45
受教名师 …… 49
发奋学习 …… 52
政治风云 …… 60

第三章 早期工作多磨难 …… 69

在中科院应用物理研究所工作 …… 69
调到哈军工 …… 74
教员中的佼佼者 …… 77
与钱学森的“学术争鸣” …… 82
所谓“高伯龙路线” …… 86
下放农村劳动改造 …… 93
结婚成家 …… 99

第四章 投身激光陀螺研究 …… 105

初到长沙 …… 105
卓越的理论建树 …… 109
讲学 …… 123
研制成功 DF 透反仪 …… 127
研制成功原理样机 …… 133
成立 208 研究室 …… 136

第五章 艰辛备尝铸辉煌 …… 140

研制成功实验室样机 …… 140

镀膜攻关 …… 149
研制成功工程样机 …… 159
一举拿下“检测之王” …… 171
当选中国工程院院士 …… 177
永不止息的科学探索 …… 180

第六章 严字当头育英才 …… 195

在科研实践中培养人才 …… 195
一定要解决实际问题 …… 200
严师出高徒 …… 209
学生眼中的导师 …… 216

第七章 科研历程探微 …… 229

自主攻关与对外协作 …… 229
经费问题 …… 237
打造一流科研团队 …… 243
实现一流工艺技术 …… 251
拼搏奋斗的楷模 …… 255
与疾病长期抗争 …… 259
个性与品格 …… 262

结 语 …… 273

附录一 高伯龙年表 …… 277

附录二 高伯龙主要论著目录 …… 301

参考文献 …… 303

后 记 …… 309

图片目录

图 1-1　高伯龙出生数月后与家人的合影 …… 14
图 1-2　母亲龙瑞霞 …… 14
图 1-3　两岁时的高伯龙 …… 15
图 1-4　七岁时的高伯龙 …… 15
图 1-5　杭州天长小学外景 …… 17
图 1-6　高伯龙与父母家人合影于莫干山 …… 18
图 1-7　高伯龙的汉民中学高中学历表 …… 28
图 1-8　汉民中学 1946 年所建教室 …… 30
图 1-9　上海中学同学在京相聚 …… 40
图 2-1　高伯龙的清华大学注册片 …… 46
图 2-2　清华校友相聚 …… 53
图 2-3　何祚庥院士接受采访 …… 56
图 2-4　高伯龙与杨士莪相聚于长沙 …… 58
图 2-5　高伯龙的清华大学历年修习学程成绩记载表 …… 66
图 2-6　高伯龙回母校参加清华百年校庆 …… 67
图 3-1　高伯龙 …… 70
图 3-2　哈军工外景 …… 75
图 3-3　朱起鹤院士接受采访 …… 76
图 3-4　高伯龙编撰的物理学教材封面 …… 80
图 3-5　高伯龙 1958 年填写的干部履历书 …… 81
图 3-6　高伯龙在全体下放干部心得交流会上的发言提纲 …… 94
图 3-7　高伯龙与曾遂珍结婚时合影 …… 99
图 3-8　夫人曾遂珍与长子高一东、女儿高一华合影 …… 100
图 3-9　高伯龙与夫人曾遂珍、长子高一东、女儿高一华
在松花江畔留影 …… 101

图 3-10　高伯龙夫妇结婚四十周年纪念照 ……102
图 3-11　高伯龙与萧枝奎、岳宗五等合影 ……103
图 4-1　20 世纪 70 年代长沙工学院南院鸟瞰 ……106
图 4-2　《环形激光讲义》上册封面 ……112
图 4-3　清华百年校庆时高伯龙与张书练合影 ……115
图 4-4　发表高伯龙五篇激光陀螺学术论文的《工学学报》（激光陀螺专辑）封面 ……118
图 4-5　光学陀螺系列丛书编委会委员合影 ……122
图 4-6　高伯龙在测试 DF 透反仪……127
图 4-7　DF 透反仪获国家发明奖证书 ……129
图 4-8　高伯龙指导科技人员调试激光陀螺 ……133
图 4-9　高伯龙指导科技人员进行激光陀螺研究攻关……134
图 4-10　高伯龙 1979 年晋升教授呈报表……137
图 5-1　1980 年研制成功的激光陀螺实验室样机……141
图 5-2　高伯龙与镀膜、光学加工的部分同志在一起……150
图 5-3　高伯龙与学校赴美考察激光陀螺技术代表团成员合影 ……152
图 5-4　《镀增透膜的一些原理性问题》……157
图 5-5　高伯龙向评议会专家介绍激光陀螺研制情况……160
图 5-6　出席评议会的专家等合影……161
图 5-7　高伯龙在科研攻关……172
图 5-8　高伯龙赴京领取全军专业技术重大贡献奖归来，在长沙黄花机场接受学校电视台采访 ……178
图 5-9　高伯龙参观酒泉卫星发射中心 ……179
图 5-10　基地调研留影 ……188
图 6-1　高伯龙培养的第一批硕士研究生毕业答辩会……196
图 6-2　高伯龙培养的博士生肖贵遐博士学位论文答辩会后合影 ……198
图 6-3　高伯龙培养的博士生冯莹博士学位论文答辩会后合影 ……199
图 6-4　高伯龙在指导研究生……201
图 6-5　高伯龙为全校学生举办学术讲座 ……202
图 6-6　高伯龙与季家熔合影……210
图 6-7　高伯龙培养的博士生饶谷音博士学位论文答辩会后合影 ……223
图 6-8　高伯龙培养的博士生袁保伦博士学位论文答辩会后合影 ……224

图 6-9 高伯龙培养的博士生王国臣博士学位论文答辩会后合影 ……226
图 6-10 高伯龙培养的博士生韩松来博士学位论文答辩会后合影 ……227
图 7-1 1988 年 208 研究室与航天部 12 所签订的协议……230
图 7-2 1991 年国防科大二系与机械电子工业部第 44 所签订的协议 ……232
图 7-3 赴俄罗斯考察时留影……251
图 7-4 赴乌克兰考察时与乌方人员合影……253
图 7-5 高伯龙验收俄方设备……254
图 7-6 高伯龙院士在科研中……256
图 7-7 高伯龙与丁金星、袁保伦研究科研工作……257
图 7-8 高伯龙夫妇登岳麓山留影……261
图 7-9 高伯龙出席全国政协八届五次会议时留影……265
图 7-10 高伯龙在全国政协九届五次会议上发言……266

导 言

高伯龙是我国激光陀螺研究领域卓越的开拓者、杰出的领军人物，这已为我国激光陀螺界所公认。可以这样说，假如没有高伯龙，我国激光陀螺研制的成功很可能还要探索更长时间。

陀螺的基本功能是敏感角位移和角速度，以陀螺和加速度计为核心，构建惯性导航系统和定位定向系统，具有不依赖于 GPS、北斗系统等外部信息的纯自主导航、制导、定位、定向和姿态控制功能，应用于各种军用和特种民用运动载体。

激光陀螺是一种以 Sagnac 效应为基础的光学陀螺，与传统的机电陀螺相比，具有快速启动、全固态、抗冲击振动能力强、动态范围大、精度高、寿命长、可靠性好、动态误差小等显著优点，已在陆海空天等很多领域取代机电陀螺，得到越来越广泛的应用。

1960 年世界上第一台激光器诞生。美国在 1962 年即开始激光陀螺相关研究工作，世界各国群起跟进。中国激光陀螺研究始于 1963 年。因激光陀螺研制涉及多项先进工艺技术，难度极大，最终世界各国均以未得到激光陀螺信号而告终，纷纷下马，只剩下美国为数不多的几家公司和少量科研人员还在努力。时至 60 年代末，美国在激光陀螺原理和工艺研究上取得很大突破，为激光陀螺研制指明了方向，也引发世界上新一轮激光陀螺研制热潮。中国多家研究机构也重启激光陀螺研发工作。高伯龙正是在这一时期投身激光陀螺研究。

常言道，世界上没有完全相同的两片树叶。中外历史上每一位杰出人物的产生，更有其独特的复杂的内外因素。像高伯龙这样杰出的科学家，有着曲折的求学和坎坷的人生经历，所以很难依照固定模式加以复制。但探求其学术成长历程，深入分析其成功的原因，必然会给人们以有益的启示。这也是撰写本书的初衷。

高伯龙于 1928 年 6 月 29 日出生于广西南宁。因随家庭迁徙及战乱，小学频频转学，分别入读广西、浙江、湖北等地的八所小学方完成小学学业。后又先后考取广西汉民中学和上海中学，崭露学习天分，理科尤佳。1947 年在上海中学仅就读一年（高二），即参加高考，并被清华大学物理系录取，于当年 9 月入学。四年学习期间勤于读书钻研，打下了扎实的理论物理基础。因学业优异，毕业时被评为物理系该届两名优秀学生之一（另一名优秀学生为周光召）。1951 年 7 月毕业后分配到中国科学院应用物理研究所任实习研究员。1954 年 9 月调到哈军工工作，在物理教授会任物理教员，理论水平和教学能力有口皆碑，曾于 1955 至 1961 年为物理教授会举办的青年教师进修班授课，讲授量子力学、统计物理等课程，是进修班主要负责人。其讲授的许多理论知识均为自学钻研所得。

1970 年 7 月，高伯龙全家随校南迁长沙。1975 年学校基础课部撤销，当年 5 月被分配到应用物理系激光教研室，从此参与激光陀螺研制工作，并开始激光陀螺理论研究。由此开启了高伯龙此后半生研制激光陀螺的征战历程。当年 11 月，高伯龙抱病在激光陀螺长沙会议上作激光陀螺专题学术报告，介绍国外研究进展情况和激光陀螺基本原理及有关工艺技术问题，由此确立了高伯龙在我国激光陀螺研制领域的理论权威地位。1976 年 1 月受邀赴京在中国计量科学院讲学，随后与清华大学、中国计量科学院开始联合研制四频差动激光陀螺，并在讲学的基础上，撰写《环形激光讲义》（又名《激光陀螺的物理性能》），由中国计量科学院印行全国各研制单位，至今仍是学习、研究激光陀螺的理论经典著作。1976 年研制成功测量镀膜质量的关键仪器“DF 透反仪”，先后获得国防科工委科技成果一等奖、湖南省科学大会奖、湖南省重大科技成果一等奖、国家发明奖。1978 年 1 月，研制出第一代外腔式四频差动激光陀螺。当年 9 月研制出第二代实验样机，性能出现飞跃，并在一系列单项实验的基础上作了理论总结。1979 年研制成功第三代激光陀螺原理样机。当年 7 月赴京参加于北京航空航天大学召开的全国惯导与激光陀螺会议，当选会议领导小组副组长、激光陀螺分会议主席。会议确认了国防科技大学四频差动激光陀螺原理样机的领先地位。1979 年晋升为教授，为研究生开出“激光物理”“激光陀螺”等课程。当年 12 月，四频差动激光陀螺实验样机赴京表演展出一个月，钱学森观看表演并给予勉励支持。1981 年 9 月，参加激光陀螺苏州会议，担任会议主席。会后即赴京为国防科工委全体干部作激光陀螺学术报告。当年 10 月，经钱学森作出专门批示和校党委批准，环形激光研究室由应用物理系 204 教研室分出，组建环形激光研究室（208 研究室），翌年 2 月校党委任命高伯龙任该研究室主任。1982 年招收军用光学专业第一批研究生，担任导师。1984 年获国务院学位委员会批准，军用光学专业获博士学位授予权，担任导师。当年，激光陀螺性能样机通过国防科工委组织的专家鉴定。1986 年向航天部三院提供 3 个外形缩小了的外腔型整体化四频激光陀螺样机，被三院制作成一台捷联式惯导系统，在三轴摇摆台上实验性能良好。

1991 年 11 月，“863” 主题专家组在国防科大召开“内腔式四频差动激光陀螺立项评议会”，对 208 研究室激光陀螺研制工作给予高度评价，并建议立项，给予经费支持。这次会议是国防科大激光陀螺研究团队的重大转机，科研条件全面改善，研制进度明显加快。此后仅一年时间，激光陀螺攻关即取得显著进展。随着一系列工艺技术获得突破性进展，特别是镀膜攻关成功，高伯龙所率领的国防科大激光陀螺研制团队，在经历了近 20 年的艰难曲折、困难重重的攻关后，终于收获了丰硕的果实。1994 年 10 月，全内腔绿（黄橙）光 He-Ne 激光器通过鉴定，使我国成为继美国、德国之后第三个掌握这种制造技术的国家；当年 11 月，全内腔四频差动激光陀螺工程样机通过鉴定。这两项重大科研成果于 1995 年分别获得国防科工委科技进步一等奖。1996 年，全内腔绿（黄橙）光 He-Ne 激光器获国家科技进步二等奖。此后，高伯龙并未停止科学探索的脚步，仍在孜孜不倦地思考探索新型光学陀螺以及激光陀螺惯导系统等应用问题。

高伯龙扎实深厚的理论物理学养，在我国激光陀螺研制领域无出其右者。激光陀螺研制每取得阶段性突破和进展，高伯龙都要对实际研制工作进行深入的理论总结，并对下一步研制以及遇到的技术难关进行理论探索，从而确保了国防科大激光陀螺研制始终在正确理论指导下进行，这也是国防科大激光陀螺研制得以不断推进并最终取得成功的关键因素。自高伯龙投身激光陀螺研制工作之后，他对激光陀螺的理论研究从未间断。查阅高伯龙的主要论著，从他投身激光陀螺研制工作之初于 1976 年撰写的《激光陀螺的物理性能》（上下册）开始，一直到 20 世纪 90 年代的一系列论文，在激光陀螺研制主要攻关时期的前 20 年，一共撰写了 20 余篇重要论文。这些论著论文涵盖了激光陀螺基础理论研究和关键技术研究，而且随着研制工作的进展，其理论研究也不断深化和拓展。其理论研究的过程，甚至可以看作国防科大激光陀螺研制的另一种历史记录。阅读这些论著论文，即能发现，紧密结合工程实际、决不做空对空的所谓理论阐述，是高伯龙理论研究的鲜明特点。凡是与他共事过的同行以及他的学生，对此都有深刻体会。因此，高伯龙理论研究的工程性、针对性极强，对激光陀螺研制工作具有实实在在的指导作用。

由于高伯龙在我国激光陀螺研制工作中的重要贡献和其高深的理论造诣，他的学术地位和社会地位也在不断提升，这是党和人民对他杰出贡献的充分肯定和褒奖。1979 年当选学校学术委员会委员；1982 年当选为学校学位评定委员会委员；1983 年任湖南省第六届政协常委；1984 年担任学校科学技术委员会副主任委员；1985 年担任国务院学位委员会第二届学科评议组成员；1987 年被聘为国家高技术“863”某专题专家组成员，担任中国惯性技术学会第一届理事；1988 年被聘为国家高技术“863”某专题专家论证组成员，任第七届全国政协委员；1992 年担任国务院学位委员会第三届学科评议组成员；1997 年当选为中国工程院机械与运载工程学部院士。

同时，高伯龙还获得了一系列荣誉。1979 年被评为学院先进工作者；1980 年被评为学校先进个人标兵，荣立三等功；1985 年获解放军三总部颁发的“从事国防教育30年”奖章；1988年荣立二等功，获国防科工委颁发的“献身国防科技事业”荣誉奖章；自1989年起，连续多年获学校优秀研究生导师奖；1990年荣获国家教委和国家科委联合授予的“全国高等学校科技工作者先进个人”称号；1991年获国防科工委颁发的“国家高科技先进个人”奖，所负责的“863—409专家组”被国防科工委授予“先进集体”称号，当年7月起享受政府特殊津贴；1996年荣获首届中国人民解放军专业技术重大贡献奖，荣膺“湖南科技之星”称号；1997年荣获首届“全国优秀科技工作者”称号。

追寻高伯龙学术成长的历程，可以发现，高伯龙参与激光陀螺研究其实有着十分偶然的因素。同时，高伯龙一直以来的学术志向，也并非应用物理，而是他始终醉心学习钻研的理论物理，如量子力学、广义相对论等，并期望在量子场论方面有所建树。无论是在清华大学物理系学习期间，还是毕业后分配到中国科学院应用物理研究所，以及调到哈军工担任物理教学工作以后，都是如此。但时势造英雄。1975年，可以说是高伯龙个人命运在冥冥之中的一个重大转折之年，也可以说是我国激光陀螺研究真正迈向成功之路的起点。历史进程的机缘巧合有时确实很难加以解释。那一年，高伯龙所在的长沙工学院（前身为哈军工，亦即今天的国防科技大学）撤销基础课部，高伯龙不得不离开其所在的基础课部物理教研室，被分配到该校三系（应用物理系）承担激光陀螺研究任务的304激光教研室。虽然高伯龙对此次工作岗位的变动很不情愿，但一旦投入激光陀螺事及研究工作之中，即以其深厚的理论物理造诣，指导研究工作迈上正确的道路，一步步扎扎实实地向前推进，在攻克重重技术难关后终于获得成功。他领导的208研究室也成为我国从未间断地开展激光陀螺研究的主力和重镇。而我国激光陀螺研究的主要现实背景之一，即是国外严密的技术封锁。这一点直接导致我国激光陀螺研究完全是白手起家，其艰辛程度外人难以想象。但这也有力地证明，中国人凭借自己的力量，完全可以攀登现代科技之巅。

国防科技大学“高伯龙学术成长资料采集工程”课题组按照采集工程的要求，全方位地采集和细致整理高伯龙院士学术成长资料。课题组主要由国防科大光电科学与工程学院、国防科大电视台有关人员组成。国防科大校报原总编、编审王晓军应邀加盟，主要负责访谈和研究报告撰写。课题组除在本校开展有关工作外，还前往高院士曾经生活、学习、工作过的广西岑溪、桂林、杭州、上海、北京等地的学校、科研院所、地方档案馆，进行知情人采访和各类资料采集，尽力详尽搜集有关资料。此一过程的具体情况，后记中有较为详尽的介绍，恕不在此赘述。但最大的缺憾是传主本人对“树碑立传”之事素不热心，仅允准采访两次，不足10小时。却也因此造成了本传记的一大特点，即更多地依据知情人访谈、各类档案史料和有关公开出版物等翔实的材料，梳理传主学术成长经历，展示其主要学术成就和品格精神，而非主要凭借传主本人的回忆讲述，从而体现出更强的客观性。这也是书后所附“参考文献”中档案类材料达60余份之多的原因。

经过多方努力搜求及一些幸运的偶然，对高伯龙人生各阶段均获得了相关档案史料和知情人访谈等重要采集成果。其中相当多的内容，传主本人在有限的访谈中并未提及。正是这些采集成果支撑了研究报告的撰写。如档案中传主本人写于1952年的自传，对其时传主24年的人生经历作了较为详尽的回顾和介绍。而在广西采访时所获得的《高氏族谱》《岑溪市志》和《任中敏与汉民中学》忆文集，在上海采访时所获得的两本上海中学校友忆文集，在清华大学采访所获得的《清华大学史料选编》《清华物理八十年》《春风化雨——百名校友忆清华》等书，以及档案中有关传主在中国科学院、哈军工工作期间的若干重要史料，为撰写引子和前三章提供了弥足珍贵且真实可信的依据。访谈当然也是本书内容的重要来源之一。访谈对象除传主外，还有国防科大激光陀螺研制团队主要成员、高伯龙的学生、早期合作者等共30余人，其中包括中国科学院院士朱起鹤，中国科学院院士何祚庥，中国工程院院士杨士莪，清华大学教授张书练，国防科大光电科学与工程学院院长秦石乔教授，该院激光陀螺研究所所长罗晖教授、高级工程师丁金星等高伯龙历史和科研情况的重要知情人。访谈录音经整理总计27万余字。可以说，所有访谈都是极其重要的，对全面了解各个时期高伯龙的人生经历和学术成长情况提供了不可或缺的信息。尤其必须提及的是，有关激光陀螺研制科技档案的获得，为撰写本传记相关章节（第四至第七章）提供了不可或缺的史料。其中包括项目申请书、开题报告、攻关实施方案、科研合作协议书、研制报告等。经筛选整理，本书所涉及的科技档案材料共60余份，近19万字。细细爬梳这批科技档案，已然隐现激光陀螺研制的历史脉络。且多份档案材料由传主亲自撰写，其中不乏具体生动的研制过程介绍，极大地弥补了传主访谈之不足，故而尤其珍贵。当然，要把这些档案材料所提供的信息有机融入各章，还需要下一番梳理斟酌取舍的功夫。随着资料采集工作和研究报告撰写的不断深入，我们仿佛一步步走进高伯龙的坎坷人生奋斗历程和内心世界，对高伯龙院士的景仰之情更为强烈。

本传记共七章。主要按照传主人生经历的时间线索构建写作框架（第一至第五章），同时辅以专题研究（第六、七章）。这样的框架形式是在撰稿过程中不断思考斟酌形成的。主要的考虑是，这样更便于全面地充分地展现传主在科研、学术、人才培养等方面的业绩和特点，使各章内容更加眉目清晰、重点突出，同时能深入探究传主科研历程中的一些重要问题。

本传记严格按照采集工程“内容真实、论从史出”等写作要求，摈弃所谓文学性的想象和描写，所述内容均严格依据史料和访谈。这一点，前面已有所提及。而作为我国史学优良传统的“史论结合”方法，则是本书的一大特色，在各章均有所体现。而所论者，主要是分析史实所透露出的信息，阐发其意义和价值，使读者更加明晰地了解传主的价值取向、学术造诣、人生追求和杰出贡献。限于篇幅，恕不在此举例说明，读者在阅读过程中自会有所体悟。

第一章
少小坎坷求学路

据广西岑溪市《高氏族谱》中《高氏源流探讨》一文所载，岑溪高姓有两大系脉。一支是鼎天公系脉，于明代年间，从山东、江苏、福建，到广东、广西北流，再到岑溪定居繁衍；一支是诚公系脉，于明代朱元璋洪武年间，从山东省青州府益都县白米巷来广西全州做官，后迁宜山庆远府。到诚公第九世孙翀公，明末任广东信宜县知县，在改朝换代中避地岑溪，之后定居岑溪。经考究历史，岑溪高姓的两大支系都称“渤海郡”，其实乃同血脉、同根、同源、同祖的亲兄弟，没有本地与外来之分，只是先来后到而已①。而据《岑溪市志》所载“谢村等地高姓的祖先是顺治四年（1647）由广东信宜迁入的。”②

岑溪高姓先祖中最为著名者为入岑二世祖高熊徵。《岑溪高氏族谱》对高熊徵记述颇详。《岑溪市志》也有专门条目加以介绍。而《岑溪高氏族谱》诚公宗支即由高熊徵于康熙三十八年（1699）始编，至今已续修五次。

据《岑溪市志》“人物·传略·历史人物”所载：“高熊徵（1636—1706），字渭南。归义镇谢村人。顺治庚子副贡。康熙十三年（1674）吴三桂叛清，高熊徵拟《讨吴三桂檄文》《平滇三策》，并组织乡兵与官军讨

---

① 高守忠：高氏源流探讨。岑溪市高氏族谱编委会：《高氏族谱》，2007 年。

② 《岑溪市志》。广西人民出版社，1996 年，第 112 页。

伐入岑之叛军，斩敌军总兵陈士龙。康熙十八年六月，被委任为浔州府教授；同年九月巡抚傅宏烈召他至桂林，欲他随征滇黔。他表白：‘余一介儒生，志在观场，教职是所愿也。’十月任桂林府教授，任职期间，他设法收还修复满洲旗员占住的明伦堂和学署，筹建桂林府学、临桂县学、华掌书院，请名师设帐。二十六年（1687）调任思明府教授，他朝夕经营，募建学宫，捐造学署，创立南坡书院。他任教职之余，还受命督修《通省赋役全书》，撰稿编修《广西通志》《桂林府志》《临桂县志》《思明府志》《安南志纪要》和《岑溪县志》等六种地方志书。他在编修志书的调查研究中，洞悉各地政情民情，平定吴三桂战乱之后，向府院具题请豁免荒田粮、罢钱局、革盐政《粤西三大政》，为当局采择。康熙三十九年（1700）高熊徵经广西巡抚彭鹏荐举，任河北真定府井陉知县，康熙皇帝召见他时，呈上早年所拟《平滇三策》等五个手折，后擢升为两浙盐运史。浙江臬员缺，委他两度代理。康熙四十二年（1703）帝巡视河工，驻跸武林，御书朱子诗‘群山相接连，断处秋云起。云起山更深，咫尺愁千里’赐给他。四十五年（1706）病逝于浙江任所。遗著有《郢雪斋全集》《高渭南纪年录》。”①

《岑溪市志》“大事记”对高熊徵参与征讨平定吴三桂叛乱也有具体记载：“康熙十三年（1674）六月，附吴三桂反清的广西安远将军孙延龄派其部将孙云客督藤县土镇吴凤领兵攻破岑溪县城。同年七月，永业乡土镇陈士龙领兵进驻县城。同年八月，归义谢村的副榜贡生高熊徵领乡兵收复县城，斩陈士龙于孝子祠后。是年，藤县义昌乡土镇林万胜劫夺运经义昌的岑溪官饷，驻岑溪的官兵和高熊徵率领的乡勇赶至义昌联合攻杀林万胜。康熙十四年（1675）二月，孙云客、吴凤及林万胜余部共万人，由波塘、三堡向岑溪进攻，中军管辉领官军联合高熊徵调集的乡勇迎战，斩孙云客。同年七月，平西王吴三桂之总兵王邦相、监军道周鳞元由容县发兵攻岑溪，管辉领官兵联合高熊徵带领的乡勇往容县波里迎击，斩邦相长子。”②

① 《岑溪市志》，广西人民出版社，1996年，第952页。

② 《岑溪市志》，广西人民出版社，1996年，第9–10页。

另摘录广西岑溪市《高氏族谱》“渭南公传”之记载：“渭南公四岁即开始学文，天资聪颖，虚心勤奋攻读，远尘翁鼎力相助，多次徒步赴广东肇庆、南海西樵等地拜名师习文。学成，顺治十七年乡试（即省试），名列副榜（即副榜贡生）。后因家贫无法再习举业，遂于岑溪、苍梧各地设馆授徒十年之久，在邑中素有名望。……康熙四十年四月初三日，康熙帝于畅春苑召见熊徵公，公回答了帝的问询后，即呈上《平滇三策》《讨逆檄文》及《请查赎难民子女详文》等五个文稿。康熙逐篇翻阅后交付存档。四月二十一日，熊徵公即奉旨超升为两浙盐运史，官阶由七品骤升至从三品。公在盐道任职五年多，清廉自守，尽革官商仪节陈规，多施善政，并筹建崇文书院、紫阳别墅，延师教学。公曾说：‘疑谤交乘，不当问之人而当问之心。吾行非，即加之宠荣而滋愧；吾行是，虽临渊而不惊。’……公积劳成疾，于康熙四十五年四月初十日病逝于杭州任所，享年七十一岁。浙江人念其德政，祀于杭州名宦祠、崇文书局和正气阁等处。浙江绅商也为他立了遗爱碑，颂其功德。”①

从以上历史记载可知，高熊徵为有胆有识之人，若细读其《讨吴三桂檄文》《平滇三策》《粤西三大政》等策论，便可知其胸中韬略超于时人，且极重文教育人事业，更为后世景仰。高熊徵为官兴学之业绩，奠定厚植了高姓一族在岑溪之根基，其尚武崇文之义举、急公好义之品德、经世致用之担当，已成为岑溪高氏一族之传统而代代传承，历代英才辈出，造福国家乡梓。

近代岑溪高氏一族最著名人物有高致嵩。《岑溪市志》“人物·传略·革命烈士”对高致嵩有如下记载：“高致嵩（1898—1937）字子晋。归义镇谢村人。黄埔军校第三期毕业。第一次国共合作时期，历经东征、北伐诸战役。民国十九年（1930）奉调南京卫戍司令部。民国二十一年调陆军第八十八师任中校参谋。‘一·二八’日军进攻上海，十九路军奋起抵抗，高致嵩率部赴上海支援十九路军，在庙行一带痛击日军，日军以大炮五六十门进行长达五小时的轰击，火力之猛，前所未有，高致嵩亲率将士

① 渭南公传。岑溪市高氏族谱编委会：《高氏族谱》，2007 年，第 7-8 页。

与日军展开肉搏战，终于打退日军进攻。此后，高致嵩继续战斗在江湾、闸北一带，身先士卒，不幸腿部中弹。1933年伤愈后任湖北省保安团营长。1934年任浙江省保安处补充团及第三团团长等职。1937年抗日战争爆发，8月，日本侵略军进攻上海，高致嵩奉命率领浙江省保安处所属三个保安团驰沪参战。后该部改编为陆军八十八师二六四旅，高升任该旅少将旅长，负责保卫大场、江湾一带防区与日军展开激烈的街市战、肉搏战，将日军击溃。10月，高率军转守北站一带，对敌实施夜间突袭，击毙日军甚多。11月他奉命退守南京，参与南京保卫战，防守中华门外雨花台左翼阵地。12月7日，日本侵略军第九师团挟陆空军优势火力向该防地猛攻。12日晨，日本侵略军集中飞机百余架、重炮数十门分三路进攻。高率所部奋勇冲杀，反复肉搏，终因弹尽粮绝，外无援兵，该旅官兵6000余人皆英勇殉国。高致嵩牺牲后，国民党中央政府追晋为陆军中将。1986年3月26日，浙江省人民政府追认高致嵩将军为抗日战争革命烈士。”①

另据《岑溪高氏族谱》记载，在抗日战争、抗美援朝战争中，岑溪高氏一族多有热血青年勇赴疆场，荣立战功，为国捐躯。

高伯龙之父高元勋亦为岑溪高氏一族引为骄傲之杰出人物。据《岑溪市志》“人物·传略·历史人物”记载：“高元勋（1896—1942），字赞侯。归义镇谢村人。上海交通大学毕业。曾任广西省立工程专门学校校长职。30年代初广西当局在柳州沙塘创办广西农村垦殖试验区，他负责建设施工及垦务劳动。民国24年试办区奠定规模后，他任黄绍弘秘书，先后到浙江、湖北工作。民国29年回柳州与中专学生杨绍霖合股垦办大同农场，开垦荒山造林种果，开广西知识界办农林实业的先河。”②

而高伯龙院士更是近年来岑溪高氏一族口口相传的楷模人物，成为高氏一族的莫大骄傲与荣光。

回头看岑溪高氏一族的始居地、发祥地谢村。村落前临义昌江，背靠九龙山，周围田畴平沃。所谓九龙山，即九条山脉，谢村如龙口之珠，自古人称风水宝地。

---

① 《岑溪市志》，广西人民出版社，1996年，第950–951页。

② 《岑溪市志》，广西人民出版社，1996年，第954页。

据《岑溪市志》“大事记”记载：顺治九年（1652），县内土镇张隆称宁西军门，据连城；陈选称武卫将军，据西乡、南乡；宋相国、陈奇策称总兵，分据永业、义昌（当时属藤县）。县官走避归义谢村[①]。

据谢村老辈人介绍，当年岑溪知县因地方叛乱避居谢村，在此办公四年，并有移县址于谢村之想，乃兴土木筑墙建城，初建东西南北四门，于村内设市贸易。后形势好转乃返岑溪原县衙。故谢村格局不同于普通乡村，颇具规模。一条条用青砖和石板铺就的狭长小巷蜿蜒村中，小巷两边是高低不一的清代民居建筑，且多有雕梁画栋的豪宅大院，屡见其门楣之上有“进士”“文魁”、“兄弟拔元”的牌匾，可想见当年谢村文风之盛且多有出类拔萃者。今虽古建筑多已残损，荒废无人居，但当年气象犹存。村内保存较为完好之建筑为高大夫庙，此为高氏一族纪念入岑二世祖高熊徵所建。现为岑溪市文物保护点。高大夫庙占地近八百平方米，建筑宏阔，气象庄严，为三进大厅，第三进神厅供奉高熊徵画像牌位。其后相连有张外祖祠、御书楼等建筑。高家旧居亦谢村当年颇具规模之建筑。今高氏族裔仍有近三千人居谢村。而开枝散叶于国内、海外之高氏族裔则难以计数。

谢村村口有一小学，出入必经其侧，琅琅书声犹如天籁。抚今追昔，感慨万千，焉知今日之童稚学子将来不亦如先贤而成为国家之英才栋梁乎？

幼年生活记忆

广西岑溪是高伯龙的祖籍地，但因为父亲长期在外地工作等原因，幼年的高伯龙并没有回过老家，故对岑溪没有什么印象。高伯龙 1928 年 6 月 29 日出生于广西南宁市，后到梧州上小学。高伯龙记得那时他和母亲及姨妈龙瑞瑛一起住在梧州。一年后又搬回南宁居住，入读南宁第二小学高小

① 《岑溪市志》，广西人民出版社，1996 年，第 9 页。

图 1–1　高伯龙（中被怀抱者）出生数月后与家人的合影（左一为父亲高元勋，左二为母亲龙瑞霞。摄于 1928 年。国防科大光电科学与工程学院提供）

图 1–2　母亲龙瑞霞（摄于 1935 年。国防科大光电科学与工程学院提供）

二年级。家庭住址的经常变动，大约是因为父亲工作地点不时变化所致。但和后来家庭屡次跨省搬迁比起来，这还算不得什么。

上世纪二十年代初，广西省政府为培养本省路政工程技术人员，在省会南宁创办了一所工程专门学校①。因战事影响及学潮、经费支绌等原因，办学屡经波折，几至停顿。高伯龙的父亲高元勋是南洋大学（即后来的上海交通大学）电机系的高才生，是当时广西少有的高级知识分子，政府便委任原在中学教书的高元勋接任校长。

据 1946 年 12 月出版的《广西教育史料》载：“高元勋接长该校，‘兢兢业业，力图扩充’，除次第添招补习班一班 21 人，预科一班 11 人，工程特班一班 45 人外，并呈请政府，准支建置费三万元，将古城楼拆去，另建新式校舍，及购置机械仪器等。至是，规模初具，设备稍全，于十六年五

① 原名工程讲习所，成立于 1921 年秋，1924 年春改为广西省立工程专门学校，1927 年 5 月改为广西交通专门学校。1926 年春，高元勋接掌该校，至 1929 年政局变乱学校停办时止。

月呈报国民政府教育行政委员会备案。同年六七月间，本科第一班学生修业已届三年，特班生亦已修业半年期满，乃相继举办毕业，计得本科及格生15人，特班生38人。是年十一月五日，省政府以全省交通建设，亟需人才，因特议决将该校及技术学校合并，改为交通专门学校，转隶建设厅管辖。建厅遵即接办，仍以高元勋为校长；并于十七年八月间，将校址迁往柳州，另建新校舍，内设电信、测绘及工路管理等三科，学生约160余人。嗣十八年政局变乱，校舍驻兵，仪器散失殆尽，无形中遂告停办。

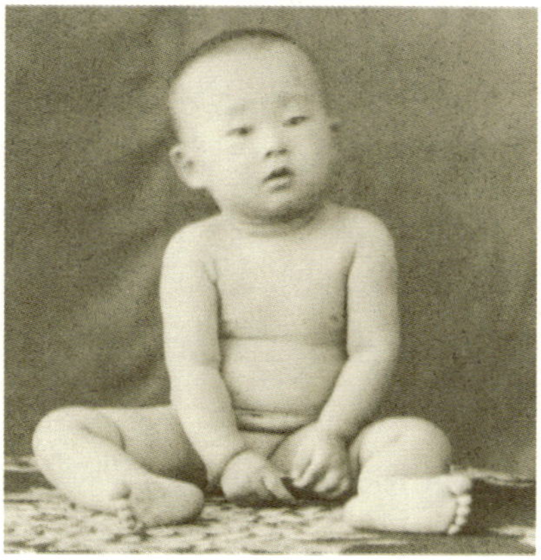

图 1-3　两岁时的高伯龙（摄于 1929 年。资料来源：国防科大光电科学与工程学院提供）

高伯龙年纪稍长后知道，父亲确实学问非常好，尤其精通数学。当时工程专门学校里开设了微积分课程，却无教师能够胜任，就由担任校长的父亲亲自教。来家里拜访的多是高伯龙父亲的学生，他们称呼高伯龙的父亲为“数学博士”。其实高伯龙的父亲并不是博士，只是因为学生佩服他的数学才能而以此称呼表示敬佩之意[①]。

图 1-4　七岁时的高伯龙（摄于 1934 年。资料来源：国防科大光电科学与工程学院提供）

高伯龙的父亲任工程专门学校校长期间，与高伯龙的母亲龙瑞霞结婚。龙瑞霞曾就读上海大夏大学，因结婚成家中断学业。约一年后，广西省政府为发展农业生产，在柳州沙塘创办广西垦殖水利试办区，高伯龙的父亲又受命负责建设施工及垦务工作。因忙于工作，那几年

① 高伯龙访谈，2012 年 11 月 17 日，长沙。资料存于采集工程数据库。

高伯龙的父亲对家庭较少顾及，高伯龙除短暂随父母在柳州、梧州居住外，更多时间和在南宁的外公、外婆生活。

高伯龙外公的老家在广西川梧，有一些田地，并在南宁开办了一家名为“泰安”的大客栈，经营规模在南宁市数一数二。故高伯龙幼时是在较为宽裕舒适的生活环境中长大的。他曾在新中国成立初期写的一份自传中忆及幼时生活对自己的影响：由于小时没有劳动过，故缺乏独立生活能力和劳动及服务的观念①。但因高伯龙的父母均接受过大学高等教育，故家庭文化氛围浓厚，高伯龙自小耳濡目染，对其幼时智力启蒙发挥了重要作用。尤其是高伯龙的父母对子女教育极为重视，以及“事事要强”的要求和期勉，使高伯龙形成了“不甘人后、自强不息”的性格特征并保持终身，在后来的求学、工作中，格外用功、勤奋钻研，其学问功底、专业素养均为同辈人中的佼佼者。

辗转各地的小学学习

高伯龙的父亲担任广西工程专门学校校长期间，既忙于校务，又兼任多门课程。后来负责广西农村垦殖试验区建设施工及垦务工作中，诸事繁忙，亲力亲为，成绩出色，奠定规模。故其学问、才干为人瞩目，并在工作过程中结识广西上层人士并受赏识，不久即担任“广西三杰”（李宗仁、黄昭竑②、白崇禧）之一黄昭竑的秘书。1934 年 10 月，蒋介石任命黄绍竑为浙江省主席，高伯龙的父亲即随黄昭竑赴浙工作，并任浙江省建设厅科长。

① 高伯龙档案，自传，1952 年。资料存于采集工程数据库。

② 黄绍竑（1895—1966）字季宽。广西容县人。辛亥革命时参加广西学生军北伐敢死队。1916 年保定陆军军官学校第三期步兵科毕业。曾任桂军模范营排长、讨陆（荣廷）西路军总指挥、国民革命军第七军国民党代表、广西省政府主席兼留桂军军长、国民政府内政部长、浙江省主席、湖北省主席、军事委员会作战部长、第二战区副司令长官、国民政府监察院副院长、立法委员。1949 年作为国民政府和平谈判代表团成员赴北平参加国共谈判。谈判破裂后发表声明脱离国民党，旋出席中国人民政治协商会议第一届全体会议。历任政务院政务委员、全国人大常委会委员、政协全国委员会委员、民革中央常委等职。

图 1-5　杭州天长小学外景（摄于 2013 年 3 月。资料来源：国防科大光电科学与工程学院提供）

1936 年初，高伯龙的母亲携子女辗转赴杭州与高伯龙的父亲会合，并在杭州安家。关于这一旅程，时隔近七十年，高伯龙仍有较为清晰系的记忆。他在访谈中说，那时才七岁多，记得全家从梧州乘船去广州，是那种手摇的船，顺西江而下，梧州离广州很近，几个小时就到了。到广州后又转道香港，乘上一艘法国邮船前往上海，再转到杭州①。

到杭州后，高伯龙插班进入杭州最好的小学——天长小学②三年级（下学期）就读。在高伯龙小学就读的近 10 所小学中，天长小学给他留下较深印象。2002 年高伯龙在杭州疗养时，专程到天长小学旧地重游。他说，周围的建筑以及校舍都变了，就是学校的操场没变，只是小了些。据了解，天长小学素以高质量的教学闻名杭城，至今犹然。就目前已知，除高伯龙外，另有潘家铮、徐匡迪、卢佩章、楼南泉等四位院士早年曾在该校就读。

关于在天长小学读书时的具体情形，高伯龙并未过多言及，但从徐匡迪、潘家铮在 2002 年 9 月 28 日在京接见天长小学师生时的讲话中，可对

---

① 高伯龙访谈，2012 年 11 月 17 日，长沙。资料存于采集工程数据库。

② 杭州天长小学创建于 1927 年，因最初设在杭州竹竿巷的天长寺内而得名。1937 年，抗日战争爆发停办。1946 年 9 月，天长小学复校开学。

天长小学当年的教育情况获得了解。

徐匡迪说："我记得我读天长小学是在 1946 年到 1948 年，那时候，解放战争正在进行，国家处在非常困难和动荡的时期，学校老师很好，但没有钱修校舍，当时是那个灰砖的老房子，教室里很多天花板上的石灰都掉下来了，学校操场也是很简单的。但是，学校里有一种好学向上的精神，大家都非常努力，老师非常热爱我们小朋友，每个小朋友也非常尊敬老师，所以，当时学校是办得很好的。我很感谢母校，因为今天我能为国家做点事情，天长小学是我的基础。"①

图 1–6 高伯龙（左一）与父（后立者）母（左三）家人合影于莫干山（摄于 1936 年。资料来源：国防科大光电科学与工程学院提供）

潘家铮说："我的印象中，天长小学不是一般的小学，是杭州的模范小学。它要督导附近的许多小学。学校里经常要开督导会，这个我记得最清楚了。为什么？因为学校开督导会，我们就放假一天，可以玩个痛快。那时候的校长叫吴曼倩，她是一位非常有名、献身教育界的使人尊敬的一位女士。天长小学的老师都是非常优秀的老师。教我的级任老师姓戴，她永

① 曹晓红主编：《天长故事》。2007 年，第 8 页。

远是那么漂亮年轻，爱我们的同学。我们那时候上的课，有三门主课，叫‘国算常’。‘国’是国文，现在叫语文；‘算’是算术；‘常’是常识。另外我们还有许多其他的课，什么体育、美术、音乐、劳作等。……我念天长小学的时候，是中国最穷、最弱、最乱的时候，外国人都看不起我们，说我们是‘一盘散沙’，说我们是‘东亚病夫’，大家都欺负中国，侵略中国，特别是日本帝国主义，他们想要灭亡中国，要把整个中国都变成他的殖民地，要让四亿中国人民做他的奴隶。……我们虽然年纪很小，但大家都懂一点事，知道我们大祸临头了。我们也捐献零用钱救国，参加童子军，进行军事训练。”①

在这样一所高水准、风气正的小学读书，高伯龙无疑受到了很好的教育和熏陶。但仅仅一个多学期，高伯龙又随全家迁居湖北武昌，插班进入武昌第 11 小学读四年级上学期。原因是 1936 年 11 月底，黄绍竑调任湖北省主席，高伯龙的父亲随其到湖北工作。翌年发生“七七”卢沟桥事变，日本发动全面侵华战争。因武汉为战略要冲，日机常来袭扰。为躲避日机轰炸，高伯龙读完一个学期后，1937 年 7 月母亲携子女返回广西梧州。未久父亲又由湖北调回杭州工作。高伯龙回到梧州的当年 9 月，即入读梧州当时最好的小学——中山小学，但他却未插班读四年级下学期，而是跳了一级读高小一年级（即今小学五年级）。他认为湖北教学水平高于广西，既然换了个学校，就想跳一级，并对自己很有信心，结果一考竟考上了。

然而梧州也不安宁，常遭日机轰炸。那时不足 9 岁的高伯龙印象最深的事就是钻防空洞躲警报。访谈中他说到这样一件事：一次日机又来轰炸，大家躲到防空洞中，心情十分恐惧。忽然一个小孩子吓得啼哭起来，旁边的人立即说，哭什么，飞机听到了，就会发现我们，就会扔炸弹。小孩子的妈妈只好用手紧紧捂住小孩的嘴。没想到时间一长，竟给捂死了。那时人们缺乏常识，其实小孩子在防空洞里的哭声，飞机上根本听不到②。

当时高家已有四个孩子，高伯龙是老大，最小的妹妹高季龙才 3 岁。躲警报时，母亲领着四个孩子仓皇跑防空洞，总感到很不安全。大约仅月

① 曹晓红主编:《天长故事》。2007 年，第 9 页。

② 高伯龙访谈，2012 年 11 月 17 日，长沙。资料存于采集工程数据库。

余时间，母亲就带着孩子们回到岑溪谢村老家居住。这是高伯龙第一次回到老家。

虽处战乱时期，但孩子们的学业不能耽误。当时老家的谢孟乡小学只有初小、高小两个班，且高小已上到一年级下学期，高伯龙插班就读，这样又提前了半年。而母亲则在这所小学任教，并担任村里扫盲班的老师。高伯龙的叔伯高充国已年近九旬，但对当时的情形还有清晰记忆。他说，高伯龙的母亲为人很好，态度随和，很多事都做，只要找她，有求必应，在村里地位高[①]。然而乡村小学的教学水平实在太低，为着孩子们的学业，一年后，母亲又带着孩子们到岑溪县城租房居住，高伯龙插班就读县立小学高小二年级下学期。其间还有个插曲。由于此前入读谢孟乡小学是跳级，加上该校教学水平低，高伯龙并未通过县立小学的入学考试，是旁边看见的老师和同学说情，才被破格录取的。但入学一个月后，高伯龙的学习成绩就有明显提高。

仅仅一个月后，父亲就从杭州辞职回乡，并带全家迁居广西宜山县。主要原因是战事已迫近广州，而广州距岑溪很近，安全堪虞。到宜山后本想继续前往重庆，因虑及重庆物价高，父母一时又无工作，全家生活恐成问题，故暂居宜山。安顿下来后，高伯龙即插班入宜山市一所小学，接着读高小二年级下学期直至毕业。其时高伯龙年仅 10 岁半。

关于父亲辞职回乡的原因，当时高伯龙虽然年幼，但从大人们的交谈中也隐约知道一点。他在 1952 年所写自传中对此约略提及，说是“大概闹了些意见”。父亲人生经历的这一变故，虽已时隔 70 余年，具体情形已无从查考，但亦可从中窥测到高伯龙的父亲性情耿介刚直，不甚相容于其时官场。

到宜山未久，高伯龙的父亲即与友人在柳州合股开办农场，开垦荒山造林种果，并以此为全家生计来源。而母亲其实对丈夫五六年从政的生活颇为眷念，那段时期因父亲薪俸颇丰，家庭生活优裕，亦有社会地位，颇为家乡亲友敬重。所以后来父亲病故后，母亲期冀正上中学的高伯龙以后

① 高充国访谈，2013 年 1 月 15 日，广西岑溪。王晓军现场采访记录。

上大学学习政治方面的专业，走从政之路，以兴家立业。作为母亲，她的想法是完全可以理解的。

其时高伯龙已考取宜山中学，但因小学频繁转学，加之一些学校教学水平低下，虽然高伯龙的成绩很好，但程度并不高，仅列该校备取生第一名。而高家因父亲工作的原因已迁居柳州，高伯龙因要在宜山上学，一人寄住在其父一位朋友的家中，父母很不放心。为使高伯龙一同去柳州，父亲采用“激将法”劝说高伯龙。父亲对高伯龙说：你要有志气，你是备取生，不是正式生，我们不读。这话果然对高伯龙发生影响，于是高伯龙到学校对老师说：我是备取生，我不读了。随后即跟父亲回到柳州家中。

自修初立志

其实，高伯龙的父母暂不让高伯龙读中学，还有另一层考虑，那就是因为当时高伯龙年纪太小了。高伯龙 5 岁多读小学，由于跳级的缘故，6 年小学 5 年就读完了。10 岁半的孩子读中学确实早了些。

回到柳州家中，高伯龙的父亲一边忙着办农场的事，一边关注着高伯龙的学习，不能让他一天到晚地玩。高伯龙的父亲买来一套《万有文库》简编，让高伯龙在家自学。常来家中的姨妈龙瑞瑛翻了翻这套文库中的书，对高伯龙的父亲说，这套书是给中学生和中学以上文化程度的人看的，小孩子可能看得不懂。于是又买来一套《小学生文库》让高伯龙看[①]。

小孩子自然是喜欢玩的，但高伯龙每天总要读一读文库里的书，而且很快发生了浓厚的兴趣。他很喜欢看这套文库中《三国演义》《水浒传》《西游记》等中国古典名著，至今还详细记得里面的故事情节。他回忆说，这些名著他曾反复地看，一二十遍总是有的。只是这套文库中没有《红楼梦》，大概是当时社会一般认为《红楼梦》不宜于小孩子阅读。而《三国

① 高伯龙访谈，2012 年 11 月 17 日，长沙。资料存于采集工程数据库。

演义》也作了删节，大约也是基于同样的考虑[①]。

高伯龙还很喜欢看文库中的人物传记，比如科学发明家爱迪生，政治人物华盛顿、林肯、孙中山等。广泛的阅读打开了高伯龙的视野，使幼小的心灵充满无数幻想，很希望自己将来也有所作为。他在接受采访时谈起早年在家读书自修的情景，兴致很高，甚至复述了一遍《富兰克林传》的大致内容。他说富兰克林是美国开国元勋之一，既是政治家，又是科学家。比如富兰克林不顾生命危险做雷电实验，证明天上的闪电和地上的电的性质是一样的；比如他游说争取法国支持华盛顿，打赢了美国独立战争。还有《拿破仑传》里面讲述的历史过程，他也一一道来[②]。

看科学家的传记，除了使高伯龙萌发当科学家的理想外，最直接的影响是激发起高伯龙做科学实验的浓厚兴趣。当时高伯龙一家住在梧州乡下，没有什么实验条件，但小动物还是容易得到，于是高伯龙就常做他的生物学实验。他买来一群鸽子，养着做实验。做这些实验也成了他乐此不疲的玩耍内容之一。他回忆说，书里讲的一些生物实验，他几乎都做过。因此那段时期他曾一度很想将来当生物学家[③]。

幼时的这段自学读书经历，对高伯龙的影响是十分深远的。高伯龙至今觉得这套《小学生文库》对自己影响很大，甚至在确立人生志向、人生观方面都发生了作用，受益终身。多年后在自述中说："从小深受父亲和大量科普读物与人物传记的影响，希望将来能成为数学家、科学家。"[④]而所指"大量科普读物与人物传记"当皆出自这套《小学生文库》。考察高伯龙的求学历程，这段时期是一个非常重要的节点。以后读中学、上大学，虽然都有文史、政治方面的课程，但在高伯龙看来，都远不及这一年多的自修学习来的有兴趣和有效果。虽然当时高伯龙也许并未意识到，但其实这段时间已经开始奠定了他一生追求科学、从事科研工作的志向。后来高伯龙站在大学讲台上给人授业解惑，常常讲着讲着就讲起了《三国演义》

---

① 高伯龙访谈，2012年11月17日，长沙。资料存于采集工程数据库。

② 同①。

③ 同①。

④ 高伯龙：自述。《中国工程院院士自述》，上海教育出版社，1998年，第108页。

中的故事。熟悉的程度令听课的师生惊讶。而得知这些中国古典文学名著是他幼年所读，则更讶异他的记忆力[①]。

亚姨龙瑞瑛

如今在高家以及高伯龙母亲家那边的后代中，知道龙瑞瑛的人可能已经很少了。但高伯龙至今记得她、感念她。

龙瑞瑛是高伯龙母亲龙瑞霞的亲妹妹，高伯龙叫龙瑞瑛“亚姨”。龙家姐妹俩感情很好，关系密切。前面介绍过，因高伯龙的外公在广西川梧老家有些田地，又在南宁开了家大客栈，家庭收入丰裕，因而姐妹俩都一直读书，并读到大学。龙瑞霞曾就读上海大厦大学，而龙瑞瑛则是广西大学化学系的毕业生，毕业后在桂林良丰工业试验所当化验员，有稳定的收入。高伯龙幼年时，因父亲工作频繁变动，居无定所，高伯龙曾长期住在外公家，自然很小就认识亚姨了。高伯龙的父亲去世后，家中收入一时非常拮据。除了父亲留下的工商业和农场经营（不久也瓦解了），以及老家岑溪谢村分得的有限土地的收成，还有母亲在柳州缝纫工厂任职的收入，要养育四个孩子并供给读书，实在难以支撑。而这时龙瑞瑛伸出了援手，接济了高家生活的相当大一部分。龙瑞瑛终身未嫁，她很喜欢高伯龙，把他当儿子看。可惜龙瑞瑛在新中国成立前就因病去世了。高伯龙在多年后回忆说：我跟亚姨特别亲，亚姨对我帮助很大[②]。

除了亲缘关系，龙瑞瑛与高家之所以关系密切还另有一个原因。说起来也跟高伯龙的外公有关。高伯龙的外公并不反对女儿上学读书，但老人家毕竟有封建思想，认为女儿家读点书就可以了，最终还是要找个好人家。正是因为这个观念，高伯龙的母亲在上海大厦大学学习时，就因家里催迫而返乡与高伯龙的父亲结婚，中止了学业。到了龙瑞瑛也同样如此。

---

① 高伯龙访谈，2012 年 11 月 17 日，长沙。资料存于采集工程数据库。

② 同①。

那时龙瑞瑛正在广西大学读二年级，外公叫她别念了，回家准备结婚，大概已经找好了人家。龙瑞瑛得知这个消息当时就急得哭了，说同学们都在念书，我怎么能因为结婚而休学呢？或许另外那时候年轻人都有一些自由恋爱的新思想，并不愿意服从家中的包办婚姻。高伯龙记得那时父亲正好在南宁，得知此事后，他对妻妹说：你接着念书吧，学费、住宿费、生活费由我出。就这样，龙瑞英读大学的后两年就由高伯龙的父亲提供全部费用。有了这一段经历，龙瑞瑛与高家的关系自然更加密切①。

高伯龙在家自修学习期间，龙瑞瑛十分关心他的学习。在后半年准备考中学期间，高伯龙就住在亚姨家，专心复习功课，饮食起居全由亚姨照顾。上中学后，母亲希望高伯龙学习政治，中学毕业后报考中央政治大学，将来从政。而高伯龙早就立下当科学家的志向。母亲的这个想法使高伯龙十分苦恼，甚至反感，并以父亲也不劝他学政治及政治腐败等理由与母亲争辩。而亚姨的态度则是主张依照高伯龙自己的兴趣和志向。后来母亲见高伯龙执意于自己的想法，也只好做出让步，不再坚持。因母子间想法不同，学校放假后，高伯龙常常不愿回柳州家中，或留在学校，或到桂林亚姨家小住。心性豁达开朗、善解人意的亚姨给了年幼的高伯龙很多慰藉和帮助。

人的一生中，尤其是幼年、少年时期，除了父母的关爱，还需要得到更多的关心帮助。而对高伯龙来说，亚姨龙瑞瑛就是早年对他最关心、给予帮助最多的人。

考取汉民中学

在家自修学习及玩耍，自然是轻松惬意、无拘无束的，半年多时间不知不觉就过去了。加之住在乡下，信息闭塞，父母又忙于工作，竟然错过

① 高伯龙访谈，2012年11月17日，长沙。资料存于采集工程数据库。

了第二年报考中学的时间。高伯龙对此并不在意，继续读他的《小学生文库》。但父母却很着急，对高伯龙说：“我们耽误你了，你又要在家耽误一年，这怎么得了！”并说：“你要去读最好的中学。”父母说的最好的中学指的是桂林汉民中学①。

从此，高伯龙的学业问题摆上了家庭的重要位置。父亲专门请来当年担任广西工程专门学校校长时的一位学生给高伯龙当家教，辅导高伯龙学习。没曾想，父亲的这位学生辅导了几次，高伯龙就渐渐地不怎么看得起他，认为水平不高。这人也看出来了，表示不干了。于是，父亲就利用工作空余亲自来教高伯龙，主要教算术、语文。高伯龙的父亲数学很好，并且严格要求训练高伯龙。高伯龙也学得很认真，父亲布置的作业，高伯龙全部认真做完。因为他知道，不努力的话，就不能考进最好的汉民中学，就会辜负父母的期望。父亲教了好几个月，高伯龙果然大有长进，对算术尤感兴趣。现在看来，这段时间复习备考的意义，其实不仅仅是确保高伯龙考取汉民中学，更重要的是培养了高伯龙对数学等理科课程的浓厚兴趣。

因为不留意而错过了头一年报考中学的机会，第二年，父母就非常注意中学招生考试的时间。到了日子，母亲就带着高伯龙赶到桂林参加考试，并如愿以偿考取了。父母这才松了一口气。

父亲去世

1940年9月，母亲送高伯龙去桂林入读汉民中学。与母亲依依告别后，高伯龙就开始了他人生的独立生活。然而此时的高伯龙毕竟只有12岁，离家独自在外，父母很不放心，父亲便委托在桂林的一位朋友得空照顾一

---

① 汉民中学1937年10月26日创建于南京栖霞山，由孙科等一批崇敬孙中山、胡汉民的国民党知名人士为纪念胡汉民（1936年5月病逝）发起筹建。“八一三”沪淞抗战失利，学校被迫西迁，终落脚桂林穿山。先为私立，后因办学经费困难，1943年改为国立，是当时全国34所国立中学之一，也是当时广西唯一的国立中学。该校师资强、管理严、质量高、校园美，蜚声大西南，成为众多学子向往的名校。

下高伯龙。

可令高伯龙万万没有想到的是，新的生活刚刚开始，家庭就遭逢重大变故。入学一个月后的一天，他接到母亲的来信，告知父亲病逝的噩耗。高伯龙当即放声大哭。母亲在信中说，父亲临终前有交代，说是因为已经耽误了儿子两年的学习时间，这会儿刚入学，不能再影响他的学业了，要高伯龙不要回家奔丧①。

高伯龙的堂妹高长龙小时候曾在高伯龙家生活多年，据她回忆，高伯龙的父亲得的是伤寒急症，从发病到去世不到一个星期时间②。

高伯龙的父亲为人坦诚正直，又曾担任广西工程专门学校校长，并负责过广西农村垦殖试验区工作，所以故交、学生很多。去世后在柳州设了灵堂，很多人前往吊唁哀悼。不久，父亲的灵柩送归岑溪谢村老家安葬③。

父亲的去世，对年幼的高伯龙无疑是人生的一次重大打击。加之刚刚进入中学新的生活环境，一切还很不熟悉，高伯龙的心情一时十分低落沉郁，平时更加少言寡语了，经常沉浸在对父亲的思念中。而每次回家，母亲常对高伯龙说要学父亲，激励高伯龙自立自强。但那时高伯龙并不知怎样去学父亲，只是暗下决心要在学业上超过别人④。

其实，从幼年记事时起，父亲就一直是高伯龙心中的偶像和楷模。父亲坦诚正直的品格、过人的才干、渊博的学识、对家庭的责任心、对子女的关爱，这一切都使高伯龙对父亲怀有十分亲切和近乎崇拜的情感。尤其是在和父亲共同生活的不多的时间里，他发现父亲当时在广西社会上具有很高的知名度，他因此很为父亲感到自豪⑤。

高伯龙曾记得父亲带着全家躲避战乱从岑溪到宜山，乘坐的是一家糖厂的大卡车，这在当时是非常了不得的事。而这家糖厂的经理，就是高伯龙父亲的学生。到宜山后，高家并未在县城落脚，而是租住在偏僻的乡郊。不料在这里竟然也能遇到父亲学生的一位亲戚，而这人竟然也知道高

① 高伯龙访谈，2012 年 11 月 17 日，长沙。资料存于采集工程数据库。
② 高长龙访谈，2013 年 1 月 15 日，广西岑溪。王晓军现场采访记录。
③ 同②。
④ 档案：自传，1952 年。资料存于采集工程数据库。
⑤ 高伯龙访谈，2012 年 11 月 17 日，长沙。存地同①。

伯龙父亲的名字。消息传开，很快就有一大帮人赶来看望高伯龙的父亲①。

还有一件事情，高伯龙记得很清楚。那是他住在亚姨龙瑞瑛家复习备考中学的时候，一次亚姨的一位大学同学来看她，进门看见一个小孩子坐在桌边做作业。这位亚姨的同学也不知这个小孩子是谁，他见高伯龙十分专注，就到边上看了看，并忽然生发感慨，对高伯龙说："你要好好读书，现在找个职业，混口饭吃不容易。"高伯龙年纪小，听了只好点头称是。这时龙瑞瑛从另一间房中走出来，见他俩说话，就对她的同学说："这是高元勋的儿子。"那人一听立即说："哎呀，是高元勋的儿子，难怪作业做得那么好。"又对龙瑞瑛说："你姐夫数学非常好，非常有名。"龙瑞瑛却说："这个我倒不太清楚。"②

在这样很多不同的场合，高伯龙都听到别人赞誉自己的父亲，因此知道父亲真的很了不起，很有名望。这使高伯龙更加敬佩自己的父亲，同时也受到很大的激励。直到自己老年，功成名就的他回忆起这些往事，仍然对父亲充满敬仰。他说："我们家真是一代不如一代。我父亲 40 多岁就去世了，但他的名字在广西流传了下来。不只我小时候经常听到别人说起，就是现在到南宁也听别人提到。我小时候想当大科学家，一个原因是看《小学生文库》，受到启迪；第二个原因就是父亲对我的影响。如今，大科学家我没有当成，当了院士。但与父亲比起来，这又算得了什么呢？"③敬爱的父亲就像一座山峰，永远矗立在高伯龙的心中。

汉民中学学习生活

让高伯龙到当时广西最好的中学乃至西南大后方最好的中学之一的汉民中学读书，是当时高伯龙的父母对他的最大期望。考察高伯龙成长的历

---

① 高伯龙访谈，2012 年 11 月 17 日，长沙。资料存于采集工程数据库。

② 同①。

③ 同①。

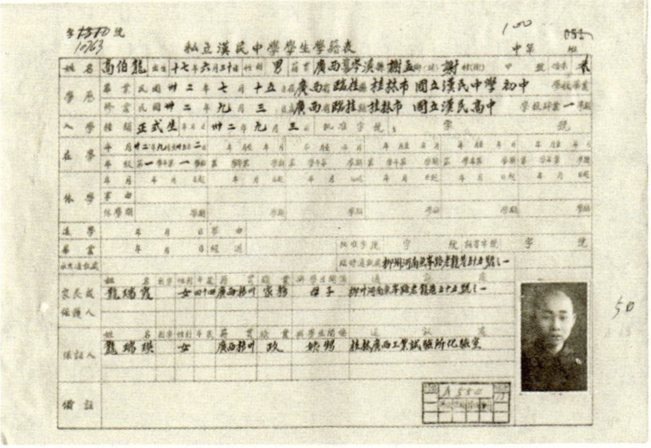
私立漢民中學學生學籍表

图 1–7　高伯龙的汉民中学高中学历表（资料来源：国防科大光电科学与工程学院提供）

程，入读汉民中学无疑是一个重要阶段。因此，我们要了解高伯龙在汉民中学学习的情况，首先须对当时颇有声誉的汉民中学的具体情形有一个大致了解。

创办于民国时期复杂政治环境中的汉民中学自然也具有其复杂性和多面性，而自 1936 年汉民中学创办至解放主掌校政 12 年的校长任中敏①也同样如此。

汉民中学高 6 班校友、曾任桂林工学院教授的秦芳珍在所撰《任中敏传略》中，对此有所论述："任笃信孙中山先生的三民主义，崇拜胡汉民，是一位民主主义教育家。在他办学实践中，既坚持爱国主义，反对蒋介石独裁统治，又严禁学生介入进步学生运动；既反对共产党亲苏，又能在紧要关头使一些进步教师离开汉民中学免遭迫害。出现这样的矛盾现象，联系任公的政治思想脉络，是可以理解的。他后来对人宣称：'我是孙中山的国民党党员，不是蒋介石的国民党党员。'抗战胜利后，终因本人拒绝党团重新登记而脱离国民党。"②

其实，这种看似矛盾的现象之所以能够存在，乃当时复杂的政治现实为其提供了条件。中国社科院文学研究所秦弓在《抗战时期民国政府文艺政策的两面性》一文中指出："抗战时期，各个战区与大后方条件不一，对

---

① 任中敏（1897–1991），中国现代著名学者、教育家、戏曲理论家、敦煌学家。江苏扬州人。1918 年考入北京大学国文系。1919 年参加"五四"运动，参与围攻赵家楼。1936 年参与创办汉民中学，并担任汉民中学校长至新中国成立前夕。1951 年任四川大学文学教授。1980 年先后任扬州师范学院词曲研究室主任、中国古代文化研究所名誉所长。1981 年被国务院学位委员会批准为中国首批博士生导师。

② 秦芳珍：任中敏传略。《任中敏与汉民中学》，漓江出版社，1995 年，第 2–3 页。

中央政府文艺政策的理解或有不同，因地制宜的文艺政策各有特点，文化生态千姿百态。……在桂林，由于桂系力量同蒋介石历史上的纠葛与现实中的微妙关系，其文艺政策要比陪都重庆开放得多，较之那些党派意识极强的黄埔系掌控的战区，文艺之繁荣不可以道里计。”① 而其所谓文艺政策，其实是由政治形势所主导。宽松的政治环境才可能产生较为开放的文艺政策，而办教育亦当类之。

在办学思想上，“主张从严治校，德智体美全面发展。他要学生以‘严正做人’为最高原则，以‘清白鲜明，临难不苟，刻苦耐劳，牺牲奋斗’为立身处世之本，希望学生‘永怀斡地排天事，各要千锤百炼身’。”“从严治校与为人师表可谓任公办学的两大法宝。他严谨办学，近乎苛刻。当时曾有学生谓之‘法西斯’，以喻其‘严之无情，严之无理’。”② 任中敏从严治校的办学思想，当然有其正面作用和意义，但在一些具体做法上确有失当之处。高伯龙当时对此即颇为反感，在 1952 年所写自传中仍多有批评。

实事求是地说，任中敏从严治校的办学思想体现在教师招聘、教学计划、学生作业、课堂教学、考试制度等各个方面，并一丝不苟、一以贯之地坚持实施，其最显著成效之一即是汉民中学学生成绩优秀，蜚声大西南。学生中也自豪地流传：“读了两年考西大，读满三年考清华。”汉民中学初 12 班校友、曾任上海人民出版社编审的张玫在忆文中说：“当时浙江大学内迁在贵州湄潭，浙大是有名的大学，特别是数学系。它特别规定，接受汉中由学校保送的高中毕业生，无须通过入学考试。”③ 这无疑是对汉民中学学生培养质量的充分认可。校友秦芳珍在《任中敏传略》中写道：“汉中学生，包括曾受任公处分以至退学、开除的学生，几十年后深感在汉中受的严格教育，一生受益匪浅。”④

前述高伯龙由母亲陪送到桂林参加汉民中学入学考试并被录取。看似

① 秦弓：抗战时期民国政府文艺政策的两面性。《郑州大学学报（哲学社会科学版）》，2012 年第 5 期。

② 秦芳珍：任中敏传略。《任中敏与汉民中学》，漓江出版社，1995 年，第 5–6 页。

③ 张玫：我对任校长的一些认识。《任中敏与汉民中学》，漓江出版社，1995 年，第 124 页。

④ 同②。

图 1-8 汉民中学 1946 年所建教室（资料来源：国防科大光电科学与工程学院提供）

简单，其实要考取汉民中学绝非易事。汉民中学高 13 班校友、曾任《桂林日报》主任编辑的严申榜在其所撰《任中敏与汉民中学》一文中，对汉民中学的招生情形有所记述："汉中招考学生极为严格，决不讲人事关系，通融照顾，真正做到了'在考试面前人人平等，在分数面前人人平等'。""对本校教职员工的子女，也没有优待、照顾。""一些知名人士来函说项，关照录取某某学生，任师均不予理睬。"[①] 并在文中详述学生考试录取程序。

对学生来说，受益最大的或许还是高质量的师资、高水平的教学和严格的考试。

汉民中学高 6 班校友、曾任广西师范学院教授的李忠傧在忆文中写道："我认为在我攻读过的各级学校中，对我影响最大、使我受益最多的当首推汉民中学。由于当时'文化人'云集桂林，她有最强的师资队伍，有当时最好的教学图书设备，有最优美的学习环境，……制定并严格执行的一整套规章制度，它指挥着全校师生的行动和学习，并逐步形成一股爱国爱校、敬业乐群、艰苦朴素、严正做人、孜孜不倦、自觉学习的良好学风，

① 严申榜：任中敏与汉民中学。《任中敏与汉民中学》，漓江出版社，1995年，第27-28页。

在她的潜移默化下，每个学生的学习和思想道德品质都得到迅速的发展和提高。根据我的亲身感受，汉中对学生的德、智、体、美、劳各方面都是注意培养发展的，特别是汉中的教学是‘超前’的。从汉中出来的初中毕业生基本上过了‘语文关’——能较通顺流畅地写三两千字的文章；她的每个高中毕业生基本上过了‘英语关’，除能用英语会话及写短文、短信、日记外，还能顺利地阅读英文原版教科书。我记得当时教我们物理的沈克琦教授用的是英文原版《Duff物理学》，化学老师郑建安用的是英文原版《Deming化学》，这在开始学习时是比较困难的，因为除了要领会课文内容外，还要克服语言障碍，适应外文习惯，加上各学科都有它的自己的一套专业词汇，读开头几页书时生字很多，常需翻阅字典查找大量专业词汇，因此阅读速度很慢，读一页书常需花费几个小时甚至几天的时间，但当掌握了各专业基本词汇及养成了阅读外文的习惯后就感到比较自然并逐步体会到它的好处了。特别是后来上大学学习这些课程时感到轻松。因为大学一年级的几门课程我早在汉民中学学过了，而且用的全是英文教材，我可以比同班同学多抽出时间作复习巩固和加深加宽工作，甚至攻读第二、第三外语。随着外文工具的掌握，我的视野有了较大的拓广，我的学习也有了较大的进步，这就为我以后的工作和学习打下了较牢固的基础。”①

关于汉民中学考试之严格，校友严申榜在回忆文章中写道：“汉中对学生升留级考试极为严格，期末考试统一在大礼堂举行，各班级学生按插花座位坐，前后左右都不是本班同学。座位表在考试前公布，按号入座，座位表每天还不同，总之是周围坐的同学都是互不熟悉的。大礼堂讲台上悬挂着‘严正做人，严正考试’的大字标语，考试规则也公布在大礼堂门口，考卷上印有‘严予慎取’的警语，考试时显得十分严肃、静穆。如发现有带课本、夹带入大礼堂考场，立即驱赶出考场。……汉中实行严格的补考及留级制度。学期成绩有一科不及格者，可予补考；如仍不及格，准第二次补考，若两次补考再不及格，则予以留级。有两科不及格者，也可

---

① 李忠傧：秉承教诲，做“志愿师”。《任中敏与汉民中学》，漓江出版社，1995年，第221–222页。

补考两次，补考后如仍有一科不及格，予以留级。若有三科不及格而其中有两科是主科，则不准补考，给予留级。若有四科不及格，勒令退学；连续留级两次也勒令退学。还有特别之处是学生学年成绩科科及格，但名次排在班选其分数最低的一科，重考一次，如不及格再补考，如最后补考上最后三名者，要不及格，则予留级。严格考试，优胜劣汰，从而保证了汉中学生学习素质的优秀。"[①]

高伯龙虽然顺利考取汉民中学，但要在这样一所教学严谨、考试严格，且佼佼者云集的学校中，占据学业成绩靠前的位置，并不容易。所幸高伯龙入学前曾得父亲亲自传授点拨，故对初中所学课程并不感到困难，尤其是数学程度高于同班同学。加之他已培养起对理科课程的浓厚兴趣，平日勤于钻研，乐此不疲，所以从入学之初学习成绩就一直名列前茅。他在接受采访时说："我进中学后，成绩非常好，特别是数学、物理课程，在班上成绩一直是最好的。"特别是有一次他做的数学作业，解题的方法连老师都看不明白，十分惊讶，便叫高伯龙上讲台向全班同学讲解[②]。

一所学校从表面看，每天上课下课，似乎波澜不惊、按部就班地进行，而学生亦日复一日地有序学习、生活，单纯而平静。其实，若深入考察其中情形，并不尽然。社会上人际关系之矛盾纠葛，在小孩子中间也不同程度地存在。当时班上同学中，高伯龙年纪小、力气小，加之刚刚开始独立生活，对生活上的诸多事情还不太会料理，于是经常成为班上一些同学取笑嘲弄的对象，就连父亲去世时悲伤痛哭，也遭一些同学讥笑嘲讽。同时，学校许多严苛的管理措施在高伯龙看来十分不近人情，难以接受。因而对现实充满强烈的反感和抵触情绪。对欺负他的同学，虽一时无力反抗，但高伯龙从心底里是极端仇视和轻视的。所幸也有一些同学对高伯龙十分友好，并给予他许多帮助。特别是不久一位叫卢创坚的学生插班到高伯龙所在班就读，这位同学各方面都很优秀，在班上颇有威信，很快与高伯龙成了很好的朋友[③]。

---

① 严申榜：任中敏与汉民中学。《任中敏与汉民中学》漓江出版社，1995 年，第 30–31 页。

② 高伯龙访谈，2012 年 11 月 17 日，长沙。资料存于采集工程数据库。

③ 档案：自传，1952 年。存地同①。

正是在这样一种现实环境中，高伯龙渐渐形成了对弱者的同情心和正义感，见到不平事竟也代人打抱不平。尤其是经过几次为自卫而与欺侮自己的同学打架，虽然吃亏的时候居多，但也使这些同学再不敢小视他。更由于高伯龙数学成绩优异，英文成绩也很好，受到老师重视，屡屡给予赞扬，也使同学刮目相看。初中一年级后，同学们完全改变了以前对高伯龙懦弱无能的印象，高伯龙在班上的地位得到上升，再无人敢欺侮他了。虽然高伯龙与曾经欺侮他的同学的关系有所缓和，但矛盾依然存在，高伯龙在心底里始终对他们抱着极端轻视、不屑为伍的态度。甚至在初中三年级的一次考试中，故意把历史、地理、公民课程考试考坏，以达到不与他所藐视的两个优等生的成绩并列的目的[①]。

进入高中后，高伯龙的学习更加如鱼得水、轻松自如，完成功课外还常有多余时间。但高伯龙并不喜欢参加课余文体活动。这些时间除自己读书自学外，还搞了一些与学校、级任导师及班上被高伯龙称为“拍马”集团的同学的对抗活动[②]——这是高伯龙在上世纪五十年代初所写自传中提到的。具体是什么活动、采取什么方式，并未具体提及。这显然表明当时高伯龙对班上的氛围和环境并不满意，并极力想做出改变的努力。同时他又发展起了另一个爱好——下象棋，而且一度十分痴迷，且技艺出众。以致高中一年级第二学期结束时，老师在高伯龙的成绩报告书上写了如下评语：“性坦直，思精密，惟行动欠考虑，浪费时间于下棋者颇多，应加改正为佳。”[③] 这段评语对年仅 15 岁的高伯龙所作的评价或许算得中肯。

要求学生写日记，也是汉民中学的一大特色。据曾任汉民中学地理教师、高 14 班导师，新中国成立后曾任崇安县政协委员的郑金殿的忆文记载：“坚持写日记，是学生自修课的主要内容之一，学生日记又叫修养日记，如同作文一样，要求用毛笔楷书书写。写日记不仅练习写作及书法，更为重要的是及时反省学习、生活、思想，班导师天天都要批阅学生日记，沟通了解同学的思想，便于及时向学生进行思想教育工作。寒暑假

---

① 档案：自传，1952 年。存于采集工程数据库。

② 同①。

③ 档案：国立汉民中学学生成绩报告书，1947 年 7 月 30 日。存于采集工程数据库。

期间，要求不间断地写日记，作为假期作业之一，开学时要交给导师检阅。任校长一个时期里每天要抽查一个学生的日记，以督促班导师及学生坚持写好日记。他本人也是坚持写日记。”① 这一措施对学生最直接的好处就是有利于提高写作能力。但其时高伯龙对此极为反感，称之为“反省日记”②。但平心而论，高伯龙日后行文如学术论文和科研中撰写的项目申报书、工作总结等及各类文字所具有的简洁、准确乃至不乏生动的特点，想必与其时的训练不无关系。

但总的来看，高伯龙在汉民中学用功最勤的当属数理化等理科课程，而对其他课程则采取应付的态度，但这些课程的考试成绩也还过得去，所以在班上总成绩排名常常居中。由于数理化成绩在同学中出类拔萃，当时学校师生中对高伯龙已有“聪明”“头脑严密”，甚至“天才”等称誉流传③。这使高伯龙更加确信自己将来当科学家的理想一定能够实现。同时，在学校所目睹和经历的种种现实情形，也使他认为，学习好尤其是数理化学得好，才是自己安身立命、实现理想的根本，而其他事情与之相比都是不重要的，不必要耗费过多时间和精力。这一认识也成为高伯龙日后人生追求的核心以及生活道路上诸多判断和选择的依据。

若要完整回顾高伯龙的人生经历，所谓参加三青团问题似应提及。对高伯龙来说，其在当时完全是一个徒有形式的走过场，但在日后却给他带来极大的困扰。

那是高伯龙在汉民中学读高中一年级时发生的事。他在早年所写自传中对此经过有所记述。当时汉民中学采取各班内设保的学生管理形式，一保八人，上课座位、宿舍房间按保安排，劳动服务等按保工作，并采取古已有之的连坐法，即一人有过，全保受罚。当时，高伯龙的几个要好同学已编了保，并加入了三青团。高伯龙若不加入，则不得与他们同编一保，而要与其他剩下的几位同学另编一保，这又是高伯龙所不愿意的，但他对

---

① 郑金殿：爱国教育工作者——志愿师任中敏先生。《任中敏与汉民中学》，漓江出版社，1995 年，第 100 页。

② 档案：自传，1952 年。存于采集工程数据库。

③ 同②。

参加各类组织及活动素来淡漠。就在犹豫不决之际，被同学拉去参加所谓宣誓仪式，后又补填了表格。此后除参加募款建设“青年宫”外，并未参加三青团的任何活动。至于后来在青年军以及在上海中学读书期间，均有所谓重新登记活动，但高伯龙均未再次加入[①]。因此，实际上高伯龙早已脱离该组织，与该组织再无任何瓜葛。

其实，高伯龙所遇到的这一问题，是与他同时期在“国统区”求学的青年知识分子中较为普遍的现象。当时国民党强迫所有青年学生加入三青团，国立学校几乎无一幸免。但新中国成立后许多人因此受到牵连，人生道路陡增坎坷，个人际遇受到极大影响。

曾任南京大学数学系副教授的汉民中学校友赵力田在回忆文章《怀念与思索》中说：“1943 年汉中强迫学生集体加入三青团，以至许多人在建国后审查历史时吃了不少苦头。初 6 班的蒋咏南同学在汉中时思想进步，1947 年在上海复旦大学参加反内战反饥饿学运遭特务追捕，但新中国成立后因三青团问题两次被下放，‘文化大革命’中她又因此事被打断了手臂！”[②]

校友张玫在回忆文章中也以亲身经历谈到此事：“1945 年我离开汉中后，一直在四川泸州女中教书。教导主任是有地下组织关系的，当然不会干‘反动’勾当。当时县的三青团组织要学校申报三青团员名单，因为规定凡是足龄学生必须参加。那位教导主任跟我谈起如何‘交差’的做法，他说：‘反正是个形式，报归报，学校里不搞任何活动。’学校里确实没有三青团活动，可是这个‘交差’办法害死人！新中国成立后，学生参加工作，在履历表上‘曾经参加反动组织’这一栏，谁都填‘无’，可是经过政审，三青团组织名单上赫然有名！这就构成了‘隐瞒反动政治历史’罪！这可不是‘从何说起’，而是凿凿有据！可是你能咬牙切齿地恨那位教导主任吗？当时谁想得到会有这样的后果！”[③]

历经劫波，余悸犹存。虽然“文化大革命”之后，左倾乃至极左错误

---

① 档案：自传，1952 年。存于采集工程数据库。

② 赵力田：怀念与思索。《任中敏与汉民中学》，漓江出版社，1995 年，第 163 页。

③ 张玫：我对任校长的一些认识。《任中敏与汉民中学》，漓江出版社，1995 年，第 122–123 页。

已得到彻底纠正，但历史的隐痛仍在老一辈知识分子心中留存。高伯龙的某位校友在一篇回忆文章中提及此事时，竟说高伯龙等三位同学在上海中学读书时办理了三青团关系转移手续，意指高伯龙等人并未脱离三青团组织[①]。高伯龙读到此文大为吃惊，立即致函上海中学校友忆文集《情系上中》编委会主编钱重耀、许佛曾两位校友[②]。高伯龙在信中详细介绍了在青年军时并未参加重新登记而实际脱离三青团的经过，以史实证某校友所言之谬。该校友转接此信后，亦作文公开更正致歉[③]。

然而，历史毕竟早已掀开新的一页，时代的局限性将在历史一次次发展转换的进程中，变得更为理性更为包容更为开明，而给予当事人以心灵抚慰，更给予后来者施展才华、建设国家、实现理想以更广阔的平台和空间。

短暂从军

原本处于抗战后方相对宁静的汉民中学学生们的学习生活，很快就被突然到来的战火所打断[④]。据汉民中学高 14 班导师、地理教师，曾任崇安县政协委员的郑金殿忆文记载："1944 年 9 月，桂林危急，任校长率全校 400 多人，先撤至百寿，建临时竹棚教室继续上课；桂林沦陷，百寿吃紧，只得弃竹棚校舍，继续撤至贵州榕江，借榕江师范学校校舍及福建会馆坚持上课。"[⑤]

---

① 郭大章：上中的复员青年军。《情系上中，留念师长》，2005 年，第 74 页。

② 高伯龙：有严重失实应予更正。《情系上中，感恩师长》，2010 年，第 598–600 页。

③ 郭大章：关于"上中的复员青年军"一文的更正。《情系上中，感恩师长》，2010 年，第 601–603 页。

④ 1944 年，日军在其海空主力被美军消灭、海上交通线被切断之后，企图建立从华北到越南的"大东亚交通线"以支撑战争，为此发动豫湘桂的大规模作战。河南、湖南相继陷落后，日军即南下展开所谓"桂柳战役"。11 月 10 日桂林陷落。

⑤ 郑金殿：爱国教育工作者——志愿师任中敏先生。《任中敏与汉民中学》，漓江出版社，1995 年。第 105 页。

此一艰辛备尝之经历已成为其时在校师生终生难忘的记忆。数十年后不少师生在忆文中对此多有生动记述。如该校高 13 班校友，曾任贵州医学院内科教授、第八届全国政协委员的吴静波在忆文中写道：“1944 年秋我进汉中高 13 班，那时正是抗日战争艰苦阶段，战火蔓延到桂林，许多学校都停办疏散，而任校长却率领五百多师生员工先撤至百寿，后又继续撤至贵州榕江。一停顿下来即恢复上课，在百寿，组织师生上山砍伐竹子，搭建临时教室、宿舍，迅速复课。诚然在这段时期，疏散行军，生活极端困难，然学业毫无荒废。我们班毕业同学除个别走向社会，绝大多数都考上了大学。特别令人难忘的是，在疏散中，任校长及老师们严密组织、安排，战火逼近，同学们都秩序井然，没有慌乱、惊恐之感，师生及同学间团结互助，克服了难以想象的困难，锤炼了同学们迎难无畏的意志，真是受益匪浅。”①

同为高 13 班校友、曾任洛阳工学院教授的梁桂明在忆文中对此的记述颇有抒情色彩，他写道：“1944 年秋，桂林炮声隆隆，汉中全校师生和家属转移到百寿搭竹棚上课。不久，脚穿草鞋，肩挑书被，腰系茶缸，穿过黔桂山区苗族、侗族地区，徒步跋涉八百里，一个不漏地到达贵州榕江，继续上课。这真是奇迹！男女老少加伤病号，竟能一一跨过万丈深渊的独木桥，爬过白云缭绕、呵气成雾、寒风刺骨的老堡岭顶峰。”②

而该校部分学生参加青年军③一事即发生在学校撤至榕江以后，是在情形危机的特定条件下使一些学生平添了一段曲折的人生经历。

曾任北京大学历史系教授的汉民中学高 16 班校友谭圣安在回忆文章中写道：“我这个从小饱经战祸，从敌占区流亡到桂林的少年学生，进了汉中受到了极好的爱国主义熏陶。到榕江后，我和一些汉中同学艰苦跋涉，到贵阳参军，倒不是由于听了程思远先生“十万知识青年从军”的一席宣

---

① 吴静波：记忆犹新。《任中敏与汉民中学》，漓江出版社，1995 年，第 180 页。

② 梁桂明：从一张汉中的学生成绩单讲起。《任中敏与汉民中学》，漓江出版社，1995 年，第 230–231 页。

③ 1944 年日军发动打通大陆交通线战役，中国军队连连溃败。国民党决定征召知识青年 10 万人，成立“青年军”。至 1945 年 2 月统计，报名从军的知识青年人数已超过 15 万人。除一部远征缅甸外，其他部队均未开赴抗战一线。

传，而是目睹从桂林撤退到榕江这一路，前面是国民党败兵骚扰，后面是日本兵紧迫追赶，头上是敌机轰炸，老百姓走投无路。国破家亡的惨相，国家有军队不能御敌的痛心感受，激于'国家兴亡，匹夫有责'，才决心投笔从戎的。这也是汉中抗日爱国教育在我们身上的反映吧。当然，我们这般热血青年，在政治上幼稚无知，终归是受骗上当了。"①

高伯龙亦当年参加青年军的该校学生之一。他在新中国成立初期所写自传中对此一经过有所记叙。大意为：学校撤到榕江没几天，即闻日军欲包抄贵阳，已打到独山，距榕江仅三四十里，当时情况非常混乱，而校长又留在后面。紧急情况下，学校希望学生自找出路，在贵阳、重庆有亲友的可去投亲靠友，年轻力壮的可参加青年军，只有小部分老小疏散到乡下。情况紧急，何去何从？经过一夜考虑，原本不愿从军的高伯龙在最后截止时间报了名，并将自己的东西分给了留下来的同学。目睹残酷的战争现实，年仅 16 岁的高伯龙痛感必须建立一支能作战的军队，否则无法反攻，更谈不到胜利，因此决定弃学从军，为抗战胜利尽一份力。这或许是高伯龙那一夜所考虑的内容。岂料在第二天就要出发之际，校长回来了，并带来信息说日军已退。这样形势大变，一些报名从军的同学纷纷退出。但高伯龙几经权衡、反复考虑，还是坚持原来的决定，和一二十位同学踏上了徒步前往贵阳入营的艰难路程。一路上曾过雪山，常常没饭吃，但大家想到从军抗战，情绪很高②。高伯龙决定从军后，曾给家中写过一封信。高伯龙的堂妹高长龙至今还记得高伯龙在信中说：我现在还没有枪，但也要用拳头把敌人打死③。但是这些十六七岁的少年当时并未想到，等待他们的将会是什么。

高伯龙等汉民中学同学正式入伍已是 1945 年 1 月，所在部队驻扎在四川綦江石角镇。入营后，虽然每日操练，也曾几度传闻要出发作战，但实际上并未离开营区一步。而且目睹军中纪律败坏，腐败盛行。不久，像他们这样一心想参加抗战的知识青年就感觉希望破灭了，原先的一腔热情也

---

① 谭圣安：在汉中学到了些什么。《任中敏与汉民中学》，漓江出版社，1995 年。第 189 页。

② 档案：自传，1952 年。存于采集工程数据库。

③ 高长龙访谈，2013 年 1 月 15 日，广西岑溪。王晓军现场采访记录。

化为乌有，心情苦闷，情绪低落，觉得前途渺茫，知道走错了路，不少人在酒后大哭，甚至有一些人开了小差①。

国民党虽以“十万知识青年从军抗战”为号召组建青年军，但其实部队人员十分复杂。既有中学生、失业技术人员等知识青年，也有县、乡为完成招兵任务而雇来的壮丁，甚至还有曾贩卖鸦片者。品行恶劣、素质不良者与军官沆瀣一气，贪污营私。平时训练多做表面文章，应付上级。抗战胜利后，曾传闻要去打内战，高伯龙曾公开向人表示：“打内战一定开小差。”②

其实，高伯龙这样的态度是有思想基础的。他幼时即在家中听父母私下谈论朱毛红军在敌后的抗日游击战打得好，对共产党有很好印象③。汉民中学虽非进步学校，但反对蒋介石的独裁统治，防范国民党 CC 派控制学校，对国民党的一套做法从不坚决执行而采取虚与委蛇的办法，并始终注重并推行爱国主义、民族气节、人格品行教育，甚至聘请思想进步的教师任教，进步书刊也可半公开地传播。这些无疑对高伯龙产生了潜移默化的影响。而国民党军队的黑暗现实，也使高伯龙渐渐认识到国民党没有前途和希望。

当时，知识青年纷纷要求复员，并开始复习功课，为重回学校读书做准备。不久，青年军开始复员工作，并要求复员者必须参加为期三个月的预备军官教育。高伯龙和同在一个连队的汉民中学同学周孝其（1949 年考入清华大学电机系）都觉得这是个脱离青年军的机会，并在受训期间加紧复习功课。1946 年六七月间从青年军复员后，高伯龙与周孝其、张宏熙（1948 年考取清华大学）等汉民中学同学一起参加青年军设在江苏镇江中学的补习班，并于同年 9 月一同插班进入江苏省立上海中学高中二年级就读。

至此，这段历时约一年半令人沮丧失望的从军经历终于结束了。历史从来不是直线演进的，而常常要经历曲折迂回甚至反复的过程。人生亦同

① 档案：自传，1952 年。存于采集工程数据库。

② 同①。

③ 同①。

样如此。但无论如何，高伯龙终于又能够重新回到他梦寐以求的学校生活中来，全身心投入学业之中，人生道路在他面前又再次充满希望。

上海中学学习生活

高伯龙等汉民中学同学复员后本来安排至南京国立中大附中复学，到地方一看，该校尚未复校。然因这一变故，使得高伯龙得以再入一所名校——上海中学就读，岂非命也。

到校报到时，校长沈亦珍接待并介绍上海中学情况。高伯龙和同学们提出要入读高中二年级，此亦在汉民中学中止的学习阶段。但沈校长对他们的文化程度颇有疑虑，并说："外地学生比上海低一年，上海一般中学又比本校低一年。你们又离校一年多，是否降一级入学。"交谈中，沈校长

图 1-9 上海中学同学在京相聚（高伯龙，后排左三。摄于 1998 年。资料来源：国防科大光电科学与工程学院提供）

得知他们是汉民中学的学生，并看过他们汉民中学的学历证明，立即改变了语气，说："汉民中学校长任中敏，我们熟悉，上中校歌就是任中敏校长作的词，汉民中学学风很好，希望你们在上中好好学习。"① 于是，高伯龙等同学各入高二年级一个班，高伯龙入1945级理科乙班。高伯龙的学业在汉民中学即属佼佼者，较之上海中学同学也毫不逊色，不久便崭露头角，尤其数学、物理课程成绩尤佳。颇得物理教师杨逢挺赏识。说到杨逢挺，亦非等闲之人。清华物理系教授虞昊、清华校史研究专职教授黄延复所著《中国科技的基石——叶企孙和科学大师们》一书中对杨逢挺有极高评价：清华物理系1931年仅毕业杨逢挺一人，叶企孙② 荐他到上海中学教物理，几十年如一日，新中国成立后被评为全国模范教师，上海中学一直是国内最优秀的中学，杨逢挺是有重要贡献的③。

其实，沈校长起先的疑虑固然是因为甫一见面对高伯龙等同学不甚了解，但该校教学水平之高，亦确非一般中学学生所能适应。从该校理科51乙班校友钱重耀所撰忆文中可大致了解其时上海中学学生之出类拔萃。文中写道："1946年后，省上中校誉日隆，其中一个重要因素是在校学生素质的提高，……据统计，每年招收高中理、普、工、商科6个班级共计300名，而报考者达5000余人，平均20—21人中取一人。因此，被录取的学生，其学习成绩均非常优秀，这是剧烈竞争的结果。……招生对象没有户口限制，向全国开放。……招生考试题目是：'国文''数学''英语''理化'四项，每项课目的题目约80%为基础知识，而有20%左右的试题有一定难度，其中有一题特别难，其目的是既考核学生的基本功，也要使录取分数拉开差距，便于择优录取。……如果一个地区没有较高教学水平的初级中学，就难有学生考进省上中。许多初级中学都以历届有多少名毕业生考进省上中高中部，作为检验自己办学成绩的标志。自己教的学生、本校毕业的学生考进省上中，对老师和学校来说，都有强烈的成就感和莫大欣

---

① 郭大章：上中的复员青年军。《情系上中，留念师长》2005年10月，第73-74页。

② 叶企孙（1898-1977），上海市人。中国近代物理事业奠基人之一。1948年当选为中研院院士。1955年被遴选为中国科学院数理化学部委员（院士）、常务委员。

③ 虞昊、黄延复：《中国科技的基石——叶企孙和科学大师们》。复旦大学出版社，2000年。

慰。1946年至1949年，在校学生中获叔蘋奖学金[①]的人数比例为上海市各中学之冠，毕业生考取清华、交大的比例也最高。”[②]

该校51届理科乙班校友顾永慷在忆文中写道：“那时，‘叔蘋奖学金’要求上中的学生，学期末总平均分数达到85分，就可以继续领取奖学金；而对其他学校的学生则要求平均分数在90分以上。上中的学生读完高二，就能与其他学校高三毕业的学生竞争考大学，可见上中教学水平之高。”[③]

高伯龙等同学确实不负期望，以优秀成绩消除了沈校长的疑虑。高伯龙即是在高二上学期后的寒假考取了对学习成绩要求很高的“叔蘋奖学金”。关于高伯龙在上海中学学习的具体情况，高伯龙本人所言甚少。但从同学当时的记载和后来的忆文及访谈中也可略见一斑。

高伯龙同班同学朱铃写于1948年毕业之际的《上海中学理科1948届乙班级史》中两度提到高伯龙。文中写道：“度过了暑假，我们又升了一级，然而同学因故离校的又有十人左右，不过又多了一批生力军加入。……高伯龙入学也在此时，他在理二结业后以同等学力考取清华、交大两校，于此可见我级学业程度的一般。……三年来除学业成绩优良外，课外活动的竞赛成绩尤佳。如理二时……数学比赛高伯龙同学荣获第一……”[④]

这段记载充分表现出同学们对高伯龙理科课程成绩优异的敬佩。

此外，同班同学陈迪在60年后所写的忆文中，也对当时班上的学习情况作了有趣的描写，并对高伯龙数学成绩的优异留有深刻印象。文中说：“我们班由十名女生和三十多名男生组成。……在我的印象中，大多数女生尤其是吴藻华在数学成绩上超过了大多数男生。我们只有期待高伯龙能

① 叔蘋奖学金，香港著名爱国人士顾乾麟先生秉承其先尊叔蘋公“得诸社会，还诸社会”的遗训，于1939年在上海创办。1939年至1949年获该奖学金资助的约1100学生中，涌现出国家领导人、院士、将军、教授等一大批优秀人才。1986年叔蘋奖学金在上海续办，1988年又分别在北京、湖州续办。

② 钱重耀：1946年省上中重返吴家巷后招收了那些学生。《情系上中，留念师长》，2005年，第64–69页。

③ 顾永慷：怀念我的父亲袁善徵。《情系上中，感恩师长》，2010年，第135页。

④ 朱铃：上海中学理科1948届乙班级史。《上海中学1948届理科乙班毕业60周年纪念册》，2008年4月，第27页。

比得上女生，为我们挽回荣誉。”①

据曾任晨光化工研究院院长的同班同学傅积赉回忆：“高伯龙是高中二年级时插班到我们班的。他个子比较高，坐在教室后面的位置。他给我的印象就是他的学习比较轻松，成绩却是班上拔尖的，特别是数学、物理课的成绩。当时我们的数学、物理教材都是英文原版的，一般同学学起来比较吃力，晚上还要开夜车，他不开夜车。因为他基础比较好，人又聪明。只读了一年高二，就以同等学力考进清华大学。”②

曾担任班长的同班同学沈亚光在接受采访时也有同样的记忆。他说：“高伯龙在班上跟同学交往较少，成绩是靠前的，数理化都很好，否则考不取清华大学。”③

曾在中国科学院原子能研究所工作的同班同学席德明曾于1960年初所写的一份材料中谈及高伯龙给他的印象：“高伯龙在上海中学比较突出的地方是他的功课很好，特别是数理方面。下棋也很好，似乎头脑很灵，有些天才似的。同学们在这一点上都觉得他行，他自己也有所自豪。”④

高伯龙报考叔苹奖学金是经同学介绍的，主要原因是当时自己经济拮据。自父亲去世后，家中经济情形即陷于困顿，前面于此已有所介绍。尔后从军异乡、求学上海，与家庭联系更见稀少，一般生活来源主要靠自己。从军后自然是当兵吃粮，复学后虽说复员军人有公费生待遇，但其实只提供伙食费，日常开销还得靠自己解决。考取叔苹奖学金后，日常生活问题基本解决，后来考取清华大学也一直受到叔苹奖学金的资助，直至1949年新中国成立时为止。

高二读完即参加高考，这是高伯龙深思熟虑后作出的决定。这固然是因为他对自己的学业水平充满自信，同时还源于他内心的紧迫感，想把从军一年多耽误的时间追回来。从同学们的记忆中可以大致勾画出高伯龙在上海中学学习时的情形：少与人交往，不大参加其他活动，专心读书，常

---

① 陈迪：对上海中学的一些回忆。《上海中学1948届理科乙班毕业60周年纪念册》，2008年4月，第8页。

② 傅积赉访谈，2013年3月17日，北京。资料存于采集工程数据库。

③ 沈亚光访谈，2013年3月14日，北京。存地同②。

④ 档案：高伯龙在上海中学情况。存地同②。

泡图书馆。而这一切努力都是为了提前一年参加高考做准备。

物理教师杨逢挺先生对高伯龙十分赏识，为高伯龙出具参加高考的证明（具有同等学力），并在高伯龙考取清华大学物理系后，委托自己在该系读书时的老师、当时在该系任教的叶企孙教授对高伯龙予以关照。

高伯龙在其多年后撰写的自述中说，在报考清华大学时，“在数学系和物理系之间颇多考虑，最后以物理学家必兼数学家的看法而作选择。”①

高伯龙方读完高中二年级即考取中国名校清华大学，在同学中一时传为美谈，对他更是刮目相看，但了解他的同学也并不觉得十分意外。

中学学习结束了，中国顶尖高等学府清华大学的新的学习生活正在向高伯龙招手。回顾高伯龙中小学学习的过程，除在汉民中学初中有完整的学习经历外，其他学习阶段均显得“支离破碎”。但对高伯龙来说这并没有什么关系。只要人在学习之中，他就如鱼得水，他就充满愉悦，而不觉“寒窗苦读”之苦。对科学知识的学习与探寻，几乎成为这个 19 岁青年生活的全部。对世事变迁、社会政治活动，他虽然并非“两耳不闻窗外事”，全然不闻不问，并有着自己的见解，但在他的心目中，学业、求知始终占据着不可替代的最重要的位置，当科学家的梦想始终引领着他的人生奋斗方向。

① 高伯龙：自述。《中国工程院院士自述》，上海教育出版社，1998 年 12 月，第 109 页。

第二章
清华园里的高才生

甫入清华

高伯龙报考清华大学的当时，也许对清华大学当年招生的总体情况并不知晓。现在回过头来看，这堪称在一场激烈竞争中的成功突围。

中国工程院院士杨士莪同年考入清华大学物理系，是高伯龙的同班同学。据杨士莪回忆："报考人数和实际录取人数相比，比例是很低的。尽管当年清华物理系招生人数在全校各系是最多的，录取了 50 多人，但与报考人数来比，仍然是很低的。"①

另据 1948 年 4 月 29 日《清华校友通讯》复员后第三期所载之《学校近况》的介绍，亦可得知当年考入清华实非易事。1947 年清华在全国招生 552 人，而报名考试人数为 13450 人，录取比例仅为 4% 略高。清华当年招生在全国设了 8 个考区，分别是上海、南京、北平、武汉、重庆、广州、

① 杨士莪访谈，2013 年 3 月 31 日，长沙。资料存于采集工程数据库。

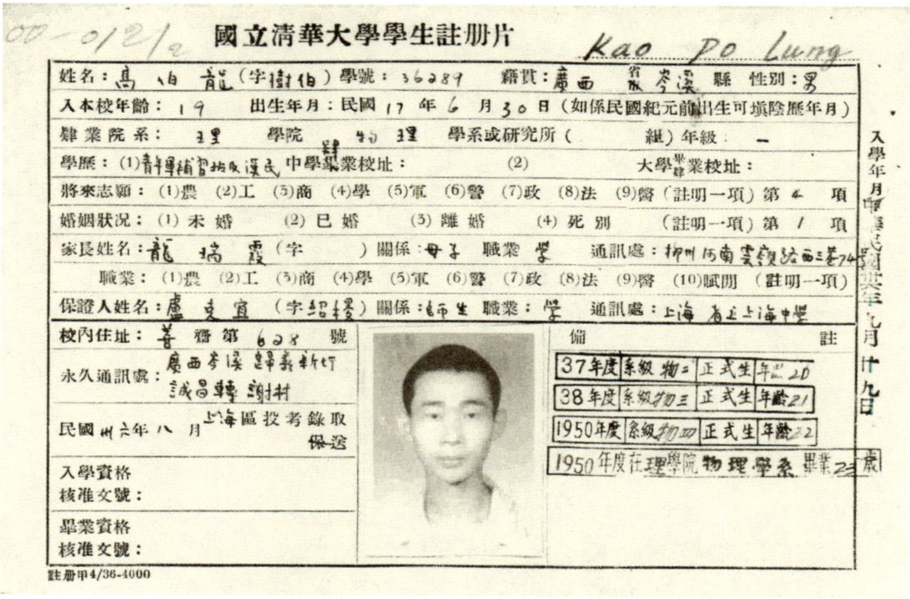
00-0121/2

國立清華大學學生註册片　Kao Po Lung

姓名：高伯龍（字樹伯）學號：36289　籍貫：廣西省岑溪縣　性別：男
入本校年齡：19　出生年月：民國17年6月30日（如係民國紀元前出生可填陰歷年月）
肄業院系：理學院物理學系或研究所（　組）年級：一
學歷：(1)青年軍補習班及漢民中學肄業校址：　(2)　大學畢肄業校址：
將來志願：(1)農 (2)工 (3)商 (4)學 (5)軍 (6)警 (7)政 (8)法 (9)醫（註明一項）第4項
婚姻狀況：(1)未婚 (2)已婚 (3)離婚 (4)死別（註明一項）第1項
家長姓名：龍瑞霞（字　）關係：母子　職業：學　通訊處：柳州河南雲頭路西三巷74號
職業：(1)農 (2)工 (3)商 (4)學 (5)軍 (6)警 (7)政 (8)法 (9)醫 (10)賦閒（註明一項）
保證人姓名：盧克宜（字紹樓）關係：師生　職業：學　通訊處：上海　省立上海中學
校內住址：善齋第628號
永久通訊處：廣西岑溪歸義新圩　誠昌轉謝村
民國卅六年八月上海區投考錄取　保送
入學資格核准文號：
畢業資格核准文號：
備註：
37年度　系級物二　正式生　年齡20
38年度　系級物三　正式生　年齡21
1950年度　系級物四　正式生　年齡22
1950年度在理學院物理學系畢業22歲
入學年月　中華民國三十六年九月廿九日
註册甲4/36-4000

图 2–1　高伯龙的清华大学注册片（资料来源：清华大学提供）

天津、昆明。其中以上海考区考生最多，共3510人，录取231人，录取比例为6.6%①。这说明当时上海地区中学教育质量的确高于其他地区。高伯龙即在上海考区参加考试并被清华物理系录取。

同时，据《清华大学史料选编》第四卷所载之《国立清华大学1947年度报考一年级学生简章》之“投考资格”之第六条“具有高级中学毕业同等学力惟应受下列各项之限制：甲、同等学力学生录取人数不得超过录取总额百分之五。乙、报考同等学力学生应以因战事关系失学一年以上，并于失学前曾修满高中二年级课程，缴验原毕业学校成绩单经审查合格者为限。”②

按照以上甲、乙两条关于以同等学力报考者的规定，高伯龙从军前于汉民中学并未修满高中二年级课程，但战后复学一年修完高二课程，故凭借在镇江中学补习班的结业证书和上海中学杨逢挺老师的证明，顺利取得报考资格。而最关键的是甲条“同等学力学生录取人数不得超过录取总额百分之五”的限制，这意味着高伯龙要在当年大约27个以同等学力录取

① 《清华大学史料选编》第四卷，第69–70页。
② 同上，第245–247页。

名额中进行竞争，但高伯龙如愿以偿地被录取了。

说到清华大学招生之严格，还体现在铁面无私、不徇私情的录取原则上，决不允许"走后门"之类的事情发生，从而确保录取新生的高质量。1952届清华校友唐绍明是清华教工子弟，但他三考清华方被录取。他在忆文中回忆了这段经历。1946年唐绍明念完高二，决定以同等学力报考清华，并于昆明返京途中在广州参加高考，却名落孙山。而广州考区招办主任是他的舅舅。当时像他这种情况的清华教工子弟约有一二十人，其中包括校长梅贻琦以及学校教务长、训导长、秘书长和好几位教授的子女。有人出主意，先参加清华先修班（相当于大学的预科，学期一年）的学习，肄业后免试直接升入大学本科。大家都赞成，并向学校提出。谁知遭到学校教授会的否决，理由很简单：不能破例。清华素以入学把关严格著称，未经正式考试录取者不能取得学籍，教工子弟也不例外。因此，唐绍明在先修班学习一年后再次报考清华，不幸再次落榜。至翌年第三次报考，才以获得奖学金的优异成绩被清华经济系录取①。或许正是因为清华大学坚持公正公平的招生制度，才使得更多没有家庭背景却有真才实学的优秀学子得以进入中国最高水准的高等学府深造。

高伯龙终于步入清华园。但其时之清华园已非昔日之清华园。高伯龙入学时乃抗战胜利清华重回北平复校仅仅一年之后。虽经师生一年艰辛努力恢复战争创伤，但仍未达到战前水准。据《清华物理八十年》一书所载："美丽的清华园，经过日寇八九年长期占住，已是面目全非。清华园校舍，最初驻扎日本兵，继改作伤病医院，破坏甚重。图书馆和体育馆破坏最甚，图书馆书库钢架被拆卸残缺，图书损失，以册数计，损失达一半，但收回的图书往往残缺不全，配补困难。清华人引以为荣的体育馆，前部运动场在抗战中变成了日本军队的食物仓库，新运动场变成了大厨房，健身设备全部丢失，锅炉也遗失，地板污秽不堪，全部损毁。……科学馆外观虽然依旧，但内部设备荡然无存，仪器全部损失，物理系的期刊杂志除1930年以前出版者，也全部损失，课本和参考书损失甚多，连一桌一椅都

---

① 唐绍明：三考清华。《春风化雨——百名校友忆清华》，清华大学出版社，2011年，第153–154页。

得重新做过。所幸在叶企孙和霍秉权[①]（时任物理系主任）带领下，清华物理系人多心齐，临时添置课桌椅，安装好从昆明运回的一批仪器，加班加点，赶在新学期11月5日正式上课之前，教学实验室勉强可以敷用，使教学很快步入正常轨道。”[②]

经师生不懈努力，至1948年，实验室的恢复已基本完成，在建的主要是新发展的电子管、无线电以及原子核物理研究室。这些领域当时也是国际上的热门领域，复员时向美国定的仪器设备也已到达海关[③]。

酷爱并潜心于数理知识学习的高伯龙，在上海中学读书时，当已了解清华物理系在中国物理学界无可匹敌的地位和分量，众多名师大家更早为他所仰慕。他对毕业于清华物理系的上海中学物理教师杨逢挺学问与人品十分敬重。杨逢挺老师对数理学业优异的高伯龙的看重与教诲及帮助，更使高伯龙对报考清华抱有强烈的意愿和坚定的信念。同时，他也想借此获得留学欧美的机会，在物理学方面达到更高造诣，从而实现成为科学家的人生理想。而留学欧美，这几乎是中国近代物理大师所走过的共同道路，几成惯例。如曾任清华大学校长17年的梅贻琦先生即两度留学美国，分别于1914年获伍斯特理工学院工学士学位、1922年获芝加哥大学机械工程硕士。而清华物理系的前辈名师大家中，几乎无一例外曾留学欧美。如叶企孙1920年获芝加哥大学理学学士学位，继于1923年获哈佛大学哲学博士学位；吴有训1925年获芝加哥大学博士学位；周培源于1926年春、夏两季分别获芝加哥大学学士和硕士学位，1927年获加利福尼亚大学理学博士学位；萨本栋1924年获斯坦福大学工学学士学位，1925年、1927年相继获麻省理工学院电机工程学士学位、理学博士学位；赵忠尧1931年获加州理工学院博士学位；任之恭1928年获麻省理工学院电机学士学位，1929年获宾夕法尼亚大学无线电硕士学位，1931年获哈佛大学物理哲学博士学位；霍秉权1930年至1934年留学英国，先后在伦敦大学和剑桥大学从事物理学研究工作，1943年至1944年在美国华盛顿卡内基研究所学术休假一年，进行加速器合作研究；

① 霍秉权（1903–1988），湖北鄂州人。物理学家、教育家。

② 朱邦芬主编:《清华物理八十年》。清华大学出版社，2006年，第93–94页。

③ 同上，第94页。

孟昭英1936年获加州理工学院博士学位；郑衍芬1934年获斯坦福大学博士学位；等等。至于其他学科专业的前辈学者大师亦大多如是。

其时中国学子得以留学欧美还有一个原因，即当时中国大学教育体制及教学内容与欧美接轨，许多课程采用英文原版教科书，故英文水平和所学知识于留学均无障碍。汪家鼎院士在回忆中对此有所提及："出去以后，在国外念书其实并不吃力，因为那个时候国内的大学用的多半都是国外的英文教科书，特别是像我们联大工学院，用的基本上是MIT或者是其他的美国一些有名的大学用的教科书。"①

然而，高伯龙就读清华物理系期间，中国乃至国际政治局势发生重大变化。新中国的成立，社会主义阵营的形成，朝鲜战争的爆发，美国对中国的全面封锁，冷战开始，这些重大政治历史事件产生了深远影响，乃至影响到个人。留学欧美已然成为不可能的事了。这一情形至三十年后中国"文化大革命"结束始发生改变，而由于改革开放后经济迅速发展，国力日益强盛，人民生活水平极大提高，到国外大学留学更成为胜于旧中国的普遍现象。

尽管如此，在名师荟萃的清华物理系这一国内物理学界的顶级科学殿堂，高伯龙前所未有地打开了科学视野，以极大的热情投入学习之中，尽管办学条件尚未恢复到战前最高水准，但清华物理系名师大家的精心教学和优良学风的熏陶，加之自己刻苦勤奋地钻研及天资聪颖，高伯龙在学业上日益精进，尤其在物理学知识领域不断深化拓展学习内容，如海绵吸水般如饥似渴地利用一切条件全身心投入到新的学习生活之中。

受教名师

据《清华物理八十年》一书所载："从清华物理系建系（1926年）起，到1937年抗日战争兴起时为止，清华大学物理系得到了突飞猛进的长足发

① 汪家鼎：在学习中成长。《清华记忆——清华大学老校友口述历史》，清华大学出版社，2011年，第115页。

展。短短几年，清华物理系就成为全国学术中心之一，师资力量最强，培养的学生成批地脱颖而出，研究工作也明显好于其他学校。到了三十年代中期，它被公认为在全国最好的物理系。吴大猷[①]先生在《早期中国物理发展的回忆》一文中曾写道：'我们该用怎样的标准来评估一个机构或是一些人对中国物理发展的贡献呢？主要是根据他们在若干年之内，是否有建立传统，包括人、设备与稳定的气氛等三方面；他们在几年内又能够吸引多少学生或是激励、唤起多少学生继续作物理研究工作。'用这个标准来衡量，清华大学物理系显然是比较成功的。梅贻琦提倡'大学者，大师之谓也'，也即大学之所以为大学，不在大楼，而全在有没有好的教授。叶企孙在培养人才方面有明确的指导思想。他认为要建设一个高水平的物理系，必须有一批高水平的教授。他毫无门户之见、千方百计地物色到多位优秀教师，皆为一时之选。……在叶企孙先生的带领下，全系教师及研究生团结一致，努力工作，清华物理系迅速发展的首要原因在于她的一流师资队伍。"[②]

然而时至 1947 年，由于教师出国、调任其他大学工作等原因，清华物理系的教师队伍已不及战前鼎盛时期，尤其是当时物理学最活跃的实验物理领域，师资力量遭到削弱。到了 1948 年，物理系教师名单上仅有叶企孙、周培源、霍秉权、王竹溪、余瑞璜、孟昭英六位教授。为此，叶企孙和物理系的其他教授竭力物色新的实验物理人才。他们电邀葛庭燧早日从美国回来任教，又在国内找到了实验上的奇才金建中。另外，系里又留下几位优秀本科毕业生从事实验研究。同时最关键的是多次诚邀当时在法国巴黎约里奥·居里夫妇处从事原子核物理研究的钱三强到清华物理系任教并获得成功。钱三强于 1948 年正式加入清华物理系。翌年，彭桓武、葛庭燧教授又相继加入物理系，这标志着清华物理系的师资队伍建设达到了一个新的高峰[③]。

如此强大的师资阵容，学子自是受益匪浅。高伯龙对自己受教于名师大家的情形未具体言及，但对于极度痴迷热爱物理学的他，定有如入宝山之感。而清华物理系 1948 届校友黄祖洽在忆文《清华园的四年》中对此有所

① 吴大猷（1907–2000），广东高要人。享有国际声誉的物理学家。

② 朱邦芬主编：《清华物理八十年》。清华大学出版社，2006 年，第 11 页。

③ 同上，第 97–99 页。

追述，可从中窥见当时物理系教学之情形：“大三选的专业课有热力学、光学和物性论，分别由王竹溪、余瑞璜和叶企孙教授授课。王先生讲热力学使用的教材主要是他自己编写的英文讲义，也指定一些在校图书馆可以借到的参考书。上课时他在黑板上书写笔记，同时还口头解释。他板书很快，字迹秀丽，抄写下来就是一本不错的讲义，内容包括一部分他自己的研究成果，像关于多元系统的稳定性条件等。……王先生出的热力学习题既可以帮助学生深入理解有关学习内容，又可以培养学生动用数学工具、解决物理问题的能力，做起来有相当的难度，也很有趣。一般每次留的习题总要用一个晚上的自修时间才能完成，同学间常就这些习题自发地进行讨论。叶先生讲的物性论，牵涉的范围很广：引力常数的测量、物质的弹性、物质的磁性和气体分子运动论等。每部分都只介绍一两个关键试验，借以引进一些有关的基本物理常数，然后推荐有关名著供学生参考。叶先生讲课时稍微有些口吃，但内容简练，富于启发性，对发挥学生的主观能动性极有好处。记得他讲气体分子运动论时，只根据 Kennard 的书讲了分子速度的麦克斯韦分布、分子平均自由程、平均热速率等概念，便介绍两本气体分子运动论的经典著作：一本是奥地利物理学家 Boltzmann 用德文写的，一本是英国天体物理学家 Jeans 用英文写的。我学过德语，便把 Boltzmann 的书从图书馆中借来好好看了一番。这为我后来从事输运理论的工作，提供了坚实的基础。”①

清华物理系 1952 届校友杨训仁在忆文中对当时的学习情况也有很具体的描述：“我大一时的普通物理是王竹溪先生教的，大二时的理论力学是周培源先生教的，二位都是学术造诣很深的大学者，完全可以称得上‘大师’，但还是来教这样的基础课并且还极其认真，一丝不苟，这本身就反映出清华特别注重基础的优良传统；同时他们对学生的要求非常严格。例如，我因患黄疸型肝炎住进校医院而未能参加理论力学的月考，但周先生并未因此‘放过’我，我病愈出院后就被通知需要补考，不久就将我召至他办公室当面考试，一周后考卷发下，得了 90 多分，周先生很满意。……那时，物理系还没有系统地开设所谓‘四大力学’，只有理论力学是正规

---

① 黄祖洽：游进了知识的海洋。《清华物理八十年》，清华大学出版社，2006 年，第 267-268 页。

开设的，电动力学（代以电磁学）和统计力学（热力学不能取代）根本没有开过；量子力学则是四年级上学期由彭桓武先生先生来开的，彭先生那时主要工作在科学院近代物理所，所以上课时间集中在每周四的下午，连上三个小时。量子力学本来就既难学也难教，在这种形式下就更增加了难度，但以彭先生的造诣和技巧，居然效果甚佳。我那时被同学们推为量子力学课代表，对此更深有体会。彭先生为人极为谦和、平易，不但经常向我了解同学们的反映和要求，甚至还同我讨论如何讲课的某些细节。彭先生个头较小、年纪又较轻，师生们戏呼之为'Babe Professor'。1948 年美国科学促进会编印出版的《百年来科学大事记》中提到的中国人仅有两位，彭先生荣居其中之一（另一位是王淦昌先生……），由此可见他学术造诣之高。……最令人难忘的是叶企孙先生。叶先生不但是清华物理系的创始人，也可以说是整个中国物理界的鼻祖，桃李满天下，贡献不容置疑，他的学术水准和道德修养更是人所景仰。他除了教我们三年级的必修课热力学外，我在四年级下学期还选修了他别开生面的选修课物性论，该课程并无一定的'教学大纲'之类，完全由叶先生自由发挥，由此才更证实了先生学识之渊博。先生常结合中国古代物理学成就（如经常提到沈括的《梦溪笔谈》)，生动而深入地讲述这门独特的课程。”[①]

黄祖洽在清华物理系读大四时，高伯龙读大一，而杨训仁仅比高伯龙低一届，可谓同时期校友。黄、杨二人对受教清华物理系名师大家的感受和体会以及对当时学习情况的回忆，或可以看作同时期校友的共同记忆。

发 奋 学 习

经过激烈竞争、优中选优进入清华园，又有名师大家传道授业解惑，但绝不意味着可以高枕无忧，轻轻松松完成学业，拿到毕业文凭。其实，

① 杨训仁：涌泉一滴水。《清华物理八十年》，清华大学出版社，2006 年，第 273-274 页。

从进入这所以“自强不息，厚德载物”为校训的中国顶级大学的第一天起，就意味着每一位同学必须全身心投入迥异于中学学习方式的新的学习生活中，或者说新的学习竞争之中。高伯龙当然也不例外。

图 2-2　清华校友相聚（后排左二，高伯龙，前排右二，杨士莪。约 1991 年摄于北京。资料来源：国防科大光电科学与工程学院提供）

尤其是清华物理系，素以教学严谨、内容艰深、考试严格著称，对学力有所不逮者堪称畏途。高伯龙同班同学杨士莪院士对此记忆犹新。杨士莪说：“考取了清华物理系，并不就意味着你一定就是物理系的学生，还要通过一年的学习，经过考试，看你的普通物理、高等数学是否达到标准。这个标准比及格线高很多。达到标准，你才能在物理系继续学习，才真正算是物理系的学生，否则就要转入其他系学习。”①

关于物理系对学生采取这种做法的原因，杨士莪认为，主要是因为在物理系学习一定要有较好的基础条件，否则学不出来，可能毕不了业，不如尽早转入其他系学习。杨士莪记得他们班 1947 年入学时有 50 多人，一

① 杨士莪访谈，2013 年 3 月 31 日，长沙。资料存于采集工程数据库。

年后剩下不到 40 人[①]。故其时物理系在清华有“霸王系”“龙头系”之称，意喻其学习之难、要求之高，且为清华实施“通才教育”最基础而重要的学科。

可以佐证的材料甚多。我国著名科学家钱伟长早年入清华读书时曾有弃文学理的一段经历。他在忆文中叙述了这一过程，并追忆了终于如愿以偿进入清华物理系后发奋苦学的情形。在一学年结束后的考试中，包括物理和微积分在内的所有课程都超过了 70 分，兑现了对当时物理系主任吴有训的承诺，得以继续在物理系学习。钱伟长在忆文中写道：“第一学期物理及格了，学年终了时各科都追到了 70 多分（当时考核成绩是非常严格的，得 70—80 分就不易了，很少能得到 90 分的），实现了我的保证，四年后以优异的成绩毕业。”[②]

其实，不独物理系，教学严谨、考试严格，清华各系皆然。如 1950 年毕业于清华土木工程系的卢谦在忆文中对此亦有回忆：“我们这个班，大家互相一谈，基本上都是各个学校在班上不是第一名，就是第二名的，所以大家学习起来没有感觉什么压力，大家还常到圆明园去散步、谈心。当时大一物理每个月考一次，第一个月考试，出的题都不是当时我们所学的内容，清华的考试，我们头一次尝到味道了，基本上我们班没有及格的。那个时候我还记得有一位老师，他说：我要把你们的分数开平方，再乘十，那三十六分就是六六三十六，六乘十，正好六十分及格。我们几个还算‘及格’，所以这一下我们原来比较骄傲的心情消失了，大家就刻苦地学习。”[③]

1952 届清华化工系毕业生陈恬生在忆文中也有相关回忆：“清华的学习生活是严峻的，老师要求很严格，学校十分重视基础课，授课教师都是有名的教授，……那时考试很少给高分，八十几分已是很好的成绩了。”[④]

---

① 杨士莪访谈，2013 年 3 月 31 日，长沙。资料存于采集工程数据库。

② 钱伟长：恩师助我择专业。《清华物理八十年》，清华大学出版社，2006 年，第 262 页。

③ 卢谦：我的清华情结——卢谦口述。《清华记忆——清华老校友口述历史》，清华大学出版社，2011 年，第 251 页。

④ 陈恬生：回忆的浪花。《春风化雨——百名校友忆清华》，清华大学出版社，2011 年，第 149 页。

在钱伟长入读清华物理系17年后，高伯龙亦进入该系学习。而清华大学依然保持这样的教学、考试传统。但这样严谨、严格的教学和考试要求，对于中小学即以想问题和计算见长的高伯龙来说，却似乎成了他最理想的学习环境。据编号为“36289”的高伯龙的“国立清华大学学生历年修习学程成绩记载表”所载，高伯龙第一学年微积分的考试成绩为94分，普通物理为82分[①]。若比照前面校友所述考试情形，这显然是非常好的成绩了。并确实说明高伯龙对清华的学习要求十分适应，且进一步发展了他善于思考、长于计算的特长。

若深入考察当时清华物理系本科教学的特点，则更可明了像高伯龙这样聪慧且用功的学生因之获益之大。

据《清华物理八十年》一书第一章“迅猛发展的初期（1926—1937）”第六节“本科教学”所载：“1934年6月，叶企孙为《清华周刊第41卷向导专号》写过一篇题为《物理学系概况》的文字，其中有关本科教学部分为：在教课方面本系只授学生以基本知识，使能于毕业后，或从事于研究，或从事于应用，或从事于中等教育，各得门径，以求上进。科目之分配，则理论与实验并重，重质而不重量。每班专修物理学者，其人数务求限制之，使不超过约十四人，其用意在不使青年徒费光阴于彼所不能学者。此重质不重量之方针，数年来颇著成效。民国十八年本系毕业生施士元先生现任国立中央大学物理学系主任，周同庆先生现任国立北京大学物理学系教授，王淦昌先生现任国立山东大学物理学教授。数年来国内物理学之渐臻隆盛，实与本系对于青年所施之训育，有密切关系。‘只授学生以基本知识’和‘理论与实验并重，重质不重量’，这两句话可视为清华物理系本科教育的基本思想。……清华大学实行‘通识教育’。主张全面加强基础教育。……清华物理系的教学，第一年是通识教育，都是全校必修课，但是第二年准备读物理系的学生，第一年在‘普通物理、普通化学、普通生物、普通地质学四选一’中要求必须选普通物理课。从第二年起，虽然学生开始上本系的课，但仍强调学科交叉和自主的学习，有大量

① 档案：国立清华大学学生历年修习学程成绩记载表。存于采集工程数据库。

的选修他系课程的学分。'只授学生以基本知识'和'理论与实验并重，重质不重量'的思想充分反映在课程总则中。例如，物理学系 1936 年—1937 年度的课程总则要求本科学生：（一）以本系为主系之学生，至少须修本系学程 50 学分，其中实验学分须有 12，理论学分须有 24。（二）本系学生应选修之学程及其在各学年分配之分量依各人之需要及趋向而定。入本系者应先与本系主任面商，以便拟定将来选修之程序。（三）以本系为主系者，必修微积分、微分方程及大学普通化学。（四）每实验一次，约占 2 小时至 3 小时；每星期一次，一学期完毕者，算一学分。（五）凡以本系为主系者，其大学普通物理之全年成绩，至少须为中等。这里所谓'中等'，为选学物理系的同学设了个门槛，实际操作中要求第一学年数学课和普通物理课的成绩必须超过 70 分。"①

第三章"从复员到院系调整（1946—1952）"第三节"本科生和研究生培养"中写道："本科生的课程设置在 1949 年以前，基本与抗战前差不多，基本理念也完全相同，即'只授学生以基本知识'，'重质不重量，理论与实验并重'，因为在清华这些领导人看来，这些都是经过了二十年的实践，被证明是行之有效的。"②

图 2-3　何祚庥院士接受采访（2013 年。资料来源：国防科大光电科学与工程学院提供）

前所引校友的回忆，也印证了上述要求。尤其第五点之要求，也可以理解为，立志在物理系求学者，第一学年数学课和普通物理课成绩要超过 70 分，看似要求不高，其实不易达到。这时再来看高伯龙第一学年的成绩，已然是同

① 朱邦芬主编，《清华物理八十年》。清华大学出版社，2006 年，第 23-24 页。

② 同①，第 102 页。

学中学习成绩之佼佼者。尽管过去了60多年，杨士莪对高伯龙当年在班上学习成绩之优秀依然印象深刻，评价起来也是直截了当：“我的评价，高伯龙在我们班上水平是最高的，学得最好的，是一号种子。”① 但高伯龙在时隔60余年后接受采访时说：“清华物理系那一届毕业生中有两个优秀学生，就是我和周光召，并没有分谁第一谁第二。”②

1947年由上海交通大学化学系转学进入清华大学物理系学习的何祚庥院士对高伯龙当年在班上学习的情况也是高度认可。何祚庥回忆说：“高伯龙的确是当初极其优秀的学生。我们当年有两个人成绩最好，一个是高伯龙，一个是周光召。当年我们叫高伯龙‘高公’，他的业务特别好，要解决点困难的问题对他来说是很容易的。有一次考试，老师出了一个比较难的题目，做起来很费事。高伯龙用群论的方法，很简单就做出来了，很漂亮，物理概念非常之清楚。”③

何祚庥还说：“高伯龙业务好，但他并不自私，很愿意帮助别人，同学向他请教技术上、知识上的问题，他是肯讲的。不像有些科技人员有了一点心得，就保密起来，认为徒弟成了师傅就糟糕了。高伯龙一点这样的心态也没有。”④

分析高伯龙之所以学习成绩优异的原因，除了名师大家的高水平教学和优良的学习环境和氛围，从高伯龙自身而言，似有三个基本条件：其一天资聪颖，其二基础扎实，其三刻苦用功。前两者先已论及，无须赘言。而第三点最为重要。杨士莪回忆说：“高伯龙学习非常刻苦，自学能力非常强。尽管给大家上课的老师都是名教授，但当时的学生也自视很高，也比较狂，年轻人初生牛犊不怕虎嘛，认为讲得好的就去听，讲得不好的就不去听。不去听课就靠自学，考试时照样去考试，一样通过。有一门物理专业课，高伯龙就不去听，参加考试的时候，任课老师看见他就说，你可没来听课啊。高伯龙立即掏出自学笔记，我有学习笔记啊。那时候我们的

---

① 杨士莪访谈，2013年3月31日，长沙。资料存于采集工程数据库。

② 高伯龙访谈，2013年7月14日，长沙。存地同①。

③ 何祚庥访谈，2013年3月20日，北京。存地同①。

④ 同③。

学习有相当一部分时间是泡图书馆，阅读研习专业经典著作和重要的参考书，做书后附录的习题。高伯龙就是这样，他学得十分认真。比如高等数学我们学了两年，包括微积分、微分方程，但高伯龙觉得学得不够，又去自学了一本国外的很权威的线代分析，而且把这本书后面的习题都做了一遍。国外的那些专业书的习题，与国内的书不一样，不是简单地套用公式就能做出来的。这些自学的经历强化了他的数学、物理知识的训练，进一步加深了理解，所以他的数学、物理课程的成绩非常优秀。”①

杨士莪还记得当时对学生学习时间做了一个统计，一天学习多少时间。高伯龙登记的结果是每周学习 70 个小时，也就是每天大约有 10 个小时用于学习。而那时高伯龙曾一度担任班上的总干事（相当于班长），还有一些其他社会活动。但高伯龙对学习始终非常重视，抓得很紧，自律性很强。杨士莪比高伯龙小三岁，入学时才 16 岁。他坦言自己有时候也贪玩，比如有时想去打扑克，高伯龙就训他一顿，说他不好好学习，然后拽他去图书馆读书。他说，我非常感谢高伯龙，当年全靠他拉着我，跟他一块儿去泡图书馆。说起当年在清华物理系学习、生活中的趣事和同学之间的友情，杨士莪充满怀念之情。他说：高伯龙生活很俭朴，不讲究吃穿，一门心思用在学习上。由于高伯龙的经济条件不太好，连最想得到的专业书籍也没有余钱去买。同学中我和周光召家庭条件相对好一些，但也买不起，于是我和周光召就一起凑钱买。我提前一年毕业参军到部队院校工作时，这些书也要带走一些，高伯龙就来帮我们分书。所以，当

图 2-4 高伯龙（左）与杨士莪相聚于长沙（摄于 2013 年 3 月。资料来源：国防科大光电科学与工程学院提供）

① 杨士莪访谈，2013 年 3 月 31 日，长沙。资料存于采集工程数据库。

时同学们课外读书主要还是利用图书馆[①]。

说到当时清华学生有大量时间泡图书馆的现象，其实这正是清华教育理念的具体体现。《清华物理八十年》一书对此有所阐述：“在老清华物理系，课堂教学时间不多，课余时间就可以主动地自学，看大量参考书，选修其他课程，这是清华物理系的好传统，既符合通才教育又符合因材施教的原则。程度不同、天分不同的学生，在自学上各尽其能、各取所需，都有自由发挥的条件，而且名师在指导自学时得以发挥其作用。这种宽松的学习环境对学生的成长极为有利。清华物理系一批尖子学生都兴趣广泛，涉足多个领域，成为许多高新技术领域的开拓者。例如，赵九章原先是我国气象科学数值预报的奠基人，后来是地球物理和空间物理的开拓者，人造卫星的元勋。彭桓武念本科就修过数学、物理、化学的课程，还对生物、天文学等领域感兴趣，到图书馆看过很多课外书，包括先秦诸子的，包括康德之流的大部头哲学著作等等，广博的知识为他后来解决许多具体技术问题起了很大的作用。”[②]

时至 1952 年院系调整前，清华物理系仍基本秉持这一传统，高伯龙和当时清华学生一样都是这一教育理念的受益者。由于严格的教学和训练、深入广泛地自学钻研，高伯龙打下了扎实深厚的数学、物理知识基础。查阅高伯龙大学四年每学年考试成绩的记载，大一至大三数学、物理的成绩多为八九十分，鲜有七十多分的，惟大四成绩略低[③]。

若对高伯龙在清华物理系四个学年的各科成绩稍加分析，可以看出高伯龙对各门功课用力程度并不一致，因为人的精力与时间毕竟是有限的。对数学、物理方面的课程显然最为用功。如前所述，高伯龙这些课程的成绩已然为全班翘楚，并为同学所公认。然而，社会科学类课程则多为六七十分。如大一的国文和国文作文分别为 67 分、70 分，经济学 65 分，中国通史 79 分。语言类课程要好些。如大一的英文为 79 分，大三的德文为 85 分。此外还可发现一个现象，即在物理专业课中，高伯龙理论课的分

① 杨士莪访谈，2013 年 3 月 31 日，长沙。资料存于采集工程数据库。

② 朱邦芬主编，《清华物理八十年》，清华大学出版社，2006 年，第 25-26 页。

③ 档案：国立清华大学学生历年修习学程成绩记载表。存于采集工程数据库。

数要高于实验课的分数。如大一的普通物理为 82 分，而普通物理实验为 74 分；大二的电磁学为 86 分，而电磁学实验为 78 分；大三的光学为 89 分，而光学实验为 78 分；大四的电子学为 83 分，而电子学实验为 73 分；等等①。但这一现象并不意味着高伯龙不重视实验课程，而只能说明高伯龙的禀赋特长更善于理论思考和数学计算。此亦正与他后来对自己的评价相契合。他在 1952 年所写自传中说："小时候对图画、音乐无训练，怕写字，没有做小玩意的技术及训练，故擅长于想问题及计算，而短处在动手。"② 但如前所述，清华物理系教育教学的一个重要理念即是"理论与实验并重"。在这样一种大力倡导营造的教育氛围的熏陶下，高伯龙对实验于物理学研究的重要意义自然有着深切的了解。在数十年之后的激光陀螺研究中，高伯龙高度重视实验，百折不挠地反复进行实验，并研制出重要相关仪器设备，为激光陀螺研制创造了必要条件。然而，比较起来，对数学、物理理论上的深入钻研和深入掌握，毕竟是高伯龙更为擅长的强项。这一点是他后来成为我国激光陀螺研究的领军人物最重要而基础性的先决条件。

政治风云

高伯龙在清华读书的四年间，正值新旧中国更替的重大历史转变时期，翻天覆地的政治、社会变化，给包括清华大学在内的中国高等教育带来深刻改变。而对学生个人来说，每个人都不可能置身其外。高伯龙在这一时期的思考和选择，也对他此后的人生带来深刻影响。

从 1946 年到 1949 年，蒋介石从抗战胜利时的"英雄"，变为解放战争战场上的"败将"和风起云涌的学生民主运动包围中的独夫民贼。兵败如山倒，从 1948 年 9 月上旬开始，中国共产党领导的人民解放军在各个战场上取得了决定性的胜利，国民党失败已成定局。

---

① 档案：国立清华大学学生历年修习学程成绩记载表。存于采集工程数据库。

② 档案：自传，1952 年。存地同①。

在这一摧枯拉朽的革命历史洪流中，蒋管区的学生运动对推翻蒋家王朝的统治，建立新中国发挥了“第二条战线”的重要作用。自1946年返回北平复校后，清华大学等北平高校师生相继开展了抗议美军士兵强奸北大女生沈崇暴行的游行示威，“反饥饿、反内战”游行罢课活动，声援武汉大学学生运动的“六一死难烈士追悼大会”等一系列反抗国民党统治的革命活动。不仅是学生革命热情高涨，就连包括知名教授在内的高校教师也同样对国民党的倒行逆施十分愤慨，支持并参与学生运动。而校园内的各种形式的革命进步活动更是日益发展，北平尚未解放时，清华大学即有“小解放区”之称。而这些学生革命进步活动，都是在党组织的领导下进行的。

据清华1949届校友白祖诚所撰《清华地下党组织系统和发展工作》一文所载：“在从复校到解放的两年多中，地下党组织……迅速发展壮大，党员人数增长了七八倍，坚强有力地领到了轰轰烈烈的群众运动，使清华园成为白区中的革命堡垒、摇篮和熔炉，培训和发展党员的学校，向解放区输送干部的基地和转运站，取得了一个接一个的胜利，而且保持了党组织的纯洁与安全，始终没有遭受过大的破坏和损失。”①

在这样一种浓厚的革命进步的氛围中，尽管高伯龙素来专注于学业，但也不可能不给予关注。他对清华园民主自由的风气深感满意，并有多接触了解一些这方面情况的主观愿望。刚入清华时，亦在清华机械系读书的高伯龙的汉民中学同学、地下党员赵葆元即向他介绍清华情况和斗争形势，并动员高伯龙参加学生运动，还给高伯龙一些进步书刊。不久赵葆元又邀请高伯龙参加“莽原”壁报社。并在此后与高伯龙保持经常联系。大一放寒假时，又介绍高伯龙参加了学联办的面向中学生寒假补习班任教，这是学联开展的团结中学生参加反美反蒋斗争的政治性活动。期间还参加寒补班举办的时事政治讨论会。不久便在赵葆元介绍下参加党的外围组织民主青年联盟，并参加发动罢课游行、盯梢有特务嫌疑的学生（后知是误会）等活动。二年级下学期（1949年上半年），高伯龙接任班会总干事（班长），工作十分积极努力。高伯龙同班同学、清华地下党员、新中国成

① 白祖诚：清华地下党组织系统和发展工作。《峥嵘岁月——解放战争时期清华校友足迹》，清华大学出版社，2008年，第27页。

立后曾在中共中央宣传部工作的罗劲柏1948年9月起和高伯龙在一个民主青年联盟小组，对高伯龙那段时期的表现十分了解。罗劲柏在新中国成立后曾写过一份对高伯龙的证明材料，其中写到："他到清华后即参加学生运动，但仍以读书为主，1948年'四月学运'后，因郑体光（高伯龙同班同学）等同志需要转移到解放区，曾积极动员他参加班上的群众工作，郑等临走时，他接替郑做班上的总干事，整个暑假他工作很努力。

8月，国民党大批抓学生，环境很恶劣，但他表现尚好。"①

因此，对高伯龙这样学业优异、品行正直、倾向进步的学生，自然成为党的组织发展人选和积极争取的对象。

然而，参加革命进步活动于时间精力上确与学业产生冲突。这对自小便有当科学家的梦想，立志"科学救国""科学强国"的高伯龙来说，很快便感觉这是难以协调的矛盾。而其实在他参加有关活动一开始，就一直在内心深处隐隐为之担忧。他在参加党的外围组织——民主青年联盟时即提出"能否自由退出""会不会妨碍功课"两个问题，在得到肯定的答复后才同意加入。而实际情形也确如他所担忧的，学习成绩出现滑坡现象。他在1952年所写自传中袒露了当时自己的真实想法："耽误了一些功课，虽然分数还很好，总觉得分数好是假的，我知道自己没学好。也有一两次考坏的，比如力学，因为没有时间好好做题目。我想这样下去会变成功课坏或中等的学生，因而情绪很不好，只勉强工作，这样更做不好。"②

这种因较多时间参加学生运动而影响学业的情况，并非高伯龙所独有，或有一定的普遍性。一位与高伯龙同年考入清华物理系，后转入土木系学习，并在毕业后一直从事党务、行政领导工作的校友在回忆中提及这一情况："1949年初，在北京市全面解放以后，开始招聘'南下工作团'。当时清华大学的很多学生都想跟随'南下工作团'参加革命工作，但是北京市委还是比较有远见的，知道全国解放以后马上要面临建设新中国，所以当时就动员文法学院学生尽量随团南下，理工学院的学生不要走，要继续完成学业，参加国家建设。在这种情况下，虽然我也递交了申请南下的志愿

① 档案，中国科学院应用物理研究所高伯龙的历史材料。存于采集工程数据库。

② 档案，自传，1952年。存地同①。

书，但是党组织没有批准。后来组织还专门就此找我谈话，希望我留下来，继续完成学业。当时我也是‘近视’分子，对国家建设计划看得不够长远，再加上中间很多时间都在搞学生运动，功课上多少有些马马虎虎，成绩不很突出，综合考虑，我就准备从物理系这个基础科学专业里转出来。”①

上面这位校友的回忆，即反映了当年从事学生运动与学业之间在时间精力上所存在的矛盾。这位校友因为从事学生运动占用过多时间而影响了学业，以致难以在物理系继续学习，晚年对此或许多少有一些抱憾的心情。也许在学业要求高的物理系，这一矛盾更为突出一些。然而这一矛盾在革命高潮汹涌澎湃之时，对正在大学学习的学生们来说似乎是不可避免的。

《清华物理八十年》一书所载 1948 年 5 月物理系学生以《唯物而有理的——物理学系》为题介绍自己的学习生活的文字中，也透漏了这方面的信息。文中写道："谈到物理系的功课，哪一个不兢兢业业！一年级就得小心过普通物理的七十分大关；入系以后，二年级的力学、电磁是两门最基本的课程，一点也疏忽不得；三年级，热学、光学、物性论，比较生疏，更非小心翼翼学习不可；到了四年级，花样可就更多了！必修的有近代物理、无线电原理，选读的有量子力学、电力论、相对论。对于这些‘高级’课程不加点油还成吗？至于系里同学的生活状况，在民国廿六年前一般来说是不大活动的。但复员以后，新来了两批强有力的新军，这百多位天真活泼的伙伴们，以无比的精力，将物理系活动范围大加扩展，诸如歌咏队、春耕组、识字班等等，都有系友的踪迹。不过，由于外界环境的影响，我们得承认，现在同学们死啃书本的风气，普遍说，是不如以前了。这是不是坏现象呢？很难断言。但是，我们相信，系里每一位同学都愿以自己全部的力量来维护并发扬我们前辈的光荣。"②

从时间上看，高伯龙是属于上文所说"复原以后新来了两批强有力的新军"中的一员，并参加了革命进步活动。而上文中说到的"现在同学们死啃书本的风气是不如以前了"，则反映了一些同学因参加学生运动而不

---

① 张思敬：六十载清华情——张思敬口述。《清华记忆——清华大学老校友口述历史》，清华大学出版社，2011 年，第 313-314 页。

② 朱邦芬主编：《清华物理八十年》。清华大学出版社，2006 年，第 313-314 页。

能专注于学业的情况。

同时还有另一种情形，也见于《清华物理八十年》一书中："在这热火朝天的革命大潮中，总体上说，物理系学生的业务学习成绩是很好的，但也有一部分同学坐不住了，他们不安心学物理，热切地想提早出去参加革命工作，参军、南下、参加北京市的管理工作，或者转学更热门的工科专业。……当时还是有不少同学转到工学院的电机、机械、土木、建筑、航空等系，这在清华物理系历史上是从没有过的。"①

在那段日子里，如何处理解决这一矛盾，高伯龙心中始终纠结着，心情十分复杂。但也许连高伯龙自己也未曾想到，这一矛盾的解决竟然发生在是否入党这一问题上。当时地下党组织注意到高伯龙工作积极，但并未深入了解高伯龙的矛盾心情。负责与高伯龙联系的地下党员赵葆元因有遭特务逮捕危险而撤退到解放区前不久，和高伯龙谈话，热切希望高伯龙加入党组织。对党组织的信任，高伯龙的心情是十分激动的。然而一想到入党以后势必要以更多的时间和精力投入政治活动，学业将受到更大影响，与个人的人生志向存在很大冲突，他又犹豫起来。经过痛苦反复的思想斗争，高伯龙艰难地决定以学业为重，专心念书，不加入党组织。但这决不意味着高伯龙的政治立场有任何改变。一年多以后，北平和平解放时，高伯龙和广大师生一样兴高采烈，并参加了解放军入城的群众宣传工作，访问过解放军官兵，对纪律严明的解放军深感敬佩。1949年6月，毛泽东《论人民民主专政》一文发表后，高伯龙认真学习领会，并进而认识到马列主义揭示了社会发展的客观规律，对自然科学研究也有指导作用。同时，新中国成立后党和政府的一系列英明措施，国家经济建设事业呈现出一片新气象，学校党团工作起色很大，党团员学业及工作成绩有了显著进步；抗美援朝战争爆发后，英勇善战的中国人民志愿军很快打过三八线，并迫使美国坐下来谈判，这一切都使高伯龙感到振奋鼓舞，并一度想报名参加军事干部学校，投身战火纷飞的抗美援朝战斗中去②。

时隔60多年之后，再回头来看高伯龙当年经过痛苦反复的思想斗争

---

① 朱邦芬主编:《清华物理八十年》。清华大学出版社，2006年，第104-105页。

② 档案，自传，1952年。存于采集工程数据库。

所作出的这个“决定”，或许有人认为是不必要的，因为入党与学业之间似乎并无矛盾，并不对立。但当时革命任务繁重的情况与今日和平建设时期并不相同。如今高校学生党员尽管要承担并完成好党交给的工作，但主要任务仍然是学习，是努力成为党领导的各项建设事业的有真才实学的优秀人才和可靠接班人。但在当时则必须把革命斗争任务放在首位，必要时必须中止、舍弃学业。这对立志献身科学，实现“科学救国”“科学强国”理想的高伯龙来说，无疑是他有生以来面临的最大、最难以抉择的难题。其实，人们不必苛责当时年仅 20 岁的高伯龙。他的出发点是极其单纯的，他思考问题的逻辑也是极其单纯的，甚至完全没有考虑所作“决定”对自己在政治上及对未来人生的重大利害关系，而仅仅是为了更好地完成学业，为了实现自己的人生理想。他的这种单纯，与极少数在胜利曙光已现、革命即将成功之际，千方百计企图钻入革命队伍的投机分子相比，更令人生发许多感慨。其实，仅就其专心于学业的考虑，也确有合理的成分。据《清华物理八十年》一书所载：何祚庥当时是物理系的学生，根据他的回忆，当时钱三强和其他老师与想提早出去参加革命工作的同学座谈，做学生的思想工作。钱三强说：“要知道，一个人民政府，如果是为人民谋利益的，对人民负责的政府，那么我认为，必然会发展原子能。到那个时候，不要说你们班上这些数目有限的学生，那就再加十倍也不够。”后来的发展果真证明了钱三强的这个预言，清华物理系当年在校的学生后来许多人都为我国“两弹一星”伟业立下了功勋[①]。

再举一例。毛泽东于 1941 年 1 月 31 日给在苏联学习的儿子毛岸英、毛岸青的信中写到：“唯有一事向你们建议，趁着年纪尚轻，多向自然科学学习，少谈些政治。政治是要谈的，但目前以潜心多习自然科学为宜，社会科学辅之。将来可倒置过来，以社会科学为主，自然科学为辅。总之注意科学，只有科学是真学问，将来用处无穷。”[②]

以所举例观照高伯龙的想法，其实内在逻辑性是一致的。然而，在当时革命热情高涨的火热斗争年代，论人论事以政治考量为第一标准，这样

① 《清华物理八十年》，第 105 页。

② 《毛泽东书信选集》，人民出版社，1984 年，第 166 页。

来看高伯龙的想法，就显得与时代潮流不大合拍、不甚相宜。换言之，以当时人们的认识水平，要想客观地包容地理解高伯龙是难以做到的，甚至成为人们眼中莫大的“政治问题”。何祚庥院士当年是清华地下党一个支部的负责人，也曾参加过动员高伯龙入党的工作。他回忆说：“高伯龙当年是挺倾向进步的，我们也积极争取优秀知识分子加入到革命队伍里来。经过请示，高伯龙可以入党。但他内心深处更愿意对科学技术作贡献，不太愿意参加政治活动。这件事从现在来看，我觉得是每个人选择的自由，并不违反国家和人民的利益，应该予以尊重。只要为国家出力，你愿意做政治家也是出力，愿意做科学家也是出力，对此应该有广泛的心态。事实上他也做到了把个人追求与国家人民的追求有机地结合起来，在激光陀螺研究中取得了很大的成绩。”①

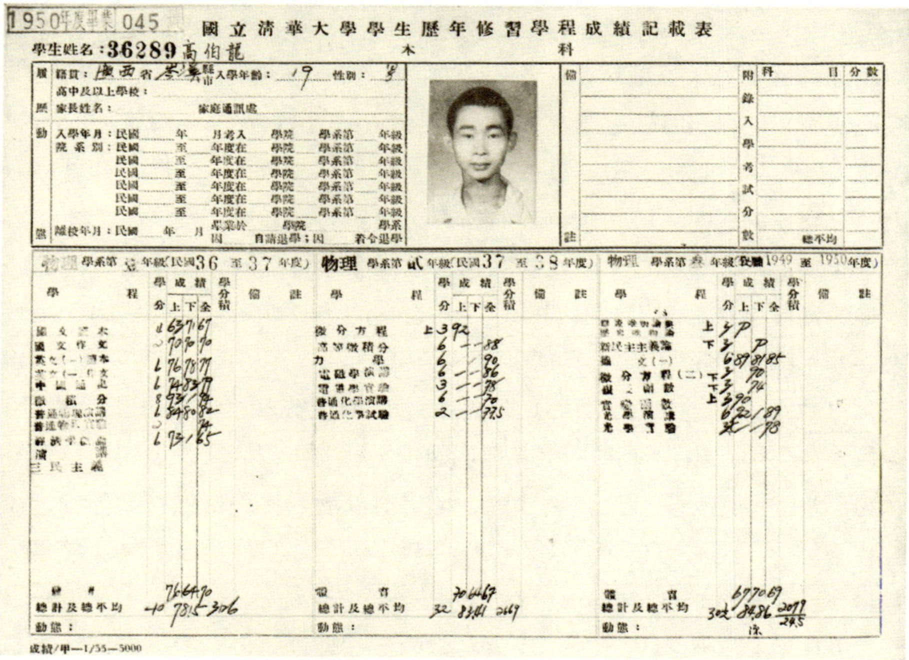
國立清華大學學生歷年修習學程成績記載表

學生姓名：36289 高伯龍

本科

图 2-5　高伯龙的清华大学历年修习学程成绩记载表（此表为大一至大三。资料来源：清华大学提供）

① 何祚庥访谈，2013 年 3 月 20 日，北京。资料存于采集工程数据库。

对此，高伯龙晚年曾感慨地说：我们家与政治无缘，但与工程有缘①。

关于高伯龙高中时曾被迫集体加入三青团、为抗战参加青年军、因考虑专心于学业未同意入党这三个历史问题的审查，迟至1956年他到哈军工工作后仍在进行，并于当年由哈军工审干小组作出“已交代清楚”的结论②。然而，这三个问题仿佛“原罪”一样曾多年困扰着高伯龙。

1951年7月，高伯龙结束了在清华大学物理系四年的学习生活，并被评为学业优秀学生，所作关于X射线方面的论文得到95分的高分。此时大学毕业生已由国家统一分配。高伯龙对大学毕业生由国家统一分配工作是赞同的，并在清华大学1951年应届毕业生登记表“工作志愿”一项下“自找工作还是由政府分配”一栏中填写了“政府分配”，并在该项下“何地”“何种部门”、“何种工作”各栏第一志愿中分别填写了“清华大学”“研究院”“研究生”。而时任物理系代主任的孟昭英教授在“学系意见”一项下“对其所学所长及适合何种工作的具体意见”一栏中，填写了“宜于作研究”的推荐意见③。然而，高伯龙最终却被分配到了中科院应用物理研究所。这一结果与他一直期望从事理论物理研

图2-6　高伯龙回母校参加清华百年校庆（摄于2011年。资料来源：国防科大光电科学与工程学院提供）

① 高伯龙访谈，2012年11月17日，长沙，资料存于采集工程数据库。
② 档案，审查干部结论。存地同①。
③ 档案，清华大学一九五一年度第二学期应届毕业生登记表。存地同①。

究的学术追求存在较大落差。而高伯龙当时得到的信息是他已被保送读研究生，同时也可能分配到中科院近代物理研究所，一般老师和同学也认为这些去向很适合高伯龙[①]。面对实际分配结果，高伯龙当时的心情自然是相当抵触的，但他又怎能改变？60 余年世事沧桑，物是人非，关于高伯龙毕业分配的个中详情如今已无从知晓，是否因为所谓“历史问题”而致也无从查考。总之，由于已不须明言的原因，以及他率真直言的秉性，乃至专注于专业知识的学习和出类拔萃的业务能力，都预示着高伯龙在日益“左倾”化的社会政治氛围中，必将有一段坎坷的人生之路要走。

① 档案，自传，1952 年。存于采集工程数据库。

第三章
早期工作多磨难

在中科院应用物理研究所工作

关于高伯龙在从清华物理系毕业后的第一个工作单位——中国科学院应用物理研究所的三年工作情形，有关资料极少，中科院应用物理研究所及中科院档案馆均未存有高伯龙当年的档案资料，或已转交高伯龙后来的工作单位哈军工[①]。我们仅从国防科技大学所存高伯龙档案的零星记载中，努力还原当时的情形，但只能是粗略的。

高伯龙于 1956 年 7 月 3 日填写的《教学干部学衔、薪金评定等级表》中，对在中科院应用物理研究所的三年工作有一段简略记叙："在北京科学院（作者注：即中国科学院）搞过三年半导体，头一年半试制过整流

① 哈军工即中国人民解放军军事工程学院，1953 年 9 月 1 日在哈尔滨正式成立。1966 年 4 月，遵照中央军委决定，哈军工集体转业，退出军队序列，改名为哈尔滨工程学院。1970 年，学院主体南迁长沙，改名为长沙工学院。1978 年 10 月，根据国务院、中央军委决定，长沙工学院改建为中国人民解放军国防科学技术大学。

器、光电管等，制成质量不够好。后一年半从事基本研究，着重在理论方面，整理过若干文献，算过电子伏特效应，仅有半定量的结果（价值不大，未发表。经王守武①先生重算得到定量结果，他的文章发表于本年《中国科学》)。尝试计算激子问题，仅做到了解该问题的现况及表述出来，未做到化简成能得到最后结果的形式，即调来本院，调来后准备改行，未继续做。”②

图 3-1　高伯龙（摄于 1961 年。资料来源：国防科大光电科学与工程学院提供）

从上面这段简略的记载中，我们起码可以得到两方面的信息：一是高伯龙在应用物理研究所三年所做科学研究工作的大致情况；二是完全客观的毫不夸饰的坦诚品性。如“制成质量不够好”“价值不大”“未做到化简成能得到最后结果的形式”等自我评价，完全不考虑这样的表述是否会影响到自己的学衔、薪金等级的评定结果。而稍微有一点私心，完全可以采用另外的比较“好看”的表述方式。高伯龙这种坦诚的品性以前也屡有体现。据高伯龙 1952 年所写自传中记载：新中国成立后他在清华大学读书时的经济来源主要靠助学金，但其间有七八个月时间因母亲、舅舅汇款资助，他即停止申请助学金。其实，家中汇款之事他本人若不说，别人也无从知道。若此期间同时申请助学金可使自己本来拮据的生活稍微宽裕一些，起码可以购买一些自己需要的专业理论书籍。但他没有这样做。按照高伯龙的品性推论，他显然认为这样的行为是令人不齿的。

朱起鹤院士③回忆说：“高伯龙到哈军工后曾说过，他在应用物理研究所时给所里的科技人员开过课，把自己学过的很多东西讲给大家听。他那

① 王守武（1919–），江苏苏州人，半导体器件物理学家。1980 年当选为中国科学院院士。
② 档案：高伯龙教学干部学衔、薪金评定等级表。存于国防科技大学档案馆。
③ 朱起鹤（1924–），北京市人。1995 年当选为中国科学院院士。

时大学刚毕业就能开这样的课，说明他业务很棒，对理论物理学习研究得很深入，很多内容大学里并没有教，都是他自学的。”①

其实，在应用物理研究所三年的工作期间，高伯龙的内心始终是不宁静的，除了人事方面的龃龉和矛盾，还有对个人发展的焦虑。正如上一章所述，由于分配的单位与自己想从事理论物理研究的意愿不合，导致高伯龙在应用物理研究所的工作一直是不大安心的，并提出调动工作的请求。这一点在他自己所写的有关记载和应用物理研究所的有关材料中均得到印证。他在《中科院工作人员1953年年终鉴定表》“自我鉴定”一栏中写道：“……在七八月以后，因等待调动工作，更没想到这些问题（作者注：即年度工作计划的执行）。”② 这说明，时至1953年，即到应用物理研究所工作的第三个年头，高伯龙仍然在考虑调动工作的问题。

应用物理研究所关于高伯龙请求调动一事，曾向中科院人事处发出专函，后又向该处发函介绍高伯龙的政治、业务两方面的情况。该函未署年份日期，根据相关材料互证，大约应在1952年或1953年。该函中对高伯龙在政治方面的评价，依据高伯龙“对党团组织很不关心，没有参加的思想，个人英雄、个人专家思想很浓厚”，因而认为高伯龙“政治上很落后”。在今天看来，这一评价显然是非常表面化的，对想在科学、学术上有所成就的年轻有志者，本应给予鼓励支持，而非责难贬低。而对高伯龙的表现，该函也给予负面评价，认为：“从1951年他一来所就不安心工作，主要就是，他认为发展不了自己，并且认为这儿没有专家指导，所以他坚决要求调动。”③

但该函对高伯龙的业务能力仍给予较高评价：“他初来时在理论物理（尤其是量子力学和原子物理）的基础方面就较一般大学毕业生高。来所后他起初读了些关于量子力学在固体物理中应用的书籍，最近他看了些半导体和固体导电理论的文献。一般说来：由于他在理论物理和必需的数学基础较好，同时他在理论上钻研精神很强，所以对读过的书籍都有较深刻

① 朱起鹤访谈，2013年3月18日，北京。资料存于采集工程数据库。

② 档案：中科院工作人员1953年年终鉴定表。存地同①。

③ 档案：中国科学院应用物理研究所对高伯龙情况的介绍。存地同①。

的理解。”[①]

尽管如此，在当时以政治表现论人、重政治轻业务的历史情况下，该函给人的总体印象是对高伯龙极其不利的，或者说已预示高伯龙想调到更合适的工作岗位，实现从事理论物理研究的希望，其实已基本不存在了。

在应用物理研究所工作的三年中，高伯龙经历了许许多多的事，思想和情绪上的起伏波动是很大的。前两章内容多有引自他1952年所写自传中的记载。而该自传其实是他当年在应用物理研究所参加知识分子思想改造运动的一份思想检讨。高伯龙在自传中详细回顾了自己24年的人生经历，分析了家庭给予自己的所谓不好的影响。如今已难觅当年应用物理研究所开展思想改造运动具体过程的有关资料，但从高的自传后部分——一些同志的发言记录来看，应用物理研究所是召开过专门帮助高伯龙解决“思想问题”的会议的，这个自传即是高伯龙在会议上的思想检讨发言稿，因为大家的发言均围绕高伯龙的检讨内容进行。而且令人隐约感到，这位刚从大学毕业的年轻人竟然成了该所思想改造运动接受批评教育的主角之一。何祚庥院士当年是应用物理研究所知识分子思想改造运动领导小组成员。他回忆说，高伯龙是经过第二次检讨才过关的[②]。这倒不是因为高伯龙的问题有多么严重，而是高伯龙与当时所领导之间的矛盾所致。而所谓个人英雄主义，是当时高伯龙自我检讨和大家公认并加以批评帮助的主要问题。在当时的政治氛围中，高伯龙对自己的问题自然要深刻批判反省。他写道：“过去我长时期保持个人英雄主义，这样的个人英雄主义已发展到具有巨大的破坏性，或反动的程度了，已发展到坚持错误，对抗规律。我认识到这样并非坚决，更非英勇，而是顽固、懦弱，不敢承认错误，如美国在朝鲜战事谈判中的情形相似。今天我愿意勇敢地承认错误，并决心改正错误，希望能做到‘今后努力方向’中的几项。”[③]

然而，在检讨中把自己问题的性质上升到“巨大的破坏性”“反动的程度”，乃至“如美国在朝鲜战事谈判中的情形相似”这样的高度，相信

① 档案：中国科学院应用物理研究所对高伯龙情况的介绍。存于采集工程数据库。
② 何祚庥访谈，2013年3月20日，北京。存地同①。
③ 档案：自传，1952年。存地同①。

是为求尽快过关而不得不采取的近乎“自虐”的行为，原因当然是当时巨大的政治压力。

他在“今后努力方向”中列出五项：其一，改变立场，以最大多数人民的最高利益为真理的最高标准，个人服从集体，个人利益服从集体利益，并互相结合；其二，联系群众，建立对劳动人民的感情；其三，学习政治，提高理论水平；其四，端正批评与自我批评的态度，勇于承认错误，改正错误；其五，建立实事求是的工作作风，从具体情况出发考虑问题①。这五项“今后努力方向”，虽时隔60余年，读来仍不感到过时，可以说确实反映了高伯龙当时的真情实感。然而，所有批评立论的基础之一，即所谓“个人英雄主义”，亦即高伯龙立志从事理论物理研究、成为科学家而刻苦钻研学术的精神，在今天看来，把它作为问题来加以批判，并不那么令人信服，想必当年也未使高伯龙真正解决所谓的“思想问题”。他在检讨中谈到自己最初对思想改造运动的态度问题：“我来所后，对谈政治不问业务的情况非常讨厌。因此最近两三个月提出一个口号‘少说废话，多做事’。故开头对思想改造并不重视，每天还尽可能抽出一部分时间做做业务工作，或看看业务书。”② 其实，他的这一思想和实际表现，并未因经历了检讨而有多少改变，在以后的工作和生活中是一直坚持着的。他本人亦在“检讨以后的感想与收获”中明言：“工作问题，即是否放弃学理论物理？我的回答是否定的。因为我觉得我并非为名利去学这门科学，而是为了追求这方面的真理，……故我希望今后仍能花少部分时间在这方面进修。” ③

总之，根据极为有限的材料加以分析，在中科院应用物理研究所工作三年间，高伯龙初步参与了一些科学研究活动，并一直怀有从事理论物理研究的理想，并向着这个方向坚持不懈地读书学习，不断加深厚实了这方面的理论基础。而且他在理论物理方面的知识和水平得到大家公认。

---

① 档案：自传，1952 年。存于采集工程数据库。

② 同①。

③ 同①。

调到哈军工

哈军工是在朝鲜战争紧张激烈进行之际成立的。这所我国第一个综合性军事高等学府的建设被列入国家“一五”重点工程，受到党和国家领导人的高度重视和大力支持。关于哈军工成立的重大意义和经过，由国防工业出版社 1993 年出版的《中国人民解放军国防科学技术工业委员会历史资料丛书·国防科学技术大学卷》对此作了阐述和介绍：“中华人民共和国成立之初，根据毛泽东主席提出的‘我们将不但有一个强大的陆军，而且有一个强大的空军和强大的海军’的指示，中共中央、中央军委决定创办各类培养军队革命化、正规化、现代化建设的干部学校。1952 年 3 月 18 日，中国人民解放军代总参谋长聂荣臻和副总参谋长粟裕向中央人民政府人民革命军事委员会呈送《关于成立军事工程学院的报告》。报告中说：我军特种兵部队的建设不能长期依赖苏联的帮助，必须从建设国防的长远任务考虑，立即着手筹建为各特种兵培养军事工程技术干部的军事工程学院，以解决武器装备的修理、装配和设计问题。……3 月 26 日中央军委主席毛泽东批示‘同意’。1952 年 6 月 22 日，中央军委从抗美援朝前线调回中国人民志愿军副司令员兼第 3 兵团司令员陈赓，负责筹建军事工程学院。7 月 11 日，中央军委主席毛泽东任命陈赓为军事工程学院院长。毛泽东在接见陈赓时，强调朝鲜战争和国防现代化建设迫切需要技术干部。周恩来指示：军事工程学院要尽快上马，快出人才。……学校办学的首要条件，除了校长，就是教师。……所要请调的第一批教授、专家名单共 62 名，其中在高等教育部系统的 46 名，在轻工业部、重工业部、铁道部、邮电部、中国科学院、总后勤部等部门的 16 名。”①

正是在哈军工成立后急需教师的大背景下，高伯龙于 1954 年 9 月由中科院应用物理研究所调到哈军工，在物理教授会从事物理教学工作。

---

① 《中国人民解放军国防科学技术工业委员会历史资料丛书·国防科学技术大学卷》，国防工业出版社，1993 年，第 126–127 页。

关于高伯龙调入哈军工的具体经过，目前已无相关档案材料可考。但从一些零星资料分析，似乎并非高伯龙主动要求调动的。而调入哈军工后很长一段时间，高伯龙仍想调回科学院系统工作。从哈军工这方面看，显然是 1954 年第一期学员入学一年后，哈军工对教师仍然存在迫切需求，故继续多方物色、努力调入高水平师资，中科院是重要来源部门之一。从高伯龙当时所在单位应用物理研究所来看，如前所述，因高伯龙到该所工作，与所领导乃至一些老专家产生了一些误会龃龉，人际关系并非和谐顺畅，故适逢哈军工请调专家人才，该所即予放行，有使高伯龙离开该所之意。何祚庥院士对此情况略有所知。据何回忆："后来部队来要人，觉得他合适就把他要去了。为什么所里很乐意放他呢？本来就不喜欢他。其实不见得他很愿意走。"①

至于高伯龙到哈军工后相当一段时期内，始终抱有调离的想法，亦有访谈和资料可为佐证。杨士莪院士在接受访谈时说："高伯龙到哈军工之后，我曾劝过他，你来到哈军工了，是不是也参加到哪个系里，搞一点

图 3–2　哈军工外景（资料来源：国防科大光电科学与工程学院提供）

① 何祚庥访谈，2013 年 3 月 20 日，北京。资料存于采集工程数据库。

专业。因为我认为像哈军工这样一个院校，教普通物理的，很难有很大发展，而且物理教研室搞科研也挺难的，设备条件都没有。高伯龙跟我说，不去，你们哈军工现在有困难，所以现在我支援你们来了，我还是要回研究所去的。”①

上海中学 1948 届理科乙班校友 1996 年编印的《级友通讯》第二期所载的一段文字（从口吻看系高伯龙自撰）简要介绍了高伯龙从上海中学毕业后的情况，其中透露出高伯龙当时的想法。文中说：“1954 年国务院发动全国支援新建的哈尔滨军事工程学院。我被调入该校工作。1970 年迁长沙，1979 年改名国防科技大学。数十年期间曾几度想离开，未如愿。想不到不习惯受拘束的我，竟和纪律严明的部队结下不解之缘。”

这段文字中提到的“曾几度想离开”，究竟分别是什么时间，因着什么机缘，又是什么原因导致“未如愿”，均未见诸档案等文字记载，故亦无从查考。但在此次撰写传主学术成长研究报告的采访中，从知情人口中得知其中一次的大致情况。这就是朱起鹤院士在接受采访时提到的高伯龙报考中科院研究生一事。朱起鹤曾任哈军工物理教授会（1958 年学院编制调整后，教授会改称教研室）代主任，与高伯龙多年同事，对高到哈军工后的情况十分了解。朱起鹤说：“1956 年那会儿，向科技进军，全国招研究生，他就来报考。当时学校不让报考，他就自己来考。考的是中科院高能物理研究所一位搞理论物理的姓朱的教授的研究生，结果考取了，并来报到。学

图 3–3 朱起鹤院士接受采访（2013 年。资料来源：国防科大光电科学与工程学院提供）

① 杨士莪访谈，2013 年 3 月 31 日，长沙。资料存于采集工程数据库。

校知道后，有关领导就到北京找中科院说，不能让高伯龙报到。首先接待的是一位年轻干部，回答说我们是国家统一招生，录取了就可以报到。给挡回去了。后来又找中科院的领导，说哈军工需要人，不要从我们这里挖人。结果中科院就不好让他报到了。学校领导的考虑是，如果同意高伯龙走，那别人也要走，那不是动摇军心吗？所以是不会同意的。”①

杨士莪院士对高伯龙报考中科院研究生一事也有清晰记忆：“1956 年中科院招收研究生的时候，高伯龙曾经报过名，考试当然没问题，被录取了，准备去读。学校知道了，陈赓院长曾经在家里亲自请高伯龙吃了一顿饭。这是真事。事后高伯龙告诉我，陈赓院长请他吃了一顿饭，他就知道自己走不了了。但当时他心里还是很想走的，走了以后也肯定不会回来了。”②

高伯龙到哈军工后仍想调离的根本原因，就是想继续从事理论物理的研究，而中科院是他心目中从事理论物理研究的理想之地。

教员中的佼佼者

高伯龙 1954 年 9 月调到哈军工后，即在物理教授会（后改称教研室）从事教学工作。据时任物理教授会代主任的朱起鹤院士回忆：“高伯龙刚到哈军工的时候主要是开大课。当时哈军工所有学员都要学习普通物理，学时大约是 180 至 200 多不等。后来他也为一些系的学员开二三十人的小班课，并为物理教授会的助教进修班讲课。除普通物理外，他还开过量子力学、统计物理课程。这两门课是最难教的。他讲这些课的时候，别的教授会的教员也来听。他的业务水平是最突出的。”③

已年过七旬的国防科大教授李传胪是 20 世纪 50 年代从大连海校船舶

① 朱起鹤访谈，2013 年 3 月 18 日，北京。资料存于采集工程数据库。
② 杨士莪访谈，2013 年 3 月 31 日，长沙。存地同①。
③ 同①。

电气专业毕业后分配到哈军工任教的。因工作需要，李曾旁听过高伯龙讲授的量子力学课。他在接受采访时回忆："高伯龙讲课非常严谨，概念非常清楚。量子力学这门课不是很好讲，但像我这样不是搞物理的人都基本听得懂，说明高伯龙讲课非常不简单。"李传胪还说，因为高伯龙业务能力强、教学水平高，当时在哈军工已有很大名气，包括他在内的许多年轻教师对高伯龙都有崇敬有时甚至有点畏惧的心情①。

高伯龙到哈军工工作一年多后，即 1955 年 11 月，朱起鹤作为物理教授会的领导在高伯龙的《干部升调报告表》中填写升调理由如下："来院后职务不明确。薪金为助教级，政治学习在教员组，担任工作为教员性质。今年春他担任三系讲课，现担任原子武器讲课，明年仍将讲授普通物理。他的科学知识水平较高，具有一定教学能力，……他的工作能力是较强的，工作效率高，曾领导助教的进修工作。按工作性质及其能力考虑，宜予教员职务。"②

此升调报告获得哈军工干部部批准。此升调报告内容亦可看作对高伯龙到哈军工一年工作情况的鉴定，显然得到同行和领导的认可和好评。关于高伯龙担任原子武器讲课一事，高伯龙本人回忆说："原子武器的内容当时是绝密的，那时我们国家还没有原子弹，有关材料都是苏联的。按说我这种人本来是不应该介入的，但朱起鹤推荐我去讲。因为这门课要向全校普及，那首先讲课的人就要弄懂。朱起鹤说我基础好，准备起来容易些，这个任务派给别人可能吃不消，费的时间还要多。于是备课期间我每天跑到保密室去借原子弹爆炸那些材料，下班时就赶紧去还。讲课是在大礼堂讲的，学校的干部、学生都听过我的课。"③

此后不到一年，即 1956 年 7 月，朱起鹤又在高伯龙的《教学干部学衔、薪金评定鉴定表》中介绍高伯龙的工作情况："大学物理系四年毕业，理论基础较好。毕业后在科学院担任实习研究员三年，进行了一定科学研

---

① 李传胪访谈，2012 年 12 月 26 日，长沙。资料存于采集工程数据库。

② 档案：干部升调报告表，1956 年 7 月。存于国防科技大学档案馆。

③ 高伯龙访谈，2013 年 7 月 14 日，长沙。存地同①

究工作（半导体）。调我院后，担任普通物理讲授工作。……在教授会内担任指导助教业务进修工作。该同志理论水平好，对理论物理内容掌握较熟练，且有进行科学研究工作经验，经过准备，亦能基本上担任某些科学研究的指导工作。总的来说，是青年教师中水平较显著突出的。对于个人业务进修，刻苦钻研的精神，堪为表率。……建议评高伯龙同志为讲师，薪金以七级为宜。”①

5个月后的当年12月19日，哈军工院务委员会召开第四次会议，听取了物理教授会的报告，会议全体通过将高伯龙的学衔定为讲师的建议，并于当月获得院长陈赓的批准，表上陈赓的印章至今仍色泽鲜红。此次评定高伯龙讲师学衔，可以说是在学院最高层级对高伯龙的业务能力、工作表现给予的一次全面检验，并得到一致认可。尤其是他在理论物理方面的造诣，给大家留下深刻印象。作为学院教师中的佼佼者，至此也逐渐得到大家公认。无怪乎当年学院得知高伯龙报考中科院研究生并被录取，为保留人才而极力加以阻止。

尽管在当时的政治形势下，高伯龙因所谓历史问题屡遭审查批判，给他带来极大精神困扰，但他仍以全部精力和满腔热情投入到教学工作中。除讲授普通物理外，还讲授理论物理课程，其中包括热力学、统计物理、电动力学、量子力学等课程，兼任习题课、实验课。并始终没有中止懈怠对理论物理的学习钻研，还根据教学需要，于1960年编撰《理论物理讲义》。正因为他精深的业务水平和出色的教学工作，于1962年被哈军工批准晋升副教授。由此也可看出，虽然当时政治氛围严峻，但哈军工依然较为实事求是地贯彻落实了党的知识分子政策。

高伯龙的档案中存有此次报请晋升副教授的材料，即高伯龙的《军事工程学院教学干部职务、薪金评定登记表》，填表日期为1962年2月28日。从笔迹看，该表非高伯龙本人填写，应是由组织上填报的。该表所载内容，可以说是对高伯龙到哈军工后近8年所做的工作总结和评价。其中

① 档案：教学干部学衔、薪金评定鉴定表，1956年7月。存于国防科技大学档案馆。

图 3-4 高伯龙编撰的物理学教材封面（资料来源：国防科大光电科学与工程学院提供）

写到："教学效果好。在军事工程学院和哈尔滨工业大学都比较有声望。"①

在落款为"中共军事工程学院教务部委员会"并盖章的鉴定意见一栏中有如下内容："对党的方针政策和三面红旗基本上表现拥护，虽对大跃进中的一些现象曾有怀疑，经过学习讨论认识有所提高。过去对政治运动态度淡漠，认为影响业务提高，有抵触情绪，近年来认识有不少提高。教学态度与初来院时比较，有很大进步，对学员学习认真负责，教学质量也较好，受到学员表扬。近两年虽体弱多病，但对教学工作并不放松，仍勤恳地编写教材、讲课、答疑、辅导等工作。该同志学术水平较为突出，1951 年大学毕业后，对理论物理刻苦钻研，来院后仍不间断，除担任教学任务之外，每周仍用约 50 小时进行进修自学，所以理论基础较强。从 1956 年起担任教研室的教师进修指导工作，除教研室全体教师（包括教研室主任、副主任）都听他的进修讲课外，哈工大有些教师也前来听他的课。该同志的业务水平，特别是理论物理水平，在同级中是比较显著突出的。在大学学习期间，成绩即很突出，大学毕业后，一贯坚持努力钻研业务，刻苦用功，阅读过的书籍和科学期刊较多，理论物理的基本知识掌握得相当扎实，知识面也较广，教学基础、知识水平都很好，外文水平亦高，独立钻研问题的能力亦强，在理论物理方面，具有一定独立开展科学研究的能力，我院青年教师及老教师都对他的学术水平给予较高的评价。就业务水平而言，在院青年及中年教

① 档案：军事工程学院教学干部职务、薪金评定登记表，1962 年 2 月。存于国防科大档案馆。

师中有相当的威信，不断有各系的教师找他来答疑，请教问题，一般来说，他也确能给他们一些帮助。来院后因本人精力主要用于教学及个人业务进修上，未搞过什么成型的科研工作。在科学院工作数年，具有一定的科学研究工作能力和实践动手经验，能够指导科学研究工作。近年编有理论物理讲义上下两册，约三四十万字（大部分由他执笔），质量可与目前出版的同类书籍比较。”①

在该表“院党委审查意见”一栏中，填有“批准提升为副教授”字样，落款为“中共军事工程学院委员会”并盖章，日期为 1962 年 3 月 23 日。

—1—

姓名	现名	高伯龍	誕生時間	1928年6月
	原名	高伯龍	性別	男
	别名		民族	漢
籍貫	原籍	廣西省岑溪县[illegible]		
	現籍			
家庭通信處及收信人	[illegible]			
家庭出身	地主	參加革命前本人成份	学生	
家庭經濟狀況（包括人口、田地、房產、山林、債務、資本、傭人、各種收入、主要生活來源和生活情形以及變化過程及其原因。解放前係指抗日戰爭開始到解放時爲止。）	解放前	[illegible]		
	現在	[illegible]		

图 3–5　高伯龙 1958 年填写的干部履历书（资料来源：国防科大光电科学与工程学院提供）

该表内容对我们今天了解高伯龙当时的思想和工作情况提供了较为丰富的信息。其一在政治方面，该表的写法为“先抑后扬”，基本上对高伯龙是有利的，可见填表人对高伯龙是持保护态度的。同时透露出高伯龙并非不关心时事政治，而且有着自己的看法。他对大跃进中的问题有自己独立的见解，虽然表中并未具体说高伯龙曾对什么问题有怀疑。但今日观之，他当时的见解也许并非错误。即算有片面不当之处，亦应当允许群众讨论。此外，说他“对政治运动淡漠，认为影响业务提高，有抵触情绪”，这其实反映了高伯龙对所谓“重政治、轻业务”倾向的一贯反感。而该表对高伯龙的教学工作及钻研学术的表现，则给予了十分积极同时也是相当客观的评价。并反映出高伯龙当时在理论物理方面的造诣不仅在哈军工享

① 高伯龙档案，军事工程学院教学干部职务、薪金评定等级表，1962 年。存于国防科大档案馆。

有声望，甚至扩展到其他高校。而表中认为高伯龙“具有一定独立开展科学研究的能力”，今天看来颇有预见性。这一评价在十多年后得到充分证明，高伯龙以研制激光陀螺的开创性贡献，开辟了他人生的新境界新高度。同时，该表提到的高伯龙“近两年体弱多病”，则为后面将要叙述的“下放农村劳动改造”一节的有关内容提供了印证。

与钱学森的“学术争鸣”

回顾高伯龙20世纪五六十年代的学术成长经历，或许应当提到1958年他与哈军工物理教研室同事岳宗五、胡昌国一起与钱学森之间关于“质能量”的“学术争鸣”。因时隔50余年，有关当事人由于各种原因已无从采访，故这篇由高伯龙主笔的就钱学森提出的“质能量”概念的商榷文章，其观点的提出、撰写过程已无从查考，同时本研究报告的撰写者亦非物理学研究者，故亦不能作出学术上的相关判断。然幸有上海交通大学人文学院科学史与科学哲学系王延锋博士有专论于此[①]（以下简称“王文”），或许能给予关注此次学术争鸣的人士一些了解、理解上的帮助。

王文说：“‘质能量’概念的提出，是在苏联批判‘物理学唯心主义’以及我国知识分子思想改造运动的双重背景下，要求科学家自觉克服各种唯心主义，以辩证唯物主义的立场来理解自然科学概念的结果。在此案例中，钱学森试图以‘质能量’概念来化解物理学中‘唯物’与‘唯心’之争，调解‘科学事实’与‘哲学标准’的矛盾，它表明时代哲学文化思维是如何渗透到科学概念的理解之中的。”

王文分为四个部分：①“质能量”概念的提出；②“质能量”概念引起的反响及争议；③“质能量”概念提出的思想背景；④结语。

王文第一部分就是摘录钱学森对“质能量”概念的阐述：“1957年11

① 王延锋：“质能量”概念引起的争议及其背景分析。《中国科技史杂志》2010年第31卷第3期。

月，著名科学家钱学森在《力学学报》第4期上发表题为《远程星际航行》的论文，在其末尾的‘附录’中，提出了他对质量与能量关系的理解，即‘质能量’概念：有人是反对质量转化为能量这种说法的。他们的理由是：质量如果转化为能量，那么是不是等于说，质量消灭了而能量又凭空生出来了呢？如果是的话，那么是不是物质消灭了呢？物质消灭的说法是唯心主义的，所以这种质量转化为能量的提法也是唯心主义的，是不正确的。……我不同意这种看法。我认为爱因斯坦的公式不但指出质量和能量是联系着的，而且它指出质量和能量是不可分割的，是一体；不是两件东西，是一件东西，是一个‘质能量’。天下根本不存在没有能量的质量，也不存在没有质量的能量。但是质量有它的两面：有质的一面，也有能的一面。这就像一只杯子有向阳的一面，也有向阴的一面，阴阳两面其实都是杯子，是分不开的。当我们说质量转化为能量的时候，我们的意思是说：质能量的质的一面转化为质能量的能的一面。就好像把杯子转个向，使向阳的变成了向阴的一样。这里完全没有什么消灭了，什么出生了的意思；既然是一件东西，怎么能分辨消灭和生出呢？当然，我们也应该说明：质量和能量分别守恒的看法是有缺点的，缺点是这个提法过分强调了‘不变’，说质量并没有变成能量，能量也不会变成质量。但是实际上，是不是什么都没有‘变’呢？自然不是的，事实是有着活生生的变化的，所以过分强调不变也就脱离了事实。其实，这里的困难是不肯引入‘质能量’这一个新概念的缘故，想一面保留古老的质量和能量互不相干的看法，而一面又要照顾爱因斯坦的公式，结果就有点弄到牵强附会，有点机械。”

王文第二部分则介绍了由高伯龙主笔、三人署名的这篇与钱学森提出的“质能量”概念的争鸣文章的基本论点。这篇争鸣文章题为《与钱学森先生商榷质能关系式的含义》，发表在《自然辩证法研究通讯》1958年第2期。王文说：“岳宗五、胡昌国、高伯龙联名撰文对钱学森的观点提出批评：这种看法，在一些人当中引起了若干混乱。我们认为钱先生的批评是没有根据的，恰好相反，钱先生对质能关系式的理解才是不正确的，而‘质能量’是完全没有引入的必要的。”

“三位学者分别从以下几个方面对钱学森‘质能量’概念提出异议。”

“（1）当前对质能关系式的理解，无论在理论上还是经验方面都没有矛盾和困难，无需引入‘质能量’概念。批评者认为，作为狭义相对论推论的质能关系式 $E=mc^2$，应当被理解为任何一个物理系统都同时具有质量 m 和能量 E，而 E 与 m 是有联系的，即它们的值成正比，比例系数是光速 c 的平方。当然，此时质量应当按相对论中的定义，静止质量为 m_0 的物体，以速度 v 运动时质量为 $m=m_0/\sqrt{(1-v^2/c^2)}$，按这种看法，静止不动的物体（静止质量 m_0），应当“含有” m_0c^2 的能量（称静止能量）；同时也应当赋予光子以质量 hv^2/c^2。‘这种理解从理论上看是没有任何内部矛盾的，而且能解释全部有关原子核反应的实验事实（并保留质量守恒定律及能量守恒定律）’。”

“（2）对钱学森的‘没有什么出生，没有什么消灭’提出异议。批评者认为，首先，既然承认有质能转化，就必然有质量的消灭和能量的产生。而钱学森的‘质能量’概念认为这只是‘质能量’的质的一面转化为‘质能量’的能的一面，没有什么消灭和出生的问题。因此，钱学森的‘质能量’提法与承认有‘质能转化’是自相矛盾的，有质能转化就意味着‘一者生一者灭’。其次，‘质能量’概念看起来好像包括了质量和能量，将两者合为一体，但既然承认有质量和能量之间的转化，那就意味着它们仍然是不同的两样东西，否则就谈不上转化。”

“（3）就物理学目前的发展来说，还没有理由放弃能量及质量守恒定律，也没有根本改变其目前的形式的必要。作者认为，能量守恒定律经历了无数实验的考验，虽然狭义相对论及核反应的事实带来了许多认识上的变革，但是，这一变革并不足以需要根本放弃目前的质量守恒定律及能量守恒定律的形式。钱学森要求引入‘质能量’概念，主要理由是认为目前通常的理解‘牵强附会，有点机械’，‘没有反映活生生的变化’。批评者则认为，‘物质世界唯一最活生生的变化就是运动形态的变化，因而一种形态的能量（核的内能）转为另一种形式的能量（如，核的动能）就是一种活生生的变化。’而按照钱学森的看法，轻易放弃能量守恒与质量守恒两个古老而年轻的定律；同时也否定了动能以外的其他形式的能量，甚至会自相矛盾地否定动能之为能量，也把质量的概念僵化（只承认静止质量）。

这不仅‘弄到有点牵强、机械’，而且是实质上的错误。”

“(4)质量可转化为能量的说法虽不必然导致唯心论，但给唯心论开了方便之门。批评者认为，说质量可以转化为能量会导致唯心论，这首先是科学上的错误，事实上并不存在质量转化为能量的例子。但是反过来，说质量可以转化为能量，虽然不能说是必然导致唯心论，但至少给唯心论开了方便之门。因为有人将质量当作物质的多寡来理解，这样就出现了质量消灭了也就是物质消灭了；此外，目前大家公认能量是运动的度量，质能互变的说法和运动不能创造和消灭相矛盾。由此三位批评者认为，钱学森的提法不但在科学上是错误的，而且在哲学上也‘给唯心论开了方便之门’。”

王文说：“从以上看出，批评者是做了精心准备，分析得很具体。”确实，以上所列四点异议，仅仅是王延锋博士的归纳，而高伯龙主笔的这篇商榷文章共约5400余字，在每一点之下除了物理学的逻辑阐述，还有公式推导，可以说对论点的论证是十分严密的。

故而钱学森在同一期《自然辩证法研究通讯》发表的《答岳宗五、胡国昌、高伯龙三同志》一文中表示：“我同意岳宗五、胡昌国、高伯龙三位同志所提的下列意见：(1)一般把质量和能量分别看待，分别守恒是首尾一贯的，内部无矛盾的。(2)没有理由把相当于静止质量为 m_0 的能量 m_0c^2 不认作能量，也没有理由把相当于能量 E 的质量 E/c^2 不认作质量。(3)我以前的见解会给唯心论开方便之门。所以我的‘质能量’质的一面转化为‘质能量’能的一面的说法是有错误的，不正确的。”

但钱学森同时表示：“既然一切质量都有相当于它的能量，一切能量都有相当于它的质量，而且质量和能量在一切变化中都是分别守恒的；那么还有没有把质量和能量分别看待的必要？这种分别看待的说法是不是不能改进呢？其实问题就是有了 $E=mc^2$ 这一个特殊相对论的推论，我们对质量和能量的理解有了一个大变化；应该怎样说才能明确地表达这个变化？”显然，钱学森认为这个问题还有深入研究探讨的必要。

王文在第三部分较为详尽地介绍了20世纪五十年代钱学森提出“质能量”概念的思想背景，以及科学界对该问题的讨论情况，并指出：“钱学森对质能关系式的新理解主要不在科学问题上，而在其哲学意义上。即质能关系式所导致的质量守恒定律与能量守恒定律的哲学意义的变化。简单来讲，会导致所谓‘物理学中的唯心论’问题，这才是双方争论的关键所在。”

王文在结语中说：“在我国20世纪50年代中期的知识分子思想改造运动中，自然科学，尤其是物理学中的‘唯心论’批判犹如一股巨大而无形的潜流困扰着中国科学界，身处其中的许多科学家被要求作出表态。……这表明时代文化思潮已无形地渗透到科学家的思维判断中。”

站在50多年后的今天反观这一场物理学中的“唯物论”与“唯心论”之争，我们当然可以认为这是一场不必要的被政治扭曲的甚至可以说是无谓的争论，但相信当时争论的参与者都投入了自己的热情与真诚，并力图以自己对物理学的理解和认知作出自己的解释和判断。而高伯龙主笔的这篇争鸣文章，也是他大学毕业以后第一篇公开发表的理论物理论文，尽管主题带有深刻的时代烙印，但整个论证过程却显示了他对理论物理的深入掌握甚至可以说无懈可击。如今人们早已摈弃了当年的“左倾”思维和做法，包括物理学在内的科学探索按照其自有的规律向前发展，获得了许多重要进展和重大发现。但这场争论并不应尘封在历史档案或人们的记忆中，而应当成为时时警示我们的历史借镜。

所谓“高伯龙路线”

古语云：“祸兮福之所倚，福兮祸之所伏。”如前所述，到哈军工数年间，高伯龙以自己深厚的理论物理功底和出色的教学工作，赢得了上至领导、下至师生的认可和赞誉，在专业职称晋升上也是较为顺利的。然而，高伯龙当时给人的总体印象，则是“业务突出，政治落后”。这无疑给他在1957年开始的反“右”运动中遭受磨难埋下了伏笔。

在当时峻厉的政治高压下，尽管哈军工尽力纠左，避免政治运动对教学、科研工作的冲击，尤其注意保护老知识分子，并曾因此屡遭上级批评责难，但仍不能避免运动带来的严重后果。据任学文所著《永远的“哈军工”》一书所载：“1957 年的反‘右派’运动犯了扩大化的错误，有 158 位好同志被错误地定为‘右派分子’，尤其令人痛心的是把 76 名即将毕业的学员定为‘右派分子’，还有一些同志被内定为‘中右分子’。断送了他们的前途，也给国家造成了无法弥补的损失！在京的陈赓院长虽痛心疾首，却无力回天……”①

而滕叙兖所著《哈军工传》则对当年哈军工“右派分子”的结局有一段令人悲催的描写：“1958 年 6 月 17 日下午，这是哈军工反‘右’斗争的大日子。全院近万名人员在大操场集合完毕，秩序井然地面对体育馆，鸦雀无声地肃立着。人们发现，威风凛凛的警卫营战士荷枪实弹，在四周站岗，人们又看到体育馆楼上架了机关枪，黑洞洞的枪口朝着大操场。阳光下的大操场虽然热气蒸烤，却是一派肃杀的初冬气氛，让人感到呼吸紧张，浑身发冷。下午两点整，军事审判员在大会主席台宣布：对‘右派分子’的宣判大会开始。‘右派分子’们穿着没有军衔的旧军装，瑟瑟缩缩，失魂落魄地被警卫战士押解到会场一侧，这些落难人蓬头垢面，有的戴着军帽，有的光着头，面对着黑压压的全院人员，他们有些惶恐不安，大都低着头或侧着脸，……曾经是解放军光荣一员而现在已沦为敌人和贱民的‘右派分子’们，紧闭双目，浑身战栗，虽然早已自己动手摘下了领章和帽徽，但此刻他们听到这个剥夺军衔的命令，顿时感到有一只无形的手在撕扯着自己的领章和帽徽，从每一根神经到五脏六腑，宛若破裂般疼痛。……157 名‘右派分子’被撤职，开除军籍，剥夺军衔，被开除党籍、团籍、学籍，总之，用尽了一切可能的惩治办法。”②

其中 5 人以“反革命分子”论处；15 人被转交地方劳动教养；39 人被转交地方监督劳动；1 人被开除公职，遣送还乡；36 人降低待遇，转交地方留用察看；6 人降低待遇，留院控制使用；55 人送到国营农场劳动察看。他们中一些人没有等到平反的那一天。（作者注：当年哈军工被打成“右派”的人数，《永远的“哈军工”》《哈军工传》两书稍有出入。）

---

① 任学文：《永远的“哈军工”》。国防科技大学出版社，2003 年 8 月，第 167 页。

② 滕叙兖：《哈军工传》上卷。湖南科学技术出版社，2007 年 7 月第二版，第 464-465 页。

摘录这一段关于对哈军工“右派分子”处理的现场描写，看似多余，其实是为了让大家对高伯龙未被划为“右派分子”产生由衷庆幸的心情。因为大家看了前面各章的内容，肯定会对高伯龙在“反右派”运动中的命运忧心忡忡，以为以其所谓历史问题和率真敢言的性格，必定在劫难逃。而实际情况也正如大家所忧虑的，高伯龙确实已在“右派分子”名单考虑范围之内。所幸学院某位领导认为高伯龙的问题属于人民内部矛盾，给予了高伯龙有效的保护，使高伯龙避免了人生的一大劫难。然而，我们在为高伯龙深感庆幸的同时，似乎仍有余悸在心头笼罩。据朱起鹤院士回忆：“‘反右派’那会儿，高伯龙先积极参加，过了两个星期，他说‘怎么老反右派不停，我不奉陪了’。学习开会他也来，但不用心，晚上就自己抠书。”①

关于“反右”那段经历，高伯龙在接受采访时回忆说：“那时学校编了个讲师组，全校七级以上讲师由学校统一管理。成员来自学校各单位，开始大家都不熟悉。我对政治学习是不感兴趣的，所以我就溜号了，跑到松花江去划船。等到发现时，鸣放阶段已经过去了。但我回来后还是闯下一个乱子。因为有一位讲师被打成‘右派’，我说这件事还是要慎重一点。结果就把矛头对准我来了，批了三天。后来由于学校有的领导说话了，保护了我，不然我也被打成右派了。”②

其实，时至1961年，在关于高伯龙的一份干部鉴定结论的材料中，仍有对他政治上十分不利的评价。如“与党的关系及政治上的自觉性就不够，对三面红旗的认识还不足，立场仍是不稳，……曾怀疑为什么人民公社成立后，刚好接连三年碰到自然灾荒，天灾是否‘百年不遇’那么严重，可能是……‘人灾’为主导，并认为如人民公社先经试点，晚半年一年成立，可能没有那么多问题等糊涂思想及不信任情绪。”又如“对大跃进中的发明创造，……有‘成效显著者可能不多’的怀疑态度”③。等等，恕不一一列举。该材料中所列高伯龙的言论，若治之以罪，又何能辩词?

① 朱起鹤访谈，2013年3月18日，北京。资料存于采集工程数据库。

② 高伯龙访谈，2013年7月14日，长沙。存地同①。

③ 高伯龙档案，干部鉴定，1961年。存于国防科技大学档案馆。

大难幸免，小罪必受。高伯龙终于在 1958 年哈军工的所谓“红专大辩论”中成为“白专”典型，并被冠以“高伯龙路线”遭到批判。据《哈军工传》所载：“数学教研室讲师戴遗山和物理教研室讲师高伯龙是在‘红专大辩论’中被抓成典型的两位业务尖子，当时全院师生都知道批判‘戴遗山思想’和‘高伯龙路线’。”①

初闻“高伯龙路线”这一说法，颇令人瞠目，而不解其意。身为无官无职的普通教师，何来“路线”之说？颇似黑色幽默。至于高伯龙在“红专大辩论”中发表过什么样的言论，目前已无资料可考。但根据以往高伯龙的思想轨迹分析，应不外乎专注于教学工作和学术研究，而反感于空头政治。同时说明，高伯龙在当时哈军工青年教师中确已成为指标性、代表性人物之一。但对“高伯龙路线”一说，高本人是不承认的。然而，高本人承认与否，已不能阻止对他的批判。

而在随后的以知识分子为重点的“向党交心”运动中，已成“白专”典型的高伯龙再次受到批判，罪名是高伯龙被逼迫交代的所谓对“匈牙利事件的看法”，并以此为把柄，纠缠高伯龙的历史问题，还把他因授课任务重、体弱多病而未报名参加民兵训练提升到“对毛主席战略思想不拥护”的骇人高度加以批判。这方面的情况在一份未署作者姓名、时间为 1961 年的高伯龙档案材料中有较为详细的记载，而从行文的语气看，该材料显然是作者与高伯龙交谈了解具体情况后写的。节录如下：“交心运动交出了（作者注：指高伯龙）对匈牙利事件的看法，说那是‘自己的人民起来推翻自己的政府’，于是受到批判，并逼迫他承认‘对中共领导人也有可怕的想法’，还有人追他的历史。”②

该材料中详述了当时扣给高伯龙的“四顶帽子”。其一即是前面提到的“高伯龙路线”。该材料说：“运动结束后，……在人们心里，形成了一种习惯势力：钻研业务多，参加政治活动少，就是‘高伯龙路线’。”高伯龙已然被树为反面典型。其二是“参加革命是为了投机”，即凭想象深挖高伯龙历史问题的所谓不纯动机。该材料记载：“并逼问：你（作者注：指

① 滕叙兖：《哈军工传》上卷，第 515 页。

② 高伯龙档案，所谓“高伯龙路线问题”，1961 年。存于采集工程数据库。

高伯龙）对统购统销政策的态度一定有问题。谈话时高伯龙流着泪说：'我来学院两年没户口，也没领到布票，我都没意见，还逼我对统购统销的态度有问题'。"其三即是无限上纲的所谓"对毛主席战略思想不拥护"。其四则是"为波尔辩护"①。今日看来，这四顶帽子或罪名均属荒诞不经，而最离谱的则是所谓第四顶帽子"为波尔辩护"。然而当时燃遍全国的思想批判的烈火，已从政治领域蔓延至学术领域，这种虚妄无知的言论竟然成了正义的革命的化身。哈军工的这一现象出现在1960年的所谓"教学改革运动"中。据《永远的"哈军工"》一书所载："有位受到批判的教授后来啼笑皆非地说：'批了我讲的课，又拿不出更好的东西来代替，而且还要我继续讲！'有的系、有的教研室'班门弄斧'，批'牛'、批'马'，开展对牛顿、波尔、马克斯威尔等世界著名科学家的批判，学员中喊出了'打倒牛家店''挖学术祖坟'等错误而幼稚的口号。"②

对此，直率敢言的高伯龙当然是针锋相对，坚决反对。据该材料记载："教改在物理教研室是批判'波尔理论'，这是把自然科学中的问题提高到宇宙观的产物，也是'驳倒古人，教育今人'的产物。高伯龙对此不同意，他认为每个问题都提高到宇宙观上，用思想改造来搞教改是不妥当的，认为'不提到宇宙观来批判，就要受批评'的做法也是不妥的。他对那些'波尔理论对学术起了阻碍作用'等一些观点有不同见解：'你说他一钱不值，我说他相当值钱''你们的观点敢不敢拿到报纸上去公布？'争论是相当激烈的，但有些人对他进行讽刺，说他'为波尔辩护'。高对这场批判给了这样的评语：波尔批判所花的时间和明确起来的问题相比划不来。"③

据《哈军工传》所载："学术批判造成严重后果，一时形成谁上课谁挨批，教员不愿意上课的状况。"④说明当时政治压力之大。而这一所谓学术批判，对高伯龙而言，虽不能说使他完全放弃了对学术的追求，但也在一

① 高伯龙档案，所谓"高伯龙路线问题"，1961年。存于采集工程数据库。

② 任学文：《永远的"哈军工"》，第224页。

③ 同①。

④ 滕叙兖：《哈军工传》上卷，第636页。

个时期内相当大程度上减弱了他钻研学术的热情。据该材料所述："高伯龙本人感慨地表示：'书是不能念下去了。'确实，自那次批判至今天，他除了写教材翻阅资料外，再没有攻读过进修的书籍。他说：'现在教的内容还是 1957 年以前的老本。'……他激动地说：'我不钻研业务，你就没得可抓的了；教学工作拼命干，你就没得可说得了。可是还是免不了受批评。算了，我不想当积极分子了。'从此情绪消沉下去。"①

行文至此，忽然想起余秋雨先生在其一本著作中的话："我从历次政治运动中看到，凡是被人家泼脏水最多的人，反倒常常是最干净的人，而那些慷慨激昂地'揭露'别人瘢疤的人，大多最不干净。"② 这段话不知能不能作为对高伯龙所遭遇磨难的一个注脚。

作者在上面文字中引述了诸多内容的这份未署名的材料，其实是一份为高伯龙"鸣冤叫屈"的翻案文章。因为该材料中鲜明地对"红与专"关系的错误认识和现象进行了批驳，并认为其根源是"群众存在的问题，正是领导思想的反映。"并在文中为高伯龙的现实表现"评功摆好"。这使人非常讶异，在那个年代，是谁敢逆极左潮流而动？但当了解到其时政治气氛的变化，也就完全能够理解了。据《哈军工传》所载："反右派斗争以后，中国知识分子政策的急转弯给国家和民族带来的负面影响是十分严重的，中央最高领导层中最能理解和爱护知识分子的，如周恩来、邓小平、陈毅、聂荣臻等人已经认识到是应该系统地调整知识分子政策和科研政策的时候了。……哈军工根据中央的精神，在聂帅的影响下，也在 1961 年 2 月初召开了一次'神仙会'。……毕竟这是几年来少有的座谈会，气氛宽松而和谐，谢有法、刘居英院系领导以诚恳的态度洗耳恭听大家的意见，并作自我批评。……老教师们的顾虑一点一点打消了，讲话的胆子也大起来。"③

《永远的"哈军工"》一书也对这段历史情况作了记载："从 1961 年 11 月 1 日起，院党委接连召开了两个贯彻中央精神的重要会议——党的教

① 高伯龙档案，所谓"高伯龙路线"问题，1961 年。存于采集工程数据库。

② 余秋雨：《中华文化四十七堂课》，岳麓书社，2011 年 6 月，第 79 页。

③ 滕叙兖：《哈军工传》下卷，第 689-690 页。

学工作会议和教学代表会议，目的是深入学习中央一系列方针政策，全面总结建院以来，尤其是1958年开展‘大跃进’以来教学工作的经验教训，从理论原则和实践效果两个方面提高党员、干部的政策思想水平，统一各级领导和教学骨干的思想认识。……两个教学会议之后抓的第一件工作，是对过去历次政治运动中因‘左’倾错误受打击的同志进行甄别清理和‘政治退赔’。由政治部组织的甄别清理工作专题小组，对1957年以后反右派、整风、交心、红专关系辩论、反右倾机会主义、学术批判和1960年新‘三反’等政治运动中批判过的655人（行政干部156，教学人员180，学员293，工人26）进行甄别清理；……其次，是对1956年以后没有调整过职务、级别的306名教师，分别进行了职务、级别调整，并且统一了教师的职称，将主任教员、教员的称谓改为教授、讲师，与地方学校取得一致。”①

不知高伯龙是否参加了哈军工召开的这两次教学会议，但这一新的形势显然是为高伯龙所热烈欢迎和拥护的。而高伯龙本人的际遇，也因此有了改善。其一即是高伯龙于1962年3月间被批准晋升副教授职称，其二是翌年8月他的工资级别由高教七级升为高教六级。当然，他的这两次职称和级别的晋升，与他出色的业务能力和工作表现也是密切相关的。物理教研室党支部在高伯龙晋升高教六级的报告表中填写了这样的内容：“天资聪颖，基础扎实，学术钻研刻苦，除教学工作外，每周能抽出时间进修，特别是对理论物理掌握深透，业务水平较突出，也有实际动手能力，能独立进行深入的科学研究，可指导研究生，讲课质量高，效果好，一贯受到教员和学员的好评。”②

由此看来，那个为高伯龙的“错误”辩白的材料在这一时间出现，也就毫不奇怪了。然而，在高伯龙的档案中，却未发现当年为高伯龙在有关政治运动中受到批判的甄别清理结论的相关材料。而关于高伯龙问题的改正决定迟至1980年2月方才由国防科大政治部作出。该决定中说：“一九五八年初军事工程学院进行红专辩论时，全院以‘高伯龙路线’为

① 任学文：《永远的“哈军工”》，第261–263页。

② 档案：职员定级、晋级报告表，1963年8月。存于国防科技大学档案馆。

对立面对其作了重点批判。按照党的实事求是、有错必究的方针，对高伯龙同志的问题进行了复查，认为当时以所谓高伯龙路线对他重点批判的提法和做法是错误的，现决定予以改正，恢复政治名誉，消除影响，清理其档案，凡因上述问题形成的材料应按中央组织部的规定予以处理。”①

至此，高伯龙政治上思想上的清白得到组织上的确认，是毫无疑问的了。同时，在查阅高伯龙档案过程中，还发现了一个颇有意味的现象。即“文化大革命”以后有关高伯龙的各类申报表及材料，均无政治思想方面的贬损性语言，“热爱党，热爱社会主义”几成通用语，这当然是符合实际情况的。同时也说明，“文化大革命”之后，人们已逐渐摒弃历次政治运动的左的思维方式。

下放农村劳动改造

“红专大辩论”“向党交心运动”之后，高伯龙被指定参加哈军工干部、教师下放农村劳动锻炼、改造思想的活动。但关于此次下放农村的具体地点和多长时间，均无明确的资料记载。其档案中仅存一份《高伯龙同志在全体下放干部心得交流会上发言提纲》，长近六千字，发言日期是1959年4月16日。而该发言提纲中说到“一月上旬班务会后，受到一些批评”，这显然表示至迟1958年冬季高伯龙已至所下放的地方。该发言提纲上还有两则有关同志署名送呈有关领导审阅的话，所署最后日期是1959年5月9日。据此推测，高伯龙此次下放农村劳动起码有半年时间。同时，亦有个别档案材料及最近访谈涉及高伯龙下放劳动的零星情况。

可以确定，此次下放农村，并非高伯龙主动要求参加的。因其在发言中说到：“党提出干部下放，全教授会只我没有报名，认为思想改造不一定要长期当工人农民，忘掉业务得不偿失。”② 高伯龙在发言中提到这一点，

① 档案：关于高伯龙同志问题的改正决定，1980年2月。存于采集工程数据库。

② 档案：高伯龙同志在全体下放干部心得交流会上发言提纲，1959年4月。存地同①。

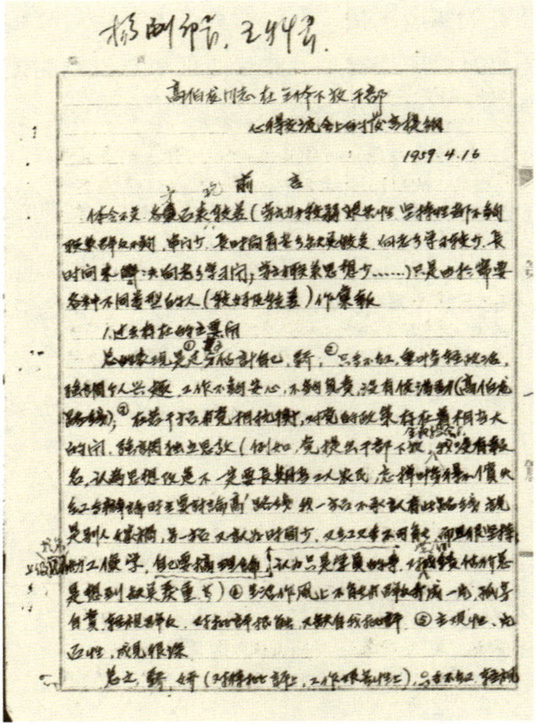
1959.4.16
前言

图 3-6　高伯龙在全体下放干部心得交流会上的发言提纲（存于国防科大档案馆）

旨在检讨自己对党的干部下放劳动锻炼、改造思想政策的理解不深。然而，以“高伯龙路线”闻名全院的“白专”典型，当然是下放农村不可缺漏的“人选”。既然是组织上指定，高伯龙只能服从。上节提到的那份未署姓名的材料中对此亦有记载：“1959 年下放劳动是服从了，但打起背包后，气管炎发作，只休息了三天（本来不能去，也不应该让他去），因怕别人说高伯龙打退堂鼓而去。劳动中又害了十二指肠溃疡，闹了三四个月，仍勉强坚持到最后。”①

高伯龙后来在回忆中也说到：“要去农村的时候我的气管炎发作，喘得厉害。有两个与我关系要好的学生为我送行，见我病成这样很不忍心，当时景况确实有些凄惨。”② 从以上材料和访谈可知，高伯龙是带病下放农村的。朱起鹤院士忆及当时情况时说：“高伯龙在‘红专大辩论’中受到批判，但未作具体处理。如果说具体处理，就是后来让他下乡劳动。他一干起活儿来就不知道累，他的哮喘病就是在下乡劳动期间落下的。”③ 关于高伯龙的哮喘病，比高伯龙低一届的清华大学物理系校友、后又同在哈军工物理教授会任教的岳宗五的夫人萧枝奎女士有深刻记忆：“我跟岳宗五结婚以后，于 1962 年从武汉调到哈军工门诊部内科当医生，认识了高伯龙。他

① 档案：所谓“高伯龙路线”问题，1961 年。存于采集工程数据库。
② 高伯龙访谈，2013 年 7 月 14 日，长沙。存地同①。
③ 朱起鹤访谈，2013 年 3 月 18 日，北京。存地同①。

有严重的哮喘病，经常发作，老找我给他看病。我感到这个人很坚强，身体那么不好，但工作非常勤奋，也很配合医生的治疗。”①

然而，在高伯龙当年的发言中，对自己的患病仅偶尔提及，并且是一带而过。同时，他很知道当时自己的角色定位。他在发言开篇就说：“体会不多，各方面表现较差，……只是由于需要各种不同类型的人（较好及较差）作汇报。”他显然知道他之所以能在大会发言，是因为他属于“较差”一类的代表。而该发言提纲送呈领导审阅的话中也明确地说：“高的情况对我们下放同志中的落后层，有代表性。”② 但高本人也这样说，颇使人感到带有自嘲的幽默意味。

时隔50余年重读这篇发言，却看不出落后之处在哪里。只是他提到的联系群众（作者注：指当地农民）不够和劳动能力差的问题，或许属实。但这其实因他不喜广泛与人交际的秉性和从未参加过农业生产劳动所致，且并非实质问题。而随着时间的推移，这些不足都有显著改善。最耐人寻味的是，高伯龙在发言中一方面批判自己“强调独立思考”，如他在发言中说：“党的政策符合无产阶级及广大农民利益（首先是贫雇农），……暂时不符合，也只是长远利益与当前利益矛盾的问题，或是党的政策的缺点。这些缺点不会长久，必然很快得到纠正。……我体会到党在制定、执行政策时是如何慎重，政治上是如何成熟，与群众联系是如何密切，而且如何认真检查执行政策的效果，迅速加以纠正。当我们在农村中发现人民公社分配制度有副作用，而还不很明确时，党便提出纠正的措施。因此过去当观潮派，先从旁边以怀疑态度去观察一下再说，强调所谓独立思考，便是如何没有根据的了。”③

然而高伯龙又以相当篇幅谈他在参加各种劳动过程中观察到的“社员出勤率不高”等一些不好现象，以及自己“独立思考”产生的一些疑问。一是对成绩和缺点的看法。高在发言中说：“说否定人民公社的成绩是右倾机会主义，成绩还是主要的。我对这个问题想不通。说‘人民公社一大二

① 萧枝奎访谈，2013年3月19日，北京。资料存于采集工程数据库。

② 档案：高伯龙同志在全体下放干部心得交流会上发言提纲，1959年4月。存地同①。

③ 同②。

公’，我感到很抽象，但缺点考虑起来却很多。例如，大兵团作战、分配问题等等。后来接触到一个生产队长，……最后谈到人民公社有什么优点，他也没谈出多少。”①

二是所在生产队的打井问题。高伯龙参加了打井劳动，对其中存在的问题有深入了解。他说：“经过一个半月打井，后来每天进一两寸。老乡、生产队都有信心不足的表示。领导只知道要出勤，而打井的人则是打多少算多少。我认为照这样打下去，白费工。对这种没有什么希望的干法，究竟应采取什么态度？”②

他又根据调查得来的依据说：“据说这一带旱灾少，老乡有怕涝不怕旱的说法，虽然未必可靠，但是在历史情况和春耕时节劳力不足的情况下，这种基本建设是否可暂缓或减轻一些。据说井打成后，由于畜力人力缺乏，也使不上。”③

这个问题是关于如何科学对待和安排农业基本建设的建议。至于其时当地究竟应如何办，非本文所能探究。但至少说明高伯龙在劳动过程中是非常关注劳动效率、效果的，并看到了这方面工作的一些负面影响。三是突击积肥问题。他说：“省里说积粪15万—20万斤/垧，40天完成。10多天后乡里要7天完成，屯里又要6天完成，结果在第6天就去报捷了。报捷后又补了一二天。但据计算，……每一垧不过2万—3万斤。另外有许多肥料是黄土，据说灌了一些大粪，但看来很少，质量很差，有无肥效成问题。……是否形式了一些，定的指标是否不实际。早时我提出，别人说我怕累，……最近鸣放，生产队许队长也有此看法，且更尖锐。这问题应如何看？”④

另外，高伯龙还提出对“打夜战”的看法。他说：“喜欢打夜战，事实上白天并未很好利用，早些出工，晚些收工，白天至少可增2—3小时，比夜战3—4小时（常来回路上）强得多，影响人马晚上皆不能休息。提

① 档案：高伯龙同志在全体下放干部心得交流会上发言提纲，1959年4月。存于采集工程数据库。

② 同①。

③ 同①。

④ 同①。

过意见，据说是乡里规定，不管白天如何干，夜里照样要做。这是不是形式？”①

高伯龙在发言中提出的这些问题，特别是弄虚作假、形式主义的问题，到今天在一些地方和单位依然存在。不能说高伯龙独具慧眼，相信当时有许多人都看到了这些问题。但高伯龙在当时作为下放劳动改造思想的对象，且是落后层的代表这样一种政治处境中，又在大会发言的敏感场合，依然毫不掩饰地发表自己的真实想法，实在令人佩服他的勇气，并由此感受到他直率坦诚的品性并不因处境的不利而有所改变。他还在发言中解释之所以提出这些问题的动机。他说：“因为这具体影响到对党的具体政策正确性的看法，会引起理论上通了，具体又怀疑；对中央信服，对具体党的领导不信服的现象。”②

这段话，或许更会使那些只知道一味紧跟唱高调而对实际存在的问题视而不见的人挠头了。

值得一提的是，在提出上述问题时，高伯龙体现出作为科学工作者的严谨态度。比如谈到效率极低的打井问题，他依据几人参加、每人每天几个工、一共干了多少天，计算出总共用了多少个工；又如突击积肥问题，依据屯里有几辆大车、每车装载多少斤、每天多少车，以及积肥的天数，算出一共积了多少粪肥。因此，高伯龙提出的这些问题，在一些人看来虽然政治不正确，但却没有驳倒的理由。

当然，下放农村劳动也许对高伯龙并非毫无正面作用。比如他在发言中说：“由于和群众接触，发现他们对工作很安心，年年干同样工作，为了生产，没有听说强调个人兴趣。而我们由于脱离生产及劳动，穿衣吃食来自别人之手，自己不发愁，便兴趣第一，听不进为人民服务不讲价钱，工作不安心，不想干重复性工作，认为没意思。”又如他说：“体会到群众的力量，劳力少便不好办了，集体劳动不比过去单干，一个人什么也干不了。”③

---

① 高伯龙档案，高伯龙同志在全体下放干部心得交流会上发言提纲，1959 年 4 月。存于采集工程数据库。

② 同①。

③ 同①。

相信这些都是高伯龙的由衷之言。或许这些体会、感受也在以后潜移默化地影响改变着高伯龙。据前面提到的那份题为《所谓“高伯龙路线”问题》的未署名材料中所言：“回来后担任七系理论物理课程，一学期148小时，没有教材，现编教材和习题，加之教改开会多，每天中午不休息，晚上至深夜，一学期共写出30万字教材。1960年春积肥，肠胃病发作，不作声。上课时吃止痛药无效即吃冷馒头刺激，结果更重。后来不支，住隔离室，但还是照常上课。这样，在病累交加，气管炎、肠胃病同时复发的情况下，身体垮了。目前气管炎已转为哮喘病，身体特别坏。暑假在南京那样炎热时害感冒，身上穿着毛背心，连电风扇都不敢扇。……病成这样子，还继续写教材。”①

身处逆境，多病缠身，处于人生低谷的高伯龙此时的情绪是压抑低沉的，但却并未影响和改变他对工作全力以赴的态度。或许唯有在忘我的工作和对理论物理的痴迷钻研中，才能舒缓他郁闷无奈的心情。

好在1961年政治形势有所好转，党重新调整知识分子政策，高伯龙除1962年由讲师晋升副教授、1963年工资级别由高教七级升为高教六级外，还获得了到外地治病的机会。关于到外地治病一事，高伯龙档案中无直接记载。但在物理教研室党支部1963年8月为高伯龙填写的《职员定级、晋级报告表》中简略提到：“1962年9月到现在均在外地治病，据不断来信说，十分感谢组织对他病的关怀，并表示因病不能工作感到遗憾。决心争取病愈上班。近日又来信：马上回院，要求在病中做点什么工作，请组织上考虑分配。据此情绪还好，要求进步。”②

从这段话中可知，高伯龙此次到外地治病时间大约一年左右。说高伯龙这段时间“情绪还好”，当属实情。而说他“要求进步”，则反映出对高伯龙仍持政治落后的看法。但无论如何，高伯龙终究在不堪精神、工作、健康多重压力之际，得到了喘息缓解的机会。而且在1962年，他的个人生活亦发生了一个大的变化。

---

① 高伯龙档案，所谓“高伯龙路线”问题，1961年。存于采集工程数据库。

② 档案：职员定级、晋级报告表，1963年8月。存于国防科技大学档案馆。

结婚成家

高伯龙的夫人姓曾名遂珍，湖南永兴人，比高伯龙小两岁。曾遂珍小学、初中均在永兴就读，1951 年 8 月于湖南第二师范学校（高中）毕业后考入南京师范学院，1953 年从该校毕业后，先后在江苏常熟沙洲中学、南京第二十七中学担任数学教师。与高伯龙结婚后，经组织批准随军，从南京调至哈尔滨第二十一中学任教。南京与哈尔滨千里之遥，两人缘何相识？原来是哈军工物理教研室高伯龙的一位同事做的红娘。曾遂珍就是高伯龙这位同事的表姐。高伯龙的清华物理系校友、哈军工物理教研室同事岳宗五的夫人萧枝奎女士在访谈中也谈及高、曾两人相识相恋至结婚的一些情况。

图 3-7　高伯龙与曾遂珍结婚时合影（摄于 1962 年。资料来源：国防科大光电科学与工程学院提供）

据朱起鹤院士回忆，高伯龙有点书呆子，个性也很强，不大会找对象。高的一位同事就把自己的表姐介绍给高伯龙[①]。

岳宗五和妻子萧枝奎参加了高、曾的婚礼，萧枝奎还记得闹洞房时的情景。她说："高伯龙结婚那天，很多同事都去了。我们跟他起哄，他就把一朵花戴在新娘头上，大家哄堂大笑。高伯龙虽然是个书呆子，但也有十分风趣的时候。"[②]

---

① 朱起鹤访谈，2013 年 3 月 18 日，北京。资料存于采集工程数据库。

② 萧枝奎访谈，2013 年 3 月 19 日，北京，存地同①。

婚礼就在高伯龙的住处举行。没有主持人，没有领导讲话，形式虽然简单，但来了不少同事闹洞房，气氛很热闹[①]。

高伯龙回忆说："当时就是去人民公社去做了结婚登记，但还是要庆祝一下，就去买了些糖果，那时糖果很贵的。婚礼散了之后糖纸扔了满地。当时杨士莪夫妇和另一位同事夫妇与我们在里间说话，没想到朱起鹤竟然在外间打扫起来。曾遂珍注意到了，对我说，你看地上打扫得干干净净，这个人好啊。朱起鹤是看我当天害着哮喘病，帮我打扫。那天我是打了针参加婚礼的。"[②]

朱起鹤当时虽然担任着物理教授会的领导，但为人十分诚恳谦和，对高伯龙十分关心，工作上也非常支持，他与高伯龙的友谊从哈军工开始一直保持了数十年。

图 3-8 夫人曾遂珍（后）与长子高一东（右）、女儿高一华（左）合影（摄于 1968 年。国防科大光电科学与工程学院提供）

① 高伯龙访谈，2013 年 7 月 14 日，长沙。资料存于采集工程数据库。

② 同①。

高伯龙迟至34岁才结婚，其不喜广泛交际固是一因，但其实还有其他原因。据杨士莪院士回忆：“高伯龙之所以这么晚才结婚，一个原因是他把工作、学习放在第一位，生活放在第二位，但跟当时的客观环境也有很大关系。当时国家‘左倾’思潮盛行，高伯龙到哈军工后，开始不安心，而他的业务又很强、很拔尖，因此运动一来经常挨批。我1957年到1959年去苏联进修两年。记得回来后与高伯龙一见面，他就对我说：‘你知不知道，前两年插红旗、拔白旗，我被当白旗拔了。’当年女同志挑选对象，政治方面是首先要考虑的。高伯龙这样的情况，人家女同志就不大敢找他。同时当时高伯龙身体也很不好。后来经人介绍，跟曾遂珍结婚。当时还有人说曾遂珍很不错，高伯龙身体这么不好还肯嫁给他，这个女同志不简单。”①

图3-9　高伯龙与夫人曾遂珍、长子高一东、女儿高一华在松花江畔留影（摄于1969年。国防科大光电科学与工程学院提供）

关于高伯龙婚后的家庭生活，亦从知情人采访中约略得知。高伯龙与曾遂珍1962年8月结婚，次年10月长子高一东出生，1965年、1971年，女儿高一华、次子高一强相继出生。据萧枝奎回忆：“他夫人调来哈尔滨后，教书的中学很远，上班早出晚归，所以家里很多事情都是高伯龙做。别看他专心于学术和工作，却也很顾家，孩子的生活、学习他都管。大儿子和女儿是在哈尔滨出生的。孩子生病的时候，他常常怀里抱一个，背上

① 杨士莪访谈，2013年3月31日，长沙。资料存于采集工程数据库。

背一个，来医院找我看病。他很爱孩子，对孩子管教也很严，他是一个好父亲。但他对孩子的爱不是那种溺爱，他鼓励孩子好好读书，不过多干涉，也没有什么具体辅导，就是跟孩子聊聊天，引导孩子，让孩子自立。他的大儿子和女儿的学习都非常好，现在都在国外，学业、事业有成。”①

看来，高伯龙把父母对他的爱，传承到对自己的孩子身上。萧枝奎又说：“高伯龙只管孩子，其他家务事不大管。其实对生活上的事情，高伯龙从来都不在意，生活简朴，吃穿简单。表面上的豪华以及追求生活享受，根本不在高伯龙考虑范围之内，他是一心扑在工作、学习上。”②

确实，只要到高伯龙家中看一看就知道，如今高伯龙家中的家具陈设还是多年前的老样式，十分陈旧、简单。而穿的经常是一套部队的作训服，袖口都磨破了。关于当年哈军工男同志做家务这一点，杨士莪院士也作了有趣的介绍。他说：“那时候哈尔滨老百姓对哈军工有个评价，叫‘怕老婆院’。为什么有这个评价？因为哈军工男同志比较多，家属都在市里上班，都是早出晚归，所以很多家务事不得不由男同志来做。而东北地方上的老习惯，家务事都是老娘们的事，老爷们回家盘腿就上炕，就等着你端饭给我吃。而哈军工的男同志南方人比较多，也有做家务的习惯。高伯龙的夫人上班也是早出

图 3-10　高伯龙夫妇结婚四十周年纪念照（摄于 2002 年。资料来源：国防科大光电科学与工程学院提供）

① 萧枝奎访谈，2013 年 3 月 19 日，北京。资料存于采集工程数据库。

② 同①。

晚归，高伯龙当然也要管孩子的生活。当年哈军工的教员大多都有这么一段经历。”①

岳宗五、萧枝奎一家与高伯龙一家在哈军工时结下的深厚友谊一直保持至今，经常电话往来关切对方的近况。萧枝奎说：“一次高伯龙得了肺结核，但长沙市几家医院会诊怀疑是肿瘤，也就是肺癌。高伯龙说肯定不是。于是打电话给我，我说那就先观察一下。最后确诊是肺结核。结果是他的意见对了。如果按照肺癌治，那就误诊了。”说到这一点，萧枝奎还提到其他一些情况。萧枝奎说：“高伯龙会中医，是自己看医书学会的。以前他肾脏不好，还有糖尿病、哮喘病，他自己开中药吃。对医生开的药，他都要问个究竟，他认为有道理才服从诊断。比如说糖尿病，他看到国外杂志上介绍一种药，打电话向我咨询。我帮他查资料，并问有关专家，告诉他这种药最好不要吃。所以说，他这个人对任何事情都不盲从，可以说真正是

图 3-11　高伯龙（右二）与萧枝奎（右一）、岳宗五（右三）等合影（摄于 1998 年。资料来源：国防科大光电科学与工程学院提供）

① 杨士莪访谈，2013 年 3 月 31 日，长沙。资料存于采集工程数据库。

用科学的方法指导自己的工作包括生活。”[①] 俗话说“久病成良医”，高伯龙自学中医，重视科学诊断，恐怕与他长期与多种疾病抗争有很大关系。

如果说结婚以前，高伯龙是独自承受政治的重压和病痛的折磨，那么结婚以后，则是他和夫人曾遂珍共同面对命运的磨难与坎坷。而高伯龙伤痕累累的心灵也在家庭生活中得到慰藉。面对这一对相濡以沫 50 余年的恩爱夫妻，年轻一代或能深切感悟到爱的真谛和力量。

很快“文化大革命”爆发，中国教育科技界遭受到更大的摧残与磨难。虽然高伯龙在“文化大革命”中未受到像许多领导干部、老教授那样大的冲击，但同样经历了隔离审查，干清洁工、装卸工等苦力活，并被以所谓反江青的罪名，随时等候被遣送北大荒劳动改造。高伯龙已作了最坏的打算，与妻子儿女作了告别，将妻子与两个孩子的合影珍藏在身边，作为离别后的永远纪念。为了不在政治上牵连妻儿，高伯龙已作了与妻子离婚的准备。那时长子高一东才 5 岁、女儿高一华才 3 岁。恰在此时发生珍宝岛事件，中苏边境形势紧张，为准备打仗，一些单位向外省疏散，有关遣送北大荒劳改的计划中止执行，高伯龙方得以幸免，并在不久后被落实政策，1969 年从宽处理，从敌我矛盾“转化”为人民内部矛盾，被定为严重错误，接受群众监督。1970 年学校奉命南迁长沙。作为物理专业教学骨干，学校仍然需要他。为动员他一起迁往长沙，又决定把他严重错误的定性改为一般性错误，并将所有整他的材料以及本人被迫写的所谓认罪书、思想汇报等材料全部退回给他。他没发一句牢骚，没提任何要求，就答应随校前往长沙[②]。尽管耳闻目睹的混乱局势使他感到迷惘彷徨，但他仍坚信发展科学技术是强国之道。在关注形势发展的同时，坚持业务学习，钻研心中的挚爱——理论物理。而数年之后“四人帮”终于覆灭，“文化大革命”宣告结束，他的专业特长很快即将获得用武之地，他萦绕心中多年的“科学强国”之梦也将在他执着艰辛的探索追寻中放射出绚丽的光彩。

---

① 萧枝奎访谈，2013 年 3 月 19 日，北京。资料存于采集工程数据库。

② 档案：奋斗不息——访国防科技大学教授、中国工程院院士高伯龙。存于采集工程数据库。

第四章
投身激光陀螺研究

初 到 长 沙

偌大一所学校千里搬迁，困难可想而知。而历尽千辛万苦从哈尔滨搬到长沙后，面临的同样是十分困难的局面。其中一个突出问题即是校舍严重不足。国防科技大学校史对此有简略记述："在用房紧张，没有研究试验场地的条件下，全院参加科研的 432 名人员（占教学人员的 63%）在临时搭建的简易竹棚中工作，……在维修改造旧房的同时，着手建筑新校舍。全校干部、教师、工人轮流参加铺路、架桥、挖土、运料等劳动，节省了大量开支。经过 8 年取得了很大成绩，到 1978 年底，新建校舍 19.3 万平方米，加上接收原工程兵学院和舟桥 84 团共 14.797 万平方米的营房，共有校舍 34.1 万平方米，使教学、科研、生产能全面铺开，干部、职工住房得到初步解决，学院渡过了最困难的时期。"①

① 《中国人民解放军国防科学技术工业委员会丛书·国防科技大学》，国防工业出版社，1993 年 8 月，第 181–182 页。

图4-1　20世纪70年代长沙工学院南院鸟瞰（资料来源：国防科大光电科学与工程学院提供）

宏观叙事难以一一铺陈细节，其实在那段艰苦时期，每个人都有着各不相同的难忘经历。一篇经高伯龙亲自修改、未曾公开发表的通讯报道中也提及当时的情景："到长沙后，居住条件艰苦，每家只分到一间房。妻子带着女儿和刚生下的小儿子住到湘江边上的第四中学（现在的周南中学）内，他每天参加建校劳动，带着刚上小学的大儿子住校。不久害病，下不了床，大小便无人管，与大儿子一起挨饿。邻居工人师傅伸出支援之手，报告学校，把我送进了医院。一个多月出院后回到物理教研室，继续参加建校劳动。"①

自"文化大革命"爆发至1972年的6年"停课闹革命"，是全国高等教育界饱受摧残、最为动荡的时期，大学停止招生，科研工作或被迫停滞或在极其困难的情况下进行。1972年毛泽东发出"五七"指示和"七二一"指示，各大学开始招收以基层推荐方式入校的工农兵大学生。自此，高伯龙又走上了讲台。他针对学生文化程度普遍偏低的情况认真编写教材，认

① 档案，奋斗不息——访国防科技大学教授、中国工程院院士高伯龙。存于采集工程数据库。

真讲课、辅导，还与学生一起到工厂实习劳动。他以渊博的学识赢得了学生们的爱戴。

然而时至1975年，忽然全国高校要撤销基础课部，解散基础课教研室，基础课教员分派到各系。高伯龙对此是万万想不通的。从事物理基础课教学，与研究理论物理是十分相宜的。教学相长，对提高专业理论水平与教学工作水平都十分有利。那篇未曾公开发表的通讯报道对此写道："他思想不通，不想离开，愿意留守，拖到5月不得不走，被三系304教研室收容。"① 把此次重新分配到另一单位工作称之为被"收容"，确实反映了其时高伯龙的真实心境。高伯龙在接受采访时也说到当时的情况："到1975年，全国高校的基础课部全部解散，我们这些人就纷纷散了。但保留了实验室，我就想留下来看实验室，却轮不到我，因为我不是搞实验的，于是就分到了激光教研室。" ②

或许历史在冥冥之中早已给高伯龙预设了开创激光陀螺研制事业的机会。因为他所分到的新单位——304教研室恰恰承担研制激光陀螺的任务。此任务是时任国防科工委副主任的钱学森同志建议航天工业部进行的，而航天工业部又把这一任务下达给其所辖的长沙工学院③，304激光教研室即为从事此项研究而专门组建。所以历史的真实情况是，高伯龙并非一开始就目标十分明确地主动投身激光陀螺研究，而是一些非他所能左右的因素促使他走上了既这条充满艰辛又铸造辉煌的创业之路。正如学者李屏南在其所著《人物评价论》一书中所言："对人物个体的成长、成功来说，肯定需要必然条件、普遍条件，但也需要偶然条件。必然条件具备与否，充分与否，是通过偶然条件反映出来的。" ④

但无论如何，高伯龙终于踏上了人生新的转折之途，而且一旦进入这

---

① 档案：奋斗不息——访国防科技大学教授、中国工程院院士高伯龙。存于采集工程数据库。

② 高伯龙访谈，2013年7月14日，长沙。存地同①。

③ 哈军工1966年4月1日集体转业，退出军队序列，改称哈尔滨工程学院。1970年6月15日，国务院、中央军委发出电报明令规定，哈尔滨工程学院内迁长沙，改名长沙工学院，归广州军区领导。

④ 李屏南：《人物评价论》。岳麓书社，2000年，第88页。

一领域，高伯龙执着坚韧的钻研精神和扎实深厚的数理物理基础，使他迅速成为全国激光陀螺研究领域的领军人物，引领着这项事业在历经无数挫折后走向胜利的通途。这是后话，暂且按下不表。

1995 年的一天，已在激光陀螺研制领域取得显著成绩的高伯龙接受中央电视台“东方之子”栏目记者的采访，在被问到从大学毕业后一直矢志于的理论物理研究转向激光陀螺研究的原因时，他再次忆及当年的心路历程，而他的这番话同样反映出其率真的个性。他说：“理论物理知识是在大学里形成的。毕业以后很多人劝我改一改研究方向，但我没有改。可以说在痛苦中坚持了 20 年。”他又说：“明明你生活在高山上，你却不想爬山而想学游泳，这必然引起主观跟客观的矛盾。一个人的志愿应该跟客观实际相符合，应该符合国家的需要。既然已经给我分到这个地方来了，需要我干这个工作，如果自己还想着另外一种工作，这就是苦恼的根源。‘文化大革命’以后，我终于想通了。这一关是最难过的。”①

记者又问：“当时你知道未来会怎么样吗？”高伯龙以十分自信而肯定的语气回答：“别人能会的我为什么不能会？参加工作以后我始终认为，我想干成的一件事一定能干成，只不过是时间问题。”②

关于这一段思想转变过程，高伯龙在其自述中也曾提及：“1970 年从‘敌我矛盾’中‘解放’后，已过了‘不惑’之年。总结前半生，认为自己爱国、正直、正派、俭朴，工作认真负责，拥护党和社会主义，为何却如此坎坷？只因为把理论物理的专业兴趣置于国家的需要之上，好比处于高山上而想学游泳，长期陷于主观和客观的矛盾之中，确有根本性的缺陷。意识到真正的爱国应该是把自己的前途与国家的利益密切结合。总的说来，1957 年后的政治运动和‘文化大革命’的作用是消极的，我却从消极的事物中总结出了积极的教训。”③

其实，就在调到 304 教研室那段时间前后，高伯龙已经参加了一些具体的科研工作。如 1974 年 8 月至 1975 年 4 月间，他参加了激光多普勒测

① 中央电视台“东方之子”专栏，1995 年。资料存于采集工程数据库。

② 同①。

③ 高伯龙：自述。《中国工程院院士自述》，上海教育出版社，1998 年 12 月，第 109 页。

速器的研制项目，并就有关理论和技术问题撰写了 4 篇论文（据档案材料，原文已轶），对项目研制起了理论指导作用。又如 1975 年 7 月曾为湖南湘潭纺织印染厂试制光电整纬机技术革新项目做过数理分析，写成《光电整纬理论分析》《行走布纹法的数学分析》等论文（据档案材料，原文已轶），这些论文作为该机的设计依据，对试制成功发挥了重要作用。当然，这些短期的科研活动与后来持续至今近 40 年的激光陀螺研究比较起来，不过是牛刀小试。

卓越的理论建树

在谈及高伯龙在激光陀螺领域卓越的理论建树之前，有必要回眸 1975 年高伯龙刚刚进入该研究时国际国内激光陀螺研究的发展情况。但笔者搜集到的有关资料极为有限，且侧重于激光陀螺理论及技术分析。

填写于 1986 年的国防科技大学应用物理系环形激光器研究室的一份科技奖励申请书“当前国内外同类先进技术概况”一栏中有如下简略介绍：“激光陀螺是捷联式惯性导航的理想器件，美、英、法、苏等国几乎同时于 1962 年开始研制。由于对误差因素特别是闭锁的认识和困难估计不足，出现过数次低潮。1971 年那次低潮中，英国全国皆下马，待美国 1975 年试飞成功后再重新上马，与美国分公司合作。……国内在 60 年代初期由上海光机所、上海天文台带头搞过激光陀螺，因锁区过大，得不到差频信号而结束。1971 年国内有几个单位重新开始研究，由于闭锁效应未能通过，得不到起码的性能。”①

而据 1994 年 11 月 10 日国防科技大学四频差动激光陀螺工程样机研制报告，其中对这段历史有略微详尽的回顾：“早在 60 年代，我国的激光陀螺即已迅速跟踪国际的动态进行了实验研究，最后因未能突破闭锁效应，没

① 档案：四频差动激光陀螺实验室样机国家级科学技术奖申报书，1987 年 1 月，存于国防科大光电科学与工程学院。

有取得陀螺信号而告终。这是前期试探。1971 年，在国际上原理机和一些关键技术取得重要进展以后，包括我校在内的四个单位几乎同时再度开展激光陀螺的研制，全部仿制美国汉诺威尔公司的机抖陀螺。对于前期试探，进展是突破了锁区，取得了陀螺信号，但由于锁区过大且不稳定，故没有取得可信的精度。最后，这些单位于 1976 至 1978 年先后将机抖陀螺下马。在我国激光陀螺研制工作再度卡壳时刻，我校先后在 1975 年 11 月和 1976 年 1 月两次在全国会议上推荐四频差动激光陀螺方案，作了详尽的理论论证。其中最重要的结论是：根据我国反射膜的水平和动态，研制使用线偏振光的二频单陀螺是十分困难的，对使用圆偏振光的四频差动陀螺，由于锁区小，偏频量大且不过锁区，对反射片要求低，有可能在性能上首先取得突破。1 月会议后我校在内的全国三单位组成协作组负责攻关。”①

另一份填写于 1984 年 12 月的一份科技成果奖励申请报告书中对此也有所介绍：“国外四频差动激光陀螺在结构方面犯了一些原理性错误，一直未能发现和矫正，是其竞争力弱的原因之一（作者注：对比二频单陀螺而言）。从我校激光技术代表团访美时（1984 年 9 月）了解到的情况，美国两个主要搞四频差动陀螺的公司皆已将此项目下马，其中干了 15 年的 Raytheon 公司是 1984 年 7 月下马的。国外二频单陀螺已进入工程样机近 10 年，性能当然比较好，由于阶段性不同难以比较。”②

在此必须指出，尽管激光陀螺原理业界皆知，但国外对其工艺和关键技术则是严格保密的。

如前所述，国防科技大学研制激光陀螺始于 1970 年，然而至 1975 年高伯龙调到 304 激光教研室工作之前，激光陀螺研究工作并无大的进展，甚至连一些基本问题都未弄清楚。国防科技大学激光陀螺研究最早参加者之一的丁金星③高工在访谈中对当时的情况作了具体介绍：“有一件事情让我印象深刻。高教授 1975 年来了之后，参加激光陀螺实验，马上就发现

① 档案：四频差动激光陀螺工程样机研制报告。存于国防科大光电科学与工程学院。

② 档案：科技成果奖励申请报告书，1984 年。存地同①。

③ 丁金星（1935-），浙江缙云人。1970 年参加长沙工学院激光陀螺研究室筹建工作，参与多项实验研究工作，以“动手能力强”著称，为我国激光陀螺事业作出了重要贡献，曾得到钱学森的称赞。高伯龙评价他为“激光陀螺研制不可多得的大台柱”。

我们干了好几年都没有发现的一个问题，就是分不清等离子噪声和陀螺信号。搞电路的人测出来锁区一会儿大一会儿小，实际上是等离子噪声混淆了锁区信号。高教授理论性很强，一下子就发现了问题，说这是等离子噪声。有一种等离子噪声的频率与激光陀螺的频率很相近，你没有点水平还真分不清。高教授做了一个星期实验，很多事情就搞清楚了。自从高教授来了激光教研室，好像一个分界线，我们这些跟着参加实验的人，水平一下子就提高了一步。”①

自此，高伯龙全力投入激光陀螺研究，而最初所依据的国外资料仅仅是一份两页纸的关于四频差动陀螺基本原理的介绍，对有关具体工艺技术问题均未涉及。他进而广泛阅读国内外有关文献并进行深入研究，做了大量推导和计算，得出关于四频差动陀螺的若干关键的理论认识和结论。同时根据我国材料、工艺水平的现状以及各种类型激光陀螺的研制要求，得出四频差动激光陀螺是我国激光陀螺研制最佳方案的论断。他在作于 1999 年的《回忆激光陀螺的研制》一文中，对当时的情况有所追忆。文中写道:“1975 年 11 月，计量院（作者注：即中国计量科学研究院）在长沙召开全国激光陀螺学术交流会，我因病未能出席会议。但会议遇到了如何继续研制的难题，我校激光教研室的朱代谟同志建议让我到会发表意见。于是我抱病在医护人员的保护下，去做了半天报告。我指出：国内工艺水平特别是光学薄膜的水平与美国相差甚大，连美国都感到困难重重，我国的研制有多大困难可想而知，因此十年内想突破机抖陀螺的闭锁区域关是不可能的事。提出要加强工艺研究外，当前应当从理论上想办法。会上我向大家推荐了四频差动激光陀螺的方案，引起与会人员的极大兴趣。会后，全体人员又来到学校和我座谈了半天。1976 年 1 月，计量院又召集这次会议的全体人员来到北京，请我作学术报告，共商激光陀螺研制大计。这次会议共开了 6 天，我作了 4 天报告。最后决定由计量院开展原理样机的研制，全国各单位积极参与协作。会后，我根据会议要求，把学术报告讲稿补充整理，1976 年 5 月出版了我国第一部有关激

① 丁金星访谈，2013 年 2 月 27 日，长沙。资料存于采集工程数据库。

光陀螺的长文《激光陀螺的物理性能（一）》，即计量院用单行本发行的《环形激光讲义》，它在国内影响很大，对激光陀螺的研制起了指导作用。”①

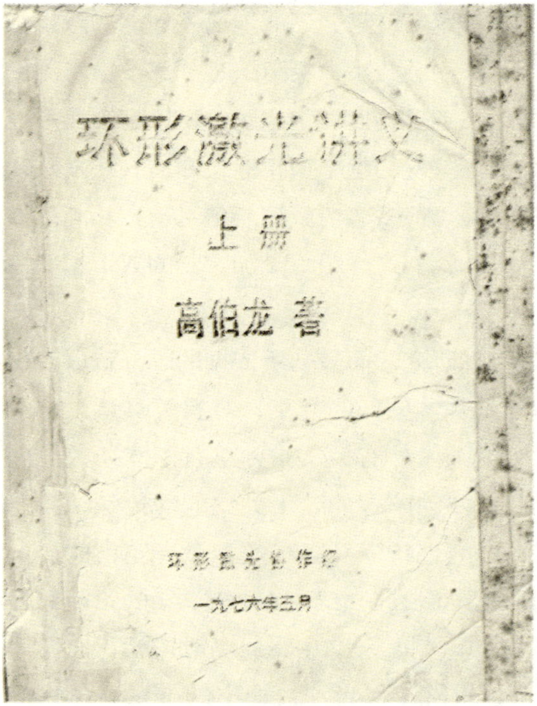

图 4-2 《环形激光讲义》上册封面

请注意，就是这本《环形激光讲义》成为当时我国激光陀螺理论的奠基之作，为我国激光陀螺研究指明了方向。尽管当时缺乏有关差动激光陀螺的资料，特别是我国激光陀螺研究处于早期探索阶段，没有相关实验数据，但高伯龙依据已有的直形激光器和二频单陀螺的数据进行了讨论。而单陀螺的性能是研究所有类型激光陀螺（包括四频差动激光陀螺和二频机械抖动激光陀螺等）的理论和技术基础。所以说，《环形激光讲义》是当时国内非常难得的激光陀螺技术资料，比较权威而且在基础理论方面比较全面。其内容主要包括激光陀螺的基本原理和遇到的主要难题（即闭锁问题）及解决方法，然后给出基本的理论公式，并针对典型实验条件进行了计算机计算并给出一些具体数值和图表，回答了当时国内激光陀螺研制人员遇到的一些问题。最后讨论了各种误差效应以及影响这些误差的因素。并在结论部分指出了激光陀螺研制中应注意的问题。《环形激光讲义》印行后，成为国内所有激光陀螺研制单位开展研制工作的重要而基本的理论依据，至今仍然是从事激光陀螺基础研究不可缺少的文献资料。

① 高伯龙：回忆激光陀螺的研制。存于采集工程数据库。

另一份科研档案材料中，对高伯龙所作出的理论贡献有较为具体的介绍。虽然文中以“我们”自谓，但其实均为高伯龙经过深入研究所得出的观点和结论。现引如下：“国内四频差动陀螺是我们根据一份较简单的国外资料，于 1975 年 11 月的长沙全国激光陀螺学术交流会上向大家介绍的。1976 年 1 月在北京召开四频差动陀螺论证会，由我们论证方案，经过讨论和答辩，达成国内三家单位协作的协议，集中人员在北京试干。根据会议要求，我们把讲稿加以整理补充，还充实了会后计算的大量电子计算机数据，写成长达近 200 页的论文（作者注：即前所提及的由中国计量科学研究院印发的《环形激光讲义》），于 1976 年 5 月以单行本形式发给国内有关单位，并由印刷单位在全国出售。该文从理论上定量地分析了四频差动陀螺的各种误差因素以及建议解决各种问题的途径，使研制一开始便方向明确，避免了不少弯路。1976 年 8 月由于唐山大地震，年底协作关系中断，但我们仍然以通信形式回答北京兄弟单位所遇到的困难问题，他们亦曾数度访问长沙，我们用这样的方式来帮助国内激光陀螺研制工作的进展。……国外资料已经介绍如何实现四频差动陀螺的基本原理——用水晶片和法拉第室来实现左旋、右旋圆偏振光单陀螺，并且用差动来消除偏频的不稳定性等。但对它的细致情况和数据几乎没有，甚至对重大问题亦没有一言半语，使大家感到有种种疑问。我们从物理的基本理论出发，首先阐明下列问题：一、差动陀螺用圆偏振光，必须用偶数腔片组成谐振腔。二、预言圆偏振光的闭锁阈值 Ω_L 要比同样非均匀性情形下的线偏振光的 Ω_L 小 1—2 数量级以上。1 至 2 年后有了实测数据，证明完全正确，理论是成功的。三、预言由于旋光水晶的存在，只要光延光轴，陀螺内的椭圆偏振度将很小，特别当旋光角为 90° 时更如此。这样解除了从普通单陀螺经验出发，认为 S 偏振分量可能比 P 偏振分量大得多的疑虑。后来的实测证明此论断，又补充了定量理论（作者注：后来的研究成果体现在高伯龙 1982 年所撰论文《水晶片的几个光学性能（一）》中，该文是苏州全国激光陀螺会议的重要交流文献，并发表于 1982 年第 1 期《国防科技大学学报》上）。四、数学上证明旋光角为 90° 时 Ω_L 将最小。根据以上两大优点，1975 年 11 月以及以后的讨论皆建议水晶片取旋光角 90°，对 6328Å 波长为厚 4.813mm。这是大家一直沿用的重要数据，经多年考验为正确。五、指出激光偏离水晶片光轴的严重性，要求实验误差≤ 20'。后来我们的实验及进一步的理论计算证明此论断很重要，还提出了精度不足的补救措施，经长期考验为正确。六、在 1976 年 1 月论证会上主讲时已指出差动陀螺中各增透面不能与光路垂直，夹角必须大于 15'，否则 Ω_L 将不小。撰写《环形激光讲义》时再次考虑，以醒目形式重提，并把夹角加大到'2º 甚至 5º'。经实践证明完全正确（包括 2º 的估计数字），国内有的工作，由于忽视了这一点，曾走过弯路。七、作了差动陀螺所有误差因素的数字预估，并建议了不少削弱措施，论证了差动陀螺的精度较高。后来差动陀螺一出来，性能就超过国内已干了 6 年左右的单陀螺，使原先持不同意见的一些同志改变了看法。以上七点促使国内达成试干的协议，并使实验一开始即较顺利。《环形激光讲义》在实验工作深入后更显得重要和有用。经实验考验，大部分结论和看法都是正确的，措施是有效的，有些后来得到发展。”①

以上所引内容专业技术性较强，外行阅读起来也许并不能明了其中的含义，但也可从中感受到《环形激光讲义》在坚实的理论基础上的鲜明的实验性和量化分析的特点，以及令人叹服的敏锐的超前性和准确的预见性。关于《环形激光讲义》的这一特点，20 世纪 70 年代末曾参与激光陀螺研究的清华大学精密仪器系教授张书练至今印象深刻。张书练 1978 年考上清华大学的研究生，学习地点在清华大学的四川绵阳分校，研究课题就是激光陀螺。他回忆说："高老师的《环形激光讲义》这本专著给我印象比较深，因为我一到清华大学精密仪器系就开始读这本书，读得非常仔细。这是国内第一本关于激光陀螺的理论著作。"②

张书练至今还记得这本书是用手工刻写的，纸张质量也不太好，足有一厘米厚，可能有十几万字。他说："这本书我认真读了两个月，仔细按照书中的阐述去抠去钻研。这是一本完全具体分析激光陀螺研究现状的书，比如所有的参数、所有的误差，误差源是怎么产生的，还有零漂达到什么

① 档案：四频差动陀螺研制过程中所解决的主要理论和技术问题，1983 年 12 月。存于国防科大光电科学与工程学院。

② 张书练访谈，2013 年 3 月 17 日，北京。资料存于采集工程数据库。

程度，再压缩到什么程度，等等，每条都分析到了。可以说是指导实际实验的一本书，读起来非常有味道。因为它与实际研究工作结合得很紧密，遇到问题你就去读去查，非常实用，使人感到很亲切。尽管当时有不少人在搞激光陀螺，但大家对激光陀螺的认识并不是那么深刻。所以说，高老师当时是激光陀螺研究领域里的绝对权威。”①

图 4-3　清华百年校庆时高伯龙（右）与张书练合影（摄于 2011 年 4 月。资料来源：国防科大光电科学与工程学院提供）

张书练最早就是通过《环形激光讲义》这本书了解高伯龙，而这本书对张书练后来从事其他研究工作也产生了潜移默化的影响。据张书练说，他读研两年半后又从事了多半年激光陀螺研究，之后清华大学的激光陀螺研究下马，转向研究磁光偏频二频单陀螺。但他以后从事的科研工作和激光陀螺还是在一个大学术系统里，激光陀螺的一些现象和技术可以用到他的研究中。他说：“之后我做的第一个课题是激光测磁场。我就按照高老师的路子进行分析研究，也写了一本几十页的小册子，内容比较具体。1981 年 9 月全国第三次激光陀螺技术交流会在苏州召开，主要交流四频差动激光陀螺研究进展和应用情况以及单陀螺研制进展情况。国防科大主持会议，高老师是大会主席。我的一个师弟当时搞闭锁研究，论文中的理论、公式比较多，大家都认为他的研究做得不错，我也觉得他的理论水平比较高。但在会议报告过程中，高老师对我这位师弟的报告提的问题比较尖锐。高老师说，这个工作国外也研究过，你也研究了，我现在要问你的是，你这个研究对解决我们的问题到底有什么用？其实高老师的意思是我

① 张书练访谈，2013 年 3 月 17 日，北京。资料存于采集工程数据库。

们的研究工作必须和当前的现实问题紧密结合。当晚一位熟识的同志遇到我对我说，高老师对我的汇报倒是挺赞赏的。因为针对实际问题，做具体的实验，发现有什么具体问题。确实，我那个课题的理论分析比较少，实际的实验做得多一些。而这就是高老师关注的点，就是我们这一批人要把国家急需的激光陀螺搞出来，不然有什么用？”①

张书练进而又说：“我们的好多研究，如果要研究得透，就要理论与实践结合得比较紧，像那种瞎猫碰上死耗子的研究是很难成功的。比如国外有东西了，有篇文章，你拿来照着做，思想没弄透，有些问题分析不透就凑合，把参数凑起来就算成了。高老师不是这样，他碰到问题一定要从理论上搞明白，把它搞透。”②

此外，1978 年，高伯龙应《惯性仪表》杂志之邀以《激光陀螺》为题在该刊连续发表四篇系列论文共 15 万字，深入浅出地系统介绍激光陀螺的基本原理、主要误差因素和几种典型的激光陀螺。这些论文发表后被结集出版，成为许多高校本科生的教材和研究生的参考读物。与《环形激光讲义》是国内第一本激光陀螺系统的理论论著一样，本书是国内有关激光陀螺的第一本入门读物。书中没有罗列深奥的理论公式，但又把基本问题阐述得十分透彻。

其实，半路进入激光陀螺研究领域的高伯龙之所以能立即发现问题之所在，并提出最有利的研究方案，为我国激光陀螺研制工作指明正确方向，并非偶然。这与他扎实的理论物理功底是分不开的。曾是高伯龙激光陀螺研究团队成员的季家镕教授，本科和研究生分别毕业于南京大学物理系和哈尔滨工业大学近代光学专业，1981 年到国防科大工作后不久即参与激光陀螺研究工作，后来受高伯龙支持考取出国留学，在比利时、英国、德国等国家学习了 8 年后于 1989 年回国。他对高伯龙的理论物理功底表示十分敬佩。他说：“高伯龙教授原来是理论物理学家，在哈军工的时候教过 8 年大学物理和理论物理课。他的量子力学玩得很熟，所以搞激光物理几乎不费劲。因为这只是属于原子能级跃迁当中的很小一部分，很多原理

① 张书练访谈，2013 年 3 月 17 日，北京。资料存于采集工程数据库。

② 同①。

相通。他的理论物理功底非常深厚，概念性的东西非常强，对激光陀螺理论方面、误差因素等方面的问题了解得非常深透。在我们208研究室，有高伯龙教授，理论问题就不用操心。”[①]

随着实验工作的进展和所遇到的问题，高伯龙的激光陀螺理论研究更加深入，关注的问题更加具体。如果说《环形激光讲义》是一篇总论，那么在其后六七年间他陆续针对激光陀螺研制中遇到的增透膜、锁区、数据的数学处理、辉光放电、光栏效应等一系列问题所写的十余篇论文，则可以看作更为深入详尽的专章。尤其是1979年发表的6篇论文，对当时国内紧锣密鼓开展的激光陀螺研制工作给予了及时的理论和技术指引。

如1978年11月发表于长沙工学院《工学学报》当年第四期的论文《镀增透膜的一些原理性问题》，在介绍两层非四分之一波长增透膜基本原理的基础上，详细论证了膜层厚度不准所引起的原理型误差，从原理上说明了当时我国镀膜水平上不去的因素并不在于光强极值法控制膜层厚度，而在与其他方面，并列举了一些可能的因素。这为当时高伯龙所在的激光陀螺课题组和全国从事激光陀螺研制的科技人员指明了镀膜攻关的方向。

又如1979年3月发表于长沙工学院《工学学报》当年第一期（激光技术专刊）的论文《抖动偏频过锁区的理论分析》，是针对国内重新开始二频机械抖动激光陀螺研究的理论分析，并得出结论：只要将闭锁阈值减小到一定水平并且增大过锁区时的角速度，是可以“跳过锁区”的。并从激光基本理论出发，进行了一系列公式推导，总结出了能否跳过锁区的一个关键参数。同时还深入分析了此前国内有关单位研制工作不成功的原因，并为以后的研制工作指明了技术方向，对相关单位增强研制二频机抖陀螺的信心有很大帮助。

再如与上文发表于同期《工学学报》的论文《陀螺数据的数学处理》，是在20世纪70年代末国内激光陀螺研制由定性逐渐进入定量阶段时，适时地给出了如何从大量实验数据中计算陀螺的精度并分离出各种误差项的数学方法。这种方法与通常的频谱分析方法相当，但在使用上更加方便、

① 季家镕访谈，2012年12月5日，长沙。资料存于采集工程数据库。

直观，计算上也比较简单。该文在介绍陀螺的精度和漂移方差后，给出了论文的核心部分，即干扰因素的阻尼振荡假设。基于这种假设，对各种误差在飘移方差中所占的分量进行了理论计算，并详细探讨了快漂与慢漂两种情形。最后以应用这一方法处理的数据具体例子说明理论的有效性。尤其应强调的是，该文提出的阻尼振荡假设以及数据处理理论和方法属于原创性内容，是高伯龙多年接触和处理激光陀螺数据过程中深入思考和总结的心血结晶。

除前所举高伯龙发表于长沙工学院《工学学报》1979 年第一期（激光技术专刊）上的两篇论文，同期还发表了《激光陀螺的现状与展望》《外腔式四频差动激光陀螺的研制》《碰撞式抖动台》三篇论文。这些论文有的是包括设计原理、实验数据和理论分析以及结论等内容丰富的激光陀螺研制工作总结，有的是激光陀螺发展趋势和各种激光陀螺的特点介绍亦即宏观与微观相结合的基础性技术探讨，有的是具有超前性的激光陀螺设计方案的理论研究，对当时全国激光陀螺研制工作均具有很强的指导性。限于篇幅，恕不一一详细介绍。

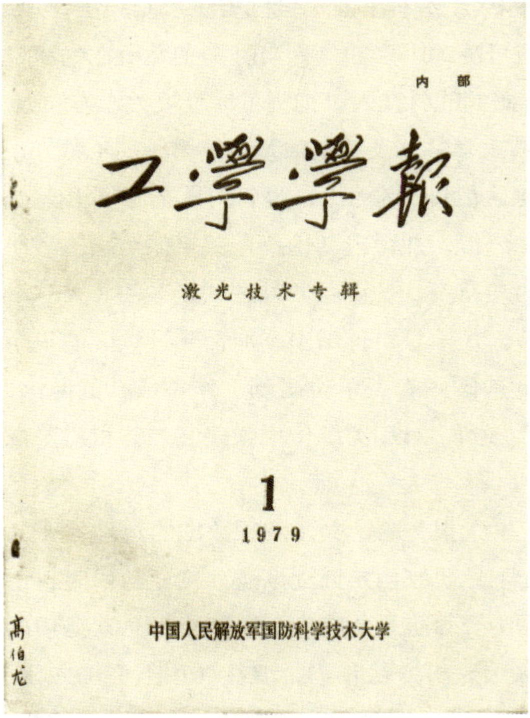

图 4–4　发表高伯龙五篇激光陀螺学术论文的《工学学报》（激光技术专辑）封面

说到高伯龙在激光陀螺研究领域理论建树的原创性，有一篇论文必须提及，这就是 1979 年 10 月发表于长沙工学院《工学学报》当年增刊上的《激光陀螺的近似解析解》。在这篇论文中，高伯龙在深入研究分析国外有关文献提出的激光陀螺基本理论后，认为其中存在一些缺陷和不足。经过详细的理论推导并结合实验数据，高伯龙得出与国外文献中不一样的激光陀螺基本方程。这一新的方程更加符合实际且物理意义更加明确。同时，对新提出的方程进行了近似解析计算，并且严格地考察了所使用近似方法的使用条件。对其中一些分析结果进行了数值计算。对闭锁阈值、比例因子等因素的理论推导和精密计算的结果表明，近似解析解比较符合实验数据并且与计算机的数值分析结果相近，这充分说明这一研究成果的有效性和正确性。

前面提到的《四频差动陀螺研制过程中所解决的主要理论和技术问题》这份材料中，总结了高伯龙 1975 年至 1983 年的主要理论研究成果，这些理论研究成果为国防科大相继成功完成四频差动激光陀螺原理样机、实验室样机、工程样机等重大科研项目提供了重要前提和基础。现引如下："包括理论预言、数字预估以及分析实验做出解释，再回头指导实验。一、讨论和计算了差动陀螺和单陀螺的闭锁、比例因子、零漂三大类误差因素，从物理机构到整套数据，并建议解决的办法。其中差动陀螺在当时文献中尚未有数据，我们借单陀螺的参量做了一系列计算，分析并建议采取措施，后来都为实验基本验证。如：对模平均频率的稳频数字，主要决定于零漂；稳频对零漂的影响以差损零漂和磁偏频的色散零漂为最大，如控制得当，两者可以相消一部分甚至大部分，有利于性能以及降低了对稳频的要求，等。至今国外文献仍很少差动陀螺数据。二、根据基本原理，提出闭锁的具体机构，如片上划分条纹区。单陀螺有'条纹污染'（部分证实，待进一步实验），顺此发挥，得出使用圆偏振光后 Ω_L 要小 1—2 数量级，后来实验完全证实，至今国外文献未涉及。三、初步提出积分精度与微分精度的定义以及在理论预估中的应用，以此来和实测对号。与此相联系，进一步发展了一套数据分析法，等效于付里埃分析而更易于用计算器计算，可帮助计算精度并寻找误差源。四、根据拉姆 1975 年更为本质的理论，引进'复合的复数反射系数'为国际上流行的唯象参量做出解释，并改进了近似方法，成功地计算了 Ω_L 与频率工作点的关系、与光强的关系、进出锁区 Ω_L 不相等、正反旋 Ω_L 不相等等实验上早已发现的现象，与实验符合。前两者国际上有计算机解，后两者几乎没有（个别情形曾讨论，不成功）。其中发展了一种‘第二种近似法’（自命名），成功地计算出国外刚发现的“正比例因子修正”，得出整个曲线，比国外计算机解的范围更大，符合实验。计算中指出并矫正了国外为渐近解而作的不符合实际的假设。五、根据拉姆等人对蔡曼直形激光器的矢量理论，应用于差动陀螺，并运用自己发展的‘第二种近似法’，成功地得到差动陀螺的正比例因子修正效应和‘第二类闭锁效应’（自命名），与实验相符。后者对差动陀螺有较大危害，我们观察已多年，现已能自觉地削弱与消除。我们及时向国内提供了这些发现，至今国际上未见报道。六、1978 年 7 月我们从实验中发现磁环套在水晶片上产生很大的零漂和漂移，做了大量实验，并于 8 月形成理论。我们于 1978 年 7 月、797 会议以及 1981 年 11 月苏州会议上都进行了交流，使国内得以避免国外把水晶片与法拉第室合一的错误结构。由于对外国保密问题，1981 年苏州交流会时征得校领导同意，以机密材料全文发表。七、初步探讨了负阻震荡噪声。当时的物理模型及结果皆优于流行理论。八、对朗缪尔零漂的探讨较国内同行更为深入、完整，对理论基本出发点的缺陷已较明确指出。上述讨论还有一重要副产品，即对腔变动做了普遍计算，这对装配陀螺时调腔有用。九、1975 至 1976 年从外国文献中注意到有严重的多模耦合零漂，于 1976 年即进行了讨论，指出对差动陀螺更重要。后来我们进行了实测，在国内首先发表，比国外数据更完整。797 会议上指出是现阶段主要零漂。后来多次反复论证这个问题，国内有些同志接受此看法，做了一些出色的工作。我们发表的光栏理论比国外文献进了一步，亦属此范畴。”①

若从研制激光陀螺的起步时间看，我国与美国及英、法、西德等欧洲国家几乎同时。但为何其后十余年间我国一直进展不大，其原因除了工艺、材料等技术水平差距较大之外，首要的原因还在于与实际实验工作紧密结合的理论研究和指导极为欠缺，犹如长期在黑暗中摸索而找不到走出困局的途径。高伯龙进入我国激光陀螺研制领域之后，无疑给这一事业带来重大转机。尽管国外对激光陀螺关键技术和工艺严密封锁，但高伯龙以

① 档案：四频差动陀螺研制过程中所解决的主要理论和技术问题，1983 年 12 月。存于国防科大光电科学与工程学院。

其深厚的理论物理功底和执着钻研的精神，在短短数年间即获得了丰硕的理论研究成果，国内激光陀螺研制工作在其理论指导下重新焕发生机，研制工作不断向前推进，新的成果不断涌现。同时由于我国材料和工艺技术的不断进步，不久以后激光陀螺便逐渐进入实用，为我国国民经济建设和国防建设发挥了重大作用。而高伯龙的激光陀螺理论研究又随着实验研制工作的深入而得到不断深化。我们并不信奉历史唯心主义的“英雄史观”，但个人在历史上的作用特别是在某些关键时期的重要作用任何时候都不能忽略。正如我国著名科学思想史专家朱亚宗①教授所指出的：“现代科技系统是科学、技术、工程高度一体化的系统，现代的首创性与近代以前的首创性有很大的不同。古代的工程技术首创多是经验性的首创性，缺乏科学理论指导，是长期经验积累基础上的创造性涌现，而当代的工程技术首创性虽然也离不开实践经验的积累与启示，但重大的首创性必在科学理论与实践经验的复杂互动中产生。如原子裂变工程技术，即经由爱因斯坦的质能定理、哈恩的原子分裂实验与迈特纳的理论建构、费米的原子反应堆理论与实验等三个理论与实验紧密相扣的环节而产生。诺贝尔物理奖得主高锟也是首先通过精密的理论计算预言光纤通信的可能性，然后经过数十年的工程技术探索，方才确立光纤通信的工程技术。因此在当代，工程技术的首创性，尤其是重大工程技术的首创性，不可能脱离科学理论指导而产生。……人类的首创性领域却有不一样的规则，它虽然需要各种条件支撑，最早的突破却只能来自极少数人，甚至是个人。只有在充分尊重和欣赏个体独创性的文化中，各类首创性，包括科学、技术与工程上的首创性，才会源源不断地涌现出来。”②

同时，考察高伯龙 20 世纪七八十年代的激光陀螺理论研究，可以发现三个显著特点：一是与我国当时的工艺技术、材料水平等具体国情和实际实验工作紧密结合，虽然多有超前性的理论探索，但总体上始终着眼于

① 朱亚宗（1944-），国防科技大学人文与社会科学学院教授，博士生导师，我国著名科学思想史专家。现任中国工程哲学学会副理事长，享受国务院特殊津贴。

② 朱亚宗：中国工程技术的首创性瓶颈与出路——兼论大科学与小科学的辩证关系。《工程技术》2013 年第四期。

当下的研究实验工作，着眼于解决当下存在的关键问题，着眼于当下能够实现的技术途径，而非不切实际的空中楼阁般的空谈。二是如前所说的原创性。暂时落后于人并不能成为妄自菲薄的理由，跟踪国外先进技术并不意味着要盲目迷信。高伯龙的理论创新基于深厚的理论物理功底和实事求是的科学精神，他对国外的理论和技术的态度是，在“拿来”的时候同样要经过科学的分析检验论证，对其不正确的理论观点则要加以矫正，并提出新的理论观点。实事求是地说，虽然进入激光陀螺领域较晚，但高伯龙在一些方面的理论建树已达到当时的国际先进水平。当然同时必须指出，高伯龙的原创性并不局限于理论研究方面，在包括仪器设备的研制、工艺技术的创新等方面均有重要体现，容后再述。三是开放式的探讨交流。高伯龙的理论贡献是在全国激光陀螺研究大协作的氛围中产生的，并始终为全国激光陀螺事业服务。他的理论建树对全国激光陀螺事业的指导性，也正是基于全国大协作的开放性。如前所述他的对于我国激光陀螺研究的奠

图 4-5　光学陀螺系列丛书编委会委员合影（高伯龙，前排左四。摄于 2003 年 12 月。资料来源：国防科大光电科学与工程学院提供）

基之作《环形激光讲义》，就是在长沙、北京两地对国内各激光陀螺研制单位科技人员讲学后完善补充后形成的，并广泛流传于各研制单位，成为国内激光陀螺实验研究的重要依据和指南，乃至成为一些高校光学专业的必读文献。20 世纪九十年代至本世纪，随着包括激光陀螺在内的光学陀螺研制的进展，高伯龙理论研究的目光也在不断向前延伸，相继发表了数篇论文，其中不乏原创性的卓见。

还必须注意到一点，就是从上述论文的发表时间看，高伯龙关于激光陀螺的理论研究工作主要完成于上世纪七八十年代。而正是在这一时期，我国激光陀螺研制（主要在国防科技大学）不断获得实质性进展，在经历几代样机之后很快进入实用。从这个意义上说，在这一时期，高伯龙的理论研究基本解决了激光陀螺研制所面临的主要理论问题，或者说扫清了主要障碍，为我国激光陀螺事业的发展提供了理论上认识上的前提，开辟了走向成功的正确技术途径和方向。进入上世纪九十年代以后，高伯龙仍有激光陀螺理论研究成果问世，这表明高伯龙在激光陀螺理论研究领域始终没有停止探索的脚步。

讲　　学

正如前面所提到的高伯龙所著《环形激光讲义》的形成过程和全国大协作开展激光陀螺攻关的氛围，在全国激光陀螺研制领域讲学乃至应邀向当时我国国防科学技术研究工作的主管部门国防科工委的领导和全体干部作关于激光陀螺的学术报告，是高伯龙参加激光陀螺研究前期理论研究工作的重要组成部分。

20 世纪七八十年代全国激光陀螺学术交流会共召开了四次，这四次会议可以说都是高伯龙讲学的重要场合。1975 年 11 月由中国计量科学研究院主持在长沙召开的全国激光陀螺学术交流会前面已作了介绍。高伯龙当时抱病应邀参加会议，介绍激光陀螺的国外研究进展现状和激光陀螺的基本原理和有关技术问题，并与与会人员座谈。时隔两个月的1976年1月，中国计量科学研究院再次召集与会人员在京研讨，并邀请高伯龙赴京作更为深入细致的讲解，这次会议开了6天，高伯龙作了4天学术报告。可以说，长沙会议之前国内激光陀螺研制领域或许并不知道高伯龙其人，而经过长沙、北京两次学术报告活动，高伯龙已在全国激光陀螺研制领域获得公认的理论权威地位。

中国计量科学研究院在20世纪七十年代是国内较早开展环形激光研究的单位，其进展虽稍有领先，但也仍处于探索阶段，一些理论和工艺技术并未真正突破。该院当年参与过此项研究、现已退休的沈少熙和戴云生同志在接受采访时表示："高老师肯定是国内激光陀螺理论上的领军人物"。戴云生说："高老师在激光陀螺理论上很强，确实是我们的老师，教导我们这些人。不光写文章，还给我们讲课，培养我们。"沈少熙说："高老师带出了一拨人。不光是国防科大的，还带了我们计量院的同志，包括清华的同志。"据他俩回忆，高伯龙当时在国内激光陀螺研究领域讲学次数很多，相当于辅导性质的学术报告。每次召开全国激光陀螺技术交流会他也讲，常常就某一个重点问题深入讲解。当时大家学习国外理论，但感觉国外的理论阐述得也不清楚。但高伯龙讲得很清楚，使大家了解掌握。每次开会他都起主导作用①。

国防科学技术大学环形激光器研究室写于1987年的某项目研究论证报告中对当时情况有简略记述："我们从1971年组建激光研究室以研制激光陀螺。1971年至1976年是初起阶段，培训人员、购置设备，学习基本理论和工艺技术，试干机械抖动陀螺。由于当时国内工业基础差，特别是反射膜质量差，再加上缺乏理论力量指导，性能上不去，国内各单位都于1977年前全部下马。1975年，高伯龙教授参加陀螺工作，不久向全国推荐四频差动陀螺，写出长达197页的论文进行论证，在国内掀起研制热潮，我们一直处于领先和指导地位。"②

需要指出的是，从高伯龙1975年5月到国防科大环形激光器研究室工

① 沈少熙、戴润生访谈，2013年3月20日，北京。资料存于采集工程数据库。

② 档案：激光陀螺仪捷联惯导系统研究，1987年。存于国防科大光电科学与工程学院。

作距参加 1976 年 11 月第一次全国激光陀螺学术交流会，不过一年半时间。然而就是在这短短的时间里，高伯龙对激光陀螺的理论研究达到相当深入的程度，这充分说明他理论物理功底的深厚、理论思维的敏锐迅速和勤奋钻研的精神。也可以说从那时开始，一定要把激光陀螺研制出来，已成为高伯龙不可动摇的人生目标和信念。

1979 年 7 月在北京航空学院召开的第二次全国激光陀螺学术交流会，其实是全国惯性导航学术研讨会的分会议，高伯龙担任分会议主席。前面提到的 1979 年长沙工学院《工学学报》（激光技术专刊）即是为配合这次会议而出版的，并在会议上交流。上面发表了高伯龙的 5 篇重要论文。其中有基本理论，大量实验数据，理论结合实际的分析，还有数据处理的新方法。不但详细地讨论了差动陀螺，而且还相当全面地讨论了单陀螺。有两点应特别指出：一是论证了国内研制单陀螺 6 年后成效小的重要原因之一是倍频细分法本身是低效率的，并建议了解决问题的方法；二是专门分析了美国研制差动陀螺带原理性的错误。此外，还交流国防科大在激光陀螺制造工艺研究方面的进展和成果。这些论文在会议报告和交流后得到与会人员高度评价。第三、四次全国激光陀螺学术交流会分别于 1981 年 9 月和 1984 年 8 月在苏州、青岛召开，同样是高伯龙担任会议主席。上述会议的主要内容是各研制单位交流有关理论研究成果和实际研制工作进展情况。国防科大在苏州会议报告和交流的 6 篇论文多为长篇重要论文，会后被评为优秀论文。青岛会议国防科大同样提交了 6 篇颇有创新性的份量很重的论文，除高伯龙的《激光陀螺的光栏效应（一）》外，还有其他三位同志的 5 篇论文，其中一人是高伯龙作为导师培养的首批研究生之一。这说明尽管高伯龙依然是长沙工学院激光陀螺研制团队的主心骨和核心，但学术研究活动已扩展到团队其他成员。尤其是以高伯龙为学术带头人、导师的军用光学硕士点、博士点的建立，为理论研究创造了更加有利的条件，硕士生、博士生已成为理论研究的生力军。第二次全国激光陀螺学术交流会以后，确立了国防科技大学在全国激光陀螺研究中的领先地位。每次会议交流的论文最多、质量最高。

向国防科工委领导和全体干部作关于激光陀螺专题学术报告一事，并未见诸档案记载，但高伯龙在采访中约略提及。那是1981年9月全国激光陀螺苏州学术交流会行将结束之际，担任会议主席的高伯龙忽然接到学校办公室的电话，要他速返长沙，然后赴京到国防科工委讲课，并带上激光陀螺实验室样机作现场演示。高伯龙接过电话后，立即和国防科大参加会议的同志临时买了站票，乘火车赶到上海，再由上海乘火车赶回长沙，并如期赶到北京向国防科工委全体干部作激光陀螺专题学术报告。其时，除国防科工委主任张爱萍因病住院外，钱学森、朱光亚等国防科工委其他领导均到场听取报告。后来高伯龙得知，此次讲学活动是钱学森一手安排，并报请张爱萍主任同意的①。这次讲学活动的意义十分重要，因为这是在我国国防科技事业主管部门这样的高层级宣讲研制激光陀螺的重大意义和激光陀螺的原理及技术问题，对推动我国尤其是国防科大激光陀螺研制工作无疑具有极大的促进作用，同时也是对高伯龙个人的有力支持。

说到钱学森同志对国防科大激光陀螺研制工作的高度重视，这与国防科大在激光陀螺研制中后来居上有极大关系。1978年12月4日，钱学森专门在京接见高伯龙等国防科大激光研究室三位同志。2009年11月19日的《人民日报》发表了题为《钱学森与国防科技大学的建设发展》的学校领导署名文章，其中简要记述了当年钱学森接见高伯龙等同志的情形："1978年12月4日下午，钱老在办公室接见学校激光研究室高伯龙、黄云祥、史淑贞同志时，仔细听取了学校开展激光陀螺研究的情况汇报，就开展科学研究中的一些重大问题发表了意见。指出激光陀螺是科学尖端，激光是很重要的科学领域，是一项很重要的技术革命，国防科技大学是有基础的。在钱老的支持鼓励下，高伯龙带领团队30多年锲而不舍，使我国在这一领域的多项研究处于世界领先水平，高伯龙成为中国工程院院士。"

这或许是高伯龙与钱学森的初次见面。尽管有过1958年那次关于理论物理的笔墨"交锋"，但据高伯龙回忆见面时的情景，这段往事钱学森似乎早已忘却，丝毫没有提及。是的，时过境迁，发生在那段极度扭曲的政治形势下的陈年往事早已烟消云散了，或许留存在钱学森心中的只是对

① 高伯龙访谈，2013年7月14日，长沙。资料存于采集工程数据库。

高伯龙的理论物理造诣很高的印象。而如今面对国防建设和武器装备现代化的急需，钱学森更是对高伯龙率领团队攻克激光陀螺研制难关寄予了极大期望。此次接见之后，经钱学森建议，高伯龙先后拜访了航天部 13 所、12 所，并在 12 所作激光陀螺学术报告。此次拜访及讲学活动，促成了国防科技大学环形激光器研究室与上述两单位尤其是 12 所在激光陀螺惯性导航研究领域长期的良好的合作。

此外，在 1982 年 4 月召开的湖南省物理学会学术会议等其他学术交流活动中，高伯龙都积极宣传介绍激光陀螺的理论和国防科大的研制进展情况。

上述讲学活动充分反映了高伯龙努力争取上级支持、联合各方力量，极力推动我国激光陀螺研制工作向前发展的迫切心情。

研制成功 DF 透反仪

前面提到高伯龙的创新性不独表现在激光陀螺理论研究方面，在具体的工艺、技术和仪器设备研制等方面都有充分体现。发明并研制成功具有原理创新的 DF 透反仪即是最早的一个突出例证。该仪器 1979 年通过国家鉴定，1980 年获湖南省首届重大科技成果一等奖，1987 年获国家发明四等奖。

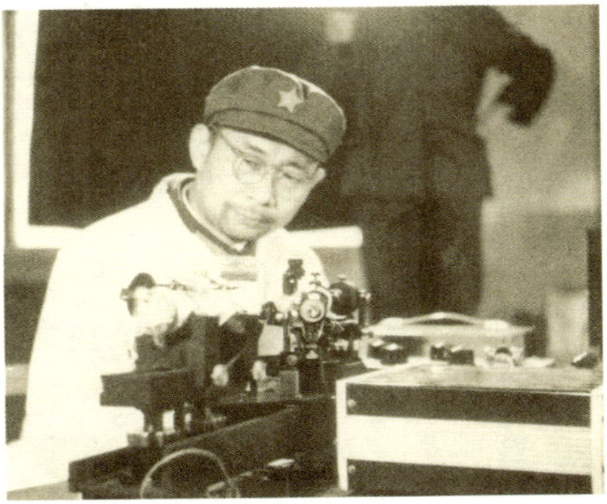

图 4-6　高伯龙在测试 DF 透反仪（摄于 1979 年。资料来源：国防科大光电科学与工程学院提供）

DF 透反仪是“差动型透射率反射率测量仪”的简称。腔片是激光陀螺的重要元件之一，其质量和性能对激光陀螺的最终性能影响很大。而要检测、确定腔片的性能，仅凭肉眼和经验是无法做到的，必须依靠精确可靠的测量仪器。但这样的必备仪器当时在我国包括激光陀螺在内的各种激光器研制开展多年之后，竟然仍是一项空白。

关于高伯龙发明、研制DF透反仪的缘起，在多份档案资料中均有提及。如在高伯龙所撰《回忆激光陀螺的研制》一文中有如下记述："1975年，全国各高校基础课部解散，我和其他6名物理教研室的教员分到了激光研究室，加入了激光陀螺研究的行列。这批人有着深厚的数理基础，对研制工作起了很大作用。我在阅读了国内外大量的文献和广泛进行了调研后，得出了激光陀螺的出路在于极强激励和工艺的研究，特别是光学薄膜的研究的结论。当时国内市场膜片整个水平十分低下，加上没有测量透射率、反射率的精密仪器，只能靠人的眼睛来把握，没有客观标准，使膜片质量的严重性更是雪上加霜。我们下决心用新的原理、较简单的方法用了一年半左右的时间研制了一台DF透反仪。该机获得1980年湖南省政府科技成果一等奖，至今它仍担负着重要的测量任务。"①

在那篇未公开发表的通讯报道中有更为具体的介绍："304教研室是学校内迁长沙后，钱学森同志建议航天部开展激光陀螺研究，航天部命令长沙工学院建立此室。高伯龙来后发现，该室除到上海光机所进修，培养了几个教师、技术人员外，只能跟着中国计量科学研究院、清华大学、航空部303所的后面干，对环形激光器知之不多。全世界1960年发明了激光，美国1962年开始激光陀螺的研究。不久，世界各国纷纷上马，可谓是激光陀螺研究的第一个高潮。中国是1963年上马的。但是，几年之后远未得到大家希望的性能，甚至连出现的现象都没有完全搞清楚。这样，世界各国纷纷下马，中国也不例外，只有美国很少几个研究所的少数人仍在坚持。这是全世界激光陀螺研究的低潮。钱学森1970年建议国内研究激光陀螺，是看到激光陀螺又有一些希望了。于是高伯龙一面跟随学习激光技术，一面研读国外文献，探索激光陀螺的根本问题。关键问题被他抓住了，是激光陀螺的工艺，尤其是镀膜。当时国内连定量检测膜片的仪器都没有，他

① 高伯龙：回忆激光陀螺的研制。存于采集工程数据库。

下定决心单枪匹马开干。后来机械方面得到原物理教研室程贤浩、史淑贞教员的帮助，朱起鹤教授参与了一些关键问题的讨论。一年多以后就干成功了，那就是几年后闻名全国、获得湖南省首届重大科技成果一等奖并由湖南省投产的 DF 透反仪。”①

而在《DF 透反仪国家发明推荐书》的“发明背景”一节的介绍带有更强的专业技术性：“发明人于 1975 年调到研制激光陀螺的单位工作，通过调查文献和国内各单位的工作，深感多层介质膜的质量（发射率、透射率、均匀性等）对激光陀螺的成败至关重要。当时国内用片只能靠眼睛凭经验去挑选，很不可靠，制片难以提高。还有，随着激光技术的进展，对于多层介质膜、金属膜以及各种原材料的反射率、透射率的测量日益重要。从国外资料上看，现有的最先进的测量技术都有一定缺陷。”②

图 4-7　DF 透反仪获国家发明奖证书（国防科大光电科学与工程学院提供）

① 档案，奋斗不息——访国防科学技术大学教授、中国工程院院士高伯龙。存于采集工程数据库。

② 档案：DF 透反仪国家发明推荐书，1987 年 3 月。存于国防科大光电科学与工程学院。

随后分别介绍了“多次反射型高精度发射率计”“高精度多用反射计”等外国同类仪器以及国内产品“GFS 高反仪”（1980 年鉴定，晚于 DF 透反仪）的基本原理和使用方法，并指出以上三种类型的测量仪存在的共同的问题：一是要求光源的光强特别稳定，或是要求激光器特别稳定，对接收器的稳定性亦有很高要求；二是对光学元件（仪器中的全反射片、可旋窗片等）的均匀性要求很高；三是需要高精密的机械转动机构，有些还要精密的平移机构；四是多数测量都只限于测高反射率，而且都只能测平面片；五是多数仪器只能测入射角小且固定的情形；六是多数仪器不能测片子的均匀性；七是由于上述第一、二、三点的原因，仪器生产成本高。随后指出：“本发明采用了差动平衡原理，对光电池的性能进行了研究，设计了一个比较简单的仪器，解决了这一些问题。”

推荐书列举的该发明的技术诀窍竟有 12 项之多。关于此项发明的详细内容，因过于专业，不在此摘录。

DF 透反仪的研制工作从 1975 年夏开始，经过半年多时间试制后投入使用。在两年的使用过程中又多次改进，经历了由简到繁、由繁到简多次反复，终于摸清了主要矛盾并基本上加以解决，得到较满意的结果。1978 年 11 月，高伯龙在《长沙工学院工学学报》上发表的论文《DF 透反仪》（含附录），即是对这一研究工作的理论总结。文中介绍了测量的基本原理和安装、调试以及使用 DF 透反仪时保证精度的关键因素，并在附录中指出测量精度的检验方法和一些误差因素的判别及处理方法。

DF 透反仪的创新性在于其在测量方法原理上与当时国内外流行的“光强测量法”完全不同。前面已经提到，“光强测量法”对光源光强的稳定性要求很高，但因当时国内光电元件及运算放大器等器件的水平所限，采用“光强测量法”难以达到预期的测量精度，并且操作复杂。通过深入的理论分析和计算，高伯龙认为“差动法”是当时研制透反仪的一种合适方法，不但测量结果精确可靠，而且对机械及电路的要求都不高，符合当时我国的工艺技术水平，使用也比较简便。也许有人会因此认为，DF 透反仪是在当时国内有关元器件水平不高的情况下研制的，属于不得已而为之的无奈之举。其实这种看法大谬。即使如今有关元器件及工艺水平已能满足“光强测量法”的需要，以差动平衡法研制的DF透反仪仍然具有其创新性、先进性和优越性。

在《DF透反仪国家发明推荐书》“发明的生产、应用情况”一栏中有如下介绍：“应中国光学学会王大珩理事长邀请，国际著名光学专家、加拿大科学院物理学部高级研究员、美国光学薄膜学会副主席J. A. Dobrowolski博士于1984年9月来华讲学。在讲学中，他把DF透反仪列为最主要的检测仪器，认为测量方便，精度高，在他到过的西方各国实验室中也是非常罕见的。他说：在加拿大读了高教授的《DF透反仪》文章的英文译文，希望与作者交谈加深了解（不是我国译成英文的；高在长沙，未能见面）。在薄膜专业组召开的座谈会上，经专业组进一步介绍DF透反仪后，他表示愿意购买这种仪器，希望带两台回国，由于种种原因，没有满足他的要求。上述会议后不久，1984年在美国干涉薄膜会议上，浙大唐晋发教授介绍了中国的薄膜光学发展情况，其中介绍了DF透反仪，引起广泛的兴趣，得到好评。据清华大学冯铁荪教授在初评（国家发明奖评选，冯为初评委员）时告知，在波兰举行的欧洲1983年光学会议上，亦有人在报告中介绍了DF透反仪，得到不少人的赞扬。”①

引用上述国外对DF透反仪的反馈信息，并非“挟洋自重”，而是以此说明即使在元器件水平和工艺水平远高于我国的欧美国家，DF透反仪仍然具有设计原理的独特性和创新性，并为外国所不及。

其实，DF透反仪的研制成功在国内同样得到热烈的反响，有力地促进了有关单位的实验研究工作的进展。DF透反仪研制成功后的数年间，到国防科技大学利用DF透反仪测镜片、测各种原材料的单位几乎遍及全国，其中包括上海光机所、中科院物理所、浙江大学、中国计量科学研究院、五机部209所、长春光机所等我国光学研究的重要单位。浙江大学还把经DF透反仪测过的片作为标准片，以及作为与激光腔插入损耗方法相近的简易仪器的标准，该校还把DF透反仪作为主要检测仪器编入镀膜专业教材。上海激光技术研究所用DF透反仪为上海能源研究所解决了太阳

① 档案：DF透反仪国家发明推荐书，1987年3月。存于国防科大光电科学与工程学院。

能光电池镀于塑料上薄膜的反射率测定这一困扰多年的难题。北京控制工程研究所、上海冶金所均利用DF透反仪解决了科研中有关材料的测量问题。而长沙激光仪器厂已小批量生产DF透反仪并向国内销售，受到用户欢迎。上述情况充分说明了DF透反仪的发明和研制成功，对国家经济建设、国防建设和科学研究所具有的广泛而重要的意义和作用①。

在《DF透反仪国家发明推荐书》"综合评审意见和推荐理由"一栏中有如下明确记载："一、该项目可视为镀膜技术中检测设备的重大科技成果。二、根据国外专利文献检索、国内专家鉴定意见以及国外有关专家的反映，未发现国内外有同样原理的仪器，故可以认为此项技术方案为目前所没有的，系国内外首创。三、该项目利用差动平衡原理，采用硅光电池的接近短路光电流经电阻箱，反串作差动平衡的方法，通过一系列的技术诀窍，实现了对透射率、反射率的精密测量，具有优良的价格性能和较高的技术水平。发明后近十年的实用证明：该仪器具有原理先进、结构简单、使用操作方便、不要稳光强和对使用环境要求不高等特点，能在0.6328μm波段上对多种平、凸、凹面镜的0—100%的透（反）射率进行测量，并可检测均匀性。四、该项目对国内环形激光的研究和对发展0.6328μm的镀膜技术起了推动作用，对宽波段DFW透反仪的研制成功提供了技术基础，具有较大的社会效益。综合以上意见，建议评为国家三等发明奖。"②

必须指出的是，如同高伯龙关于激光陀螺的理论贡献完全服务于我国激光陀螺研制事业一样，DF透反仪研制成功以后，其原理、技术等也完全向全国有关研究单位公开。1979年DF透反仪通过鉴定后，前来索取相关资料并仿制者众多。前面提到的"宽波段DFW透反仪"，即是DF透反仪通过鉴定后，湖南省技术物理研究所在此基础上使用白光光源代替He-Ne0.6328μm激光管，发展成为宽波段的DF透反仪（称为DFW透反仪，W代表宽波段），并向国内销售。该仪器在保持DF透反仪的精度及稳定性指标，波段从0.40μm到红外1.10μm，精度皆优于0.05%，成为国内先进仪器，于1983年通过鉴定，并得到鉴定委员会很高评价。有些过去对差

① 档案：DF透反仪国家发明推荐书，1987年3月。存于国防科大光电科学与工程学院。
② 同①。

动平衡法了解不够的鉴定委员在鉴定会上纷纷表示，希望DF透反仪的发明人去申请专利。苏州第一光学仪器厂、中国计量科学研究院长度室、清华大学精密仪器系、航空工业部618所等单位在DF透反仪通过鉴定后都曾先后前来国防科大208研究室索取资料进行仿制[①]。

在其后至上世纪90年代中期全内腔四频差动激光陀螺工程样机和全内腔绿（黄、橙）光He-Ne激光器研制成功的十余年间，高伯龙根据研制工程需要，不断创新拓展DF透反仪的性能，率领团队研制出多种型号的DF透反仪，为研制工程的圆满完成发挥了重要作用。

研制成功原理样机

DF透反仪的研制成功，解决了激光陀螺研制中多层介质膜检测这一最基础的难题。尽管其后还将遇到理论、工艺、技术、材料等诸多难关，但前进的道路毕竟已经打开，这意味着相当一段时间停滞不前的我国激光陀螺研究将迎来新的发展局面。

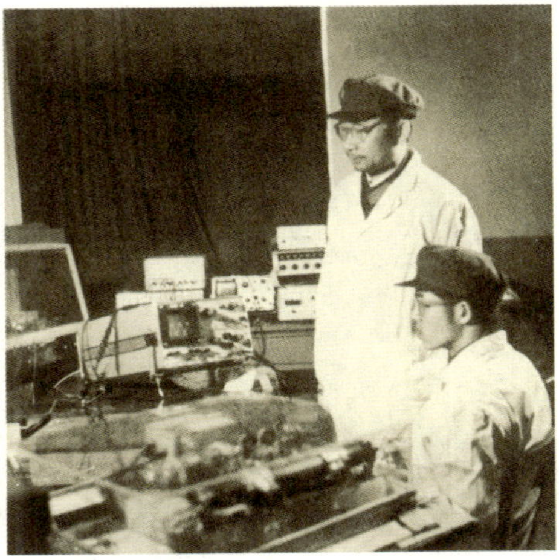
图4-8　高伯龙（站立者）指导科技人员调试激光陀螺（摄于1980年。资料来源：国防科大光电科学与工程学院提供）

但若论工艺、设备等研制条件，国防科大在研究起步阶段几乎是一无所有，与其他研制单位有相当大的差距。据丁金星回忆：“1971年刚起步的时候真是白手起家，既没钱也没设备，什么都要靠自己。很多设备都是自己凑、自己造。比如没有真空设备，就把以前哈军工搞物理实验用的旧真空泵拿

① 档案：DF透反仪国家发明推荐书，1987年3月。存于国防科大光电科学与工程学院。

来修一修再用。还有电焊机、高压电源也是这样。那时候买不到高压电源的半导体管，我们就把电子管的汞蒸气蒸馏管和从别的设备上发现的变压器拆下来做成高压电源。还有就是找一些玻璃管，通过调腔希望能出光。后来又自己烧玻璃管，很难烧，经常炸。1971年就出红光了，这是实验室第一次出光，但并没有陀螺信号。”①

关于国内当时研究激光陀螺的情况，丁金星说：“当时中国计量科学研究院的激光水平最高，清华大学的也比我们好，苏州第一光学仪器厂的水晶片在国内做得最好，而我们学校的高伯龙教授理论水平是最高的。1976年几家组织了一个联合攻关小组，各司其职，发挥各自的优势进行研制实验。当时计量院做激光实验，把实验数据寄给高教授进行分析，然后告诉他们哪些地方是错误的，哪些地方需要改进。就这样反反复复，几个月下来，计量院提高很快。”②

如前所述，由于唐山大地震等原因，协作攻关到1977年就中止了。于是，从那时开始，国防科大激光教研室自己的陀螺实验研制工作就紧锣密鼓地开展起来。高伯龙自撰的《回忆激光陀螺的研制》一文对当时的研制过程有概略的记述：“我于1977年负责筹备‘四频’实验基地。参加人员有朱起鹤、王世瑛、李树棠、刘秀云、谷秀兰、陈弟安、谭暑生、史湘湘等人，后来不久，丁金星也加入我们的行列。1978年初，激光教研室成立激光陀螺联合攻关小组，我担任组长，全权指挥和调度整个研制工作，当年研制出了两代散装原理样

图4-9 高伯龙（前排中）指导科技人员进行激光陀螺研究攻关（摄于1980年。国防科大光电科学与工程学院提供）

① 丁金星访谈，2013年2月27日，长沙。资料存于采集工程数据库。
② 同①。

机，1979 年初研制成了第三代原理样机，并成功测量了长沙地区地球自转的垂地分量，精确度达到 0.5 度 / 时。1979 年 7 月，我参加了在北京召开的全国惯导与激光陀螺会议，并当选为会议领导小组副组长、激光陀螺分会议主席。会议确认了我校‘四频’原理样机的领先地位。‘797’会议后，我室很快又研制出原理样机整机……”①

发表于《长沙工学院工学学报》1979 年第一期由高伯龙撰写的论文《外腔式四频差动陀螺的研制》中，对四频差动激光陀螺的研制有更为详细一些的介绍：“我们曾与清华大学、中国计量科学研究院签订过一份协作议定书，从 1976 年 4 月开始，三单位在北京联合搞一个四频差动陀螺实验样机，由于华北大地震，于 1976 年 8 月自动结束。……我们坚持 1976 年 1 月北京邀请会上发表过的观点：‘只有外腔式才能有高精度的可能性’，狠抓镀膜，终于在 1978 年 1 月使外腔式四频差动陀螺发了光。但由于种种原因，于 1978 年 4 月下旬才测出陀螺信号。5 月份测了零漂，6 月份测了地球自转，7—8 月做了一连串单项实验并上升到理论，找出第一个实验样机的主要误差因素，采取了多项有效技术措施，于 9 月份制造了第二个实验样机，基本上消除或大力降低了第一个样机的误差因素，性能上出现飞跃。到 1978 年 11 月中旬为止，已取得零漂的随机漂移率（方均根）0.20 度 / 小时的稳定结果，并多次成功地测量了长沙地区地球自转角速度的垂直分量 7.09 度 / 小时，精度优于 0.5 度 / 小时。资料（作者注：即发表于同一期《工学学报》上的论文《陀螺数据的数学处理》）中对 10 月 30 日下午的一次 40 分钟的数据作了数学处理，得出随机零漂：当采样时间 5 秒时为 0.251 度 / 小时；当采样时间 10 秒时为 0.197 度 / 小时。”②

该文中还将测量结果与中国计量科学研究院 1977 年 11 月以半外腔式四频差动陀螺测得的最好数据、清华大学 1978 年 3 月以更接近于内腔式的半外腔式四频差动陀螺测得的数据作了比较，国防科大的测量数据显然优于上述两家。而这两家的陀螺研制均得到高伯龙的指导。该文还总结了国防科大实验进展迅速、后来居上的主要原因：一是理论与实验密切配合。

① 高伯龙：回忆激光陀螺的研制。存于采集工程数据库。

② 高伯龙：外腔式四频差动陀螺的研制。长沙工学院《工学学报》1979 年第一期。存地同①。

在理论指导下进行研制和实验，把实验结果迅速上升为理论，使理论更丰富，并矫正它的不完全性，再回过头来指导实验，采取有效措施，往往立即有明显效果。二是敢于抓主要矛盾。突出例子是坚持搞理论上最佳的外腔式方案，敢于正视国内多层介质膜片与国际先进水平差距非常大这一有关成败的主要矛盾，下决心狠抓镀膜。并为此专门研制了一台完全独创性的 DF 透反仪，对镀膜的研制和使用起了很大作用，最后取得了外腔式样机的成功①。

时任国防科工委领导的钱学森同志很快得知这一重要进展，而这一研制成果无疑也使我国国防科技研究领导层对国防科大研制成功激光陀螺抱有极大的信心和期望。十余天后钱学森即在京接见高伯龙等国防科大激光教研室的三位同志，听取工作情况汇报，给予指示和勉励。此次接见给高伯龙和国防科大激光陀螺研制团队以极大鼓舞。

尽管四频差动激光陀螺实验室样机离实用还有相当长的距离，但它仍具有极其重要的意义。首先是实际验证了高伯龙早期一系列理论研究成果的正确性；其次是在国际上四频差动激光陀螺研究陷于低潮之际，我国却在该激光陀螺方案上率先取得初步成功，充分证明中国人完全有能力在高科技领域取得国际领先的创新成果；第三，实验室样机的研制成功，证明此路可通，无疑极大地增强了国防科大激光陀螺研制团队继续向前研究探索的信心和希望。

成立 208 研究室

现在回头来看，30 多年前的 1981 年 12 月环形激光器研究室（代号 208）的正式成立，无疑是国防科技大学乃至全国激光陀螺研制历史上的一个重要事件。此前激光陀螺研究项目只是国防科大应用物理系 204 激光

① 高伯龙：外腔式四频差动陀螺的研制。长沙工学院《工学学报》1979 年第一期。存于采集工程数据库。

教研室的一个课题组。若再向前追溯，1970 年成立的激光研究室曾先后隶属长沙工学院二大队（机电专业）、飞行器自动控制系（三系）。1978 年国防科技大学成立时组建应用物理系（二系），激光教研室又归入该系，代号为“204”。至于激光陀螺课题组从 204 激光教研室分出单独成立 208 环形激光器研究室的具体原因，如今已无从查考或亦不必深究。但这一变化在今天看来仍然令人感到动静颇大——竟是由国防科工委决定并指示学校落实，而校领导张文峰亲自主持了环形激光器研究室成立会议。据高伯龙所撰《回忆激光陀螺的研制》一文所载：“1981 年 4 月，国防科工委副主任钱学森经国防科工委主任张爱萍批示后，指示学校把激光陀螺项目攻关小组从激光教研室（204）分离出来，成立激光陀螺研究室，即 208 室。1981 年 12 月，208 室正式成立，由我任主任，范厚德任副主任（政治协理员）。从 204 室分到 208 室的成员有：丁金星、马有年、韩书忠、曹萍、李树棠、董淑贞、史湘湘、栾允赏、周以新、史淑贞，加上从物理教研室调来的石秀瑜共 14 人。当年室里又增加了郭朋、曾明、汪亚平等 7 名同志。”①

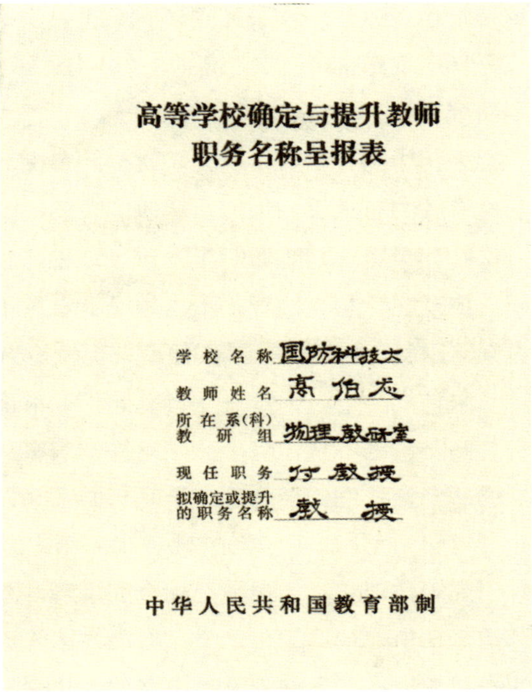
高等学校确定与提升教师职务名称呈报表

学校名称 国防科技大
教师姓名 高伯龙
所在系(科)教研组 物理教研室
现任职务 付教授
拟确定或提升的职务名称 教授

中华人民共和国教育部制

图 4–10 高伯龙 1979 年晋升教授呈报表（存于国防科大档案馆）

关于成立环形激光研究室一事，高伯龙回忆说：1981 年 4 月，钱学森和国防科工委一位副局长专门来到学校，向学校领导宣布由张爱萍签署的

① 高伯龙：回忆激光陀螺的研制。存于采集工程数据库。

这个批示。这位副局长还到了我家里，表达了钱副主任的意思，就是单独成立环形激光器研究室，高伯龙当主任[①]。然而，由于一些原因，环形激光器研究室迟至当年年底才正式成立。

采访中国计量科学研究院沈少熙、戴润生同志时，他们说到一个似乎与此有关的有意思的细节。据他们回忆："高伯龙 1976 年在北京讲学期间，一次在与大家一起吃饭时半开玩笑地说，我是个书生、书呆子，就是搞科研。但现在我想当领导，不当领导就掌握不了这个课题，掌握不了研究的方向，这就不好办了。其实他后来也就是当了个研究室主任。"[②]

采访高院士时，本文作者以此相询求证，但对此时隔近四十余年之偶言，高院士已不复记忆了。姑且算作实有其事，但今天来看当年高院士萌发的想法，我们的理解也完全是正面意义：一是高伯龙决非真的想去当什么"官"，而是想把激光陀螺研制工作更好地干下去；二是经过对激光陀螺研究工作现状和人员情况的全面了解，高伯龙已清楚地意识到，只有自己勇于任事，牵这个头，全盘考虑并运筹这项工作，才能推进激光陀螺事业向前发展；三是充分反映出高伯龙此时已在内心深处确立了把研制激光陀螺作为自己今后人生的奋斗目标，决心彻底投身其间，不达目的不罢休的信念。其实，从当时的实际情形来看，无论是学校还是国内的激光陀螺研制工作，业已形成高伯龙的引导者地位、理论权威地位。后来的激光陀螺研制过程也充分说明，当时确实唯有高伯龙能肩此重任。钱学森之所以大力支持高伯龙的工作，当然主要也是基于这一迫切的现实需要，同时也是基于对高伯龙的学识、水平的深入了解和高度信任。

话又说回来，接受此项任命，完全是一个苦差事。尽管此后高伯龙担任主任，但仍一如既往地和全室同志一样，在研制一线加班熬夜，戮力奋战，甚至付出更多心血和精力。高伯龙和 208 研究室全体同志在研制过程中经历了多少曲折和艰辛，付出了多少心血和汗水，真是一言难尽，容后细细述说。然而无论如何，208 研究室的成立，使高伯龙和他率领的科研团队得以心无旁骛、专心致志地从事激光陀螺研制工作，其意义不仅仅关

① 高伯龙访谈，2013 年 7 月 14 日，长沙。资料存于采集工程数据库。

② 沈少熙、戴润生访谈，2013 年 3 月 20 日，北京。存地同①。

乎高伯龙和他的科研团队，而且可以说是我国激光陀螺研制事业的幸事。自此以后，208 研究室不断攀登我国激光陀螺研制的新台阶，创造了一个又一个奇迹。“208”也因此成为我国激光陀螺研制领域响当当的名号。

在 1975 年至 1981 年的短短六年多时间里，高伯龙完成了从初涉激光陀螺研制领域，到成为全国激光陀螺界公认的领军人物和理论权威的跨越，并不遗余力地推动我国激光陀螺研制工作向前迈进，付出了极大心血和精力，赢得了大家的尊重和赞誉。这位从旧社会走来的知识分子，这位在“反右”“文化大革命”等历次政治运动中备受磨难的斗争对象，以自己率领科研团队扎扎实实的奋斗和取得的成绩，获得了各级党组织的充分肯定和高度评价，前所未有地荣获了诸多奖励和荣誉：1979 年 1 月被评为学院先进工作者；同年同月被批准参军；同年 4 月晋升为教授；同年 11 月由高教六级晋升为高教五级；1980 年 3 月被评为学校先进个人标兵，并记三等功。

第五章
艰辛备尝铸辉煌

研制成功实验室样机

四频差动激光陀螺原理样机研制成功后，国防科大激光陀螺研制团队马不停蹄地立即转入实验室样机的研制工作，于两年后即 1980 年研制成功首台四频差动激光陀螺实验室样机，当年 11 月至 12 月应邀携样机赴京，在航天部 12 所进行长达一个月的展示性交流，国防科工委副主任钱学森和七机部、六机部、三机部的领导和科技人员上千人分批前来观摩。该台样机虽然简陋，但得到前来参观的领导和科技人员尤其是钱学森同志的高度评价和鼓励。

把原理样机转变为实验室样机，是向实用化迈进的重要阶段之一。在没有任何借鉴的情况下，其研制所面临的创新难度更大。那篇未曾公开发表的通讯报道中对此有简略记述："原理样机是散装的，原来是用光学调节架架在大理石上搭成。大理石的膨胀系数在天然成分中是比较小的，但对搞环形激光器来说太大。后改用膨胀系数弱小近 10 倍的熔石英。实验室样机是用国产微晶玻璃干的，膨胀系数比熔石英小些，但仍为外腔陀螺，只是光路没有完全暴露在外。经过几年艰苦奋斗，于 1984 年 1 月鉴定，结束了实验室样机阶段，解决了不少原理和技术问题，转入工程样机阶段。”①

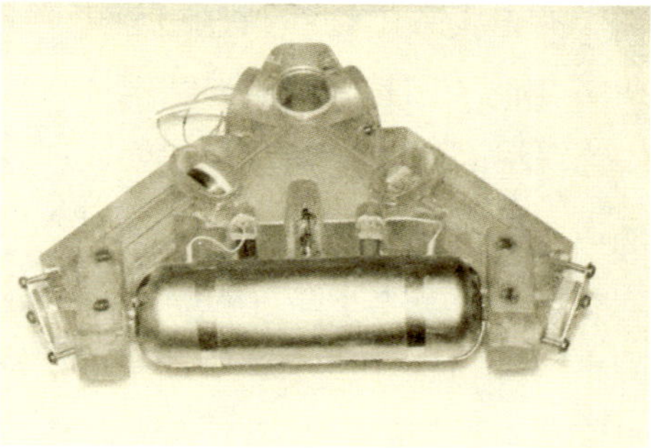

图 5-1 1980 年研制成功的激光陀螺实验室样机（资料来源：国防科大光电科学与工程学院提供）

高伯龙所撰《回忆激光陀螺的研制》一文中对此也有相关追述：“1981 年 12 月，208 室正式成立，……我们这些人工作都很努力，解决了一连串的技术问题，特别是增透膜的质量问题，搞出了外腔型整体化样机，并于 1984 年 1 月进行了鉴定。它比原理样机显著缩小，具有初步的抗干扰能力，静态漂移 0.1 度 / 时，动态范围正负 150 度 / 秒，比例因子线性和恒定性优于 10ppm，获得了国防科工委一等奖。（作者注：1986 年 11 月获军队科技进步一等奖，授奖部门国防科工委）”②

另据一份高伯龙 1984 年 12 月 13 日亲笔填写的关于四频差动激光陀螺实验室样机的《科学研究完成项目（课题）登记表》中的记载，该实验室样机研制出来的时间其实早于 1981 年。其中写到：“1980 年为航空工业部一等奖、303 所生产的 SLT-30 型精密速率转台的精度进行了标定。——这是 1980 年 12 月刚出来不久的四频差动激光陀螺实验室样机在北京表演一个月后，应 303 所杨元恺高工、陈平川工程师之请于年底对 12 所刚购进的 SLT-03 型精密速率转台进行了标定。标定结果于 1981 年初送 303 所，由该所印发。”③

另一份档案材料也提及此事：“标定结果令 303 所很满意，认为是标定高、中转速的良好方案，并引起中国测试学会重视。”④

① 档案：奋斗不息——访国防科技大学教授、中国工程院院士高伯龙。存于采集工程数据库。

② 高伯龙：回忆激光陀螺的研制。存地同①。

③ 档案：科学研究完成项目（课题）登记表。存于国防科大光电科学与工程学院。

④ 档案：四频差动激光陀螺实验室样机国家级科学技术奖申报书，1987 年 1 月。存地同①。

关于实验室样机研制过程中实现的原理和工艺、技术创新，填写于1986年的《四频差动激光陀螺实验室样机国家级科学技术奖申报书》中有较为详尽的介绍："解决的重要理论问题：一、实验前的预估，包括实现圆偏振光的可能性和措施，光通过水晶片光轴允许误差角，闭锁阈值 Ω_L 的大小，从而定下水晶片的厚度，增透膜楔角及光的夹角。作了所有的误差因素物理机构和数字预估，采取削弱措施，如两种零漂抵消作用的使用，可降低对稳频的要求等，大大提高了研制自觉性。二、根据理论，提出闭锁具体机构，创造性地提出《近似解析解》，统一地算出闭锁的主要效应，优于国外计算机解和近似计算并矫正一些基本假设的错误，发现并计算了为害很大的'第二类闭锁'，建议削弱的措施。三、发现并理论上阐明了水晶片套磁环产生的大漂移，使研制得以避免国外错误结构。四、深入探讨危害很大的几种零漂。"①

"解决的关键工艺、技术问题：一、解决了核心部件增益管结构和性能问题。二、增透膜的革新和数据修正，成品率提高，部分片子达到甚至超过国际先进水平。三、陀螺块加工及深孔加工技术。四、简易调腔方法及装配。五、多层磁屏蔽罩及陀螺壳体。六、研制符合要求的陀螺电路，稳频电路有自己特色。七、建立陀螺测试、标定方法，缩短了预热时间。"②

申报书同时指出，该项目水平属于"国内首创""国际先进"是没有疑问的。理由是：一、该项目完全是国防科大高伯龙教授根据简单的一点国外资料作了详细的理论分析与论证后向全国推荐，研制过程中发现他的预估很有用，大大提高了研制工作的自觉性。二、国防科大208研究室的原理样机完成最早，取得大量第一手实验数据并补充了理论，对各单位很起作用，例如，使国内从一开始即避免了国外原理性的错误结构。三、解决了一系列重要的理论问题，某些方面比国外公开发表的资料（不限"四频差动"）更为系统深入，且有独创之处，矫正了国外理论假设上的一些

① 档案：四频差动激光陀螺实验室样机国家级科学技术奖申报书，1987年1月。存于国防科大光电科学与工程学院。

② 同①。

错误。四、理论指导下解决了一系列工艺问题，包括核心部件增益管和增透膜蒸镀，达到国内先进水平，后者部分器件达到甚至超过国际先进水平，为实际工作提供物质基础。五、从原理样机向实用靠拢，发展成实验室样机，并正努力配合航天部发展为工程样机，国内只有国防科大 208 研究室沿此方向前进 ①。

并提出，由于阶段性和研制方案不同，尽管实验室样机不能与国外已进入实用的双频激光陀螺工程样机相比，差距的确很大，但不能完全排除所具有的国际先进性，理由如下：一、某些重要理论问题解决得比国外资料更为系统深入与正确，且有独创之处，这是深入提高性能的基础。二、我们的四频差动陀螺干得比国外好，避免了国外的错误结构，还摸清了几种国外不清楚的零漂来源。美国这种品种的陀螺性能不佳，已完全放弃 ②。

作为当时国内唯一坚持以用于惯导为目的的激光陀螺研制单位，国防科大 208 研究室的每一个进展都受到极大关注，而其研制成果也迅速在相关领域得到应用。除前所举为 303 所进行精密速率转台进行精度标定外，实验室样机鉴定后，其样机即提供给航天工业部三分院成功进行了我国首次地面捷联惯导试验。此次试验进一步验证了激光陀螺实验室样机预热时间较短、寿命较长以及其他优良的性能。而中国计量科学研究院获 1986 年国家级科技进步二等奖的用于测角的激光陀螺，即采用 208 研究室向其推荐的激光陀螺方案，208 研究室并从理论上和某些工艺上给予指导和协助。航天工业部于 1984 年 12 月利用 208 研究室研制成功的实验室样机，重复了 1980 年对 SLT-03 型精密速率转台的测定，还测了一种 WSY-81 综合测试转台，召开了“四频差动激光陀螺测试转速技术鉴定会”，代表们认为该项技术在国内为首创，提供了一个标定速率转台的新方法。而航天工业部计量站亦与 208 研究室多次商讨实验室样机推广应用到气体的流量计量上，208 研究室在该所此前在国际上首次

① 档案：四频差动激光陀螺实验室样机国家级科学技术奖申报书，1987 年 1 月。存于国防科大光电科学与工程学院。

② 同①。

成功应用激光流量计测水介质中发挥了作用。同时，除了惯性导航这一主要用途外，激光陀螺在地面上可安配设计为测角、测长、测速、测转动速率的多用仪器。对上述实验室样机的成功应用，航天工业部 12 所、303 所等单位均出具证明材料。

所署日期为 1984 年 1 月 9 日的《四频差动激光陀螺实验室样机技术鉴定证书》中，鉴定委员会有如下评价："鉴定委员会认为，激光陀螺研制任务是一项探索性强、技术复杂的科研项目，它对惯性制导技术的发展具有重大意义。国防科技大学应用物理系高伯龙教授等有关研制人员在四频差动激光陀螺实验室样机的研制过程中，经过长期艰苦努力，解决了一系列重要的理论问题，并在某些方面比国外已公开发表的资料更为系统深入，且有独创之处；在技术上依靠理论指导，探索和解决了许多关键技术问题，如增益管的不断改进，增透膜的革新等；成功地首先研制出样机，并具有较好的性能指标，在国内处于领先地位。……根据测试数据，委员会认为四频差动激光陀螺实验室样机已研制成功，它标志着四频差动激光陀螺向实用阶段迈进了可喜的一步。"①

该鉴定意见有几点应予以强调，一是四频差动激光陀螺理论上的创新性，二是工艺技术上的创造性，三是其水平处于国内领先地位。这是对以高伯龙为首的国防科大激光陀螺研制团队近 10 年艰苦攻关取得的成果的充分肯定。

前所引用档案材料，多有引自《四频差动激光陀螺实验室样机国家级科学技术奖申报书》中的内容。所申报奖项为国家级科技进步二等奖。然此看似十拿九稳（如获奖亦属名副其实）之事，竟无果而终。在采访中并未获得这一曲折过程的相关介绍，然而档案材料中所存一封高伯龙应有关方面希望提供关于国内激光陀螺研究总体情况的要求，于 1987 年 12 月 9 日写给有关上级部门主要领导的信，信中披露了当时此过程的来龙去脉。信中写道："四频差动陀螺，在国外原来只知道美国有三家公司在干，在美国激光陀螺中占极端劣势。我在 1984 年 9—10 月访美时获知美国三公司

① 档案：四频差动激光陀螺实验室样机技术鉴定证书。存于国防科大光电科学与工程学院。

已先后下马，最后一个 Raytheon 公司亦于 1984 年 7 月下马了。美国的情况本来对我们就不利，此消息一带回更掀起一阵凉风：说我‘扼杀了国内的二频单陀螺，犯了方向性错误’，‘国外有的你们不干，国外干不成的你们反而干’等等，……于是，‘七五计划主战场’内回绝了我们的经费申请。国防科工委科技进步奖评议委员会 1986 年决定授予‘四频差动激光陀螺实验室样机’以一等奖，并推荐国家评委会授予二等奖（注：这是好意，我们自己没有申请），也被压为国家三等奖。由于我认为无法向群众解释（以如此大的人力、物力，得到这样的评价，只能辞职以谢罪），经学校同意，自动申请撤回国家奖的申请才了事。但我们相信四频差动陀螺一定能上天，根据是我们比美国三公司干得好，我们从一开始就没有犯三公司的结构上的原理错误，他们直至下马仍未发现和矫正，等等。但是，仍有一些好心的同志在为我们担忧，凉风仍不断吹。这一情况一直继续到今年 5 月。今年 3 月，航天部 12 所林金同志，‘863’某专家组成员，访美时访问了美国激光陀螺的两家主要公司之一的 Litton 公司，带回了一份该公司的 1986 年财政年度报告，上面宣布他的第二代激光陀螺为四频差动陀螺，已在实验室成功，性能优于他自己的第一代陀螺（二频机抖偏频陀螺）。5 月初，这份报告到我手。这对我们是个好消息，对吹凉风的同志不亚于晴天霹雳。这些同志的多数人可能不是恶意，但却严重地误解了中央的‘跟踪国际先进水平’的精神。这个精神是说外国有的、先进的，我们要跟踪，将来要有，但并没有说外国没有的我们不许有。那样理解的人是误解和歪曲。所以，我们过去 10 年内主要精力投在四频上，并没有犯方向性错误，而是使我国跟踪国际先进水平有一个很好的起点。”①

必须指出，信中所提到的对高伯龙“扼杀了国内的二频单陀螺，犯了方向性的错误”的指责，纯属误解。高伯龙于参加激光陀螺研究早期确曾大力推荐四频差动激光陀螺方案，并在此后近 20 年间将其作为率领团队研制激光陀螺的主攻方向。这是他基于深入研究激光陀螺原理，尤其是广泛调研国内有关工艺技术水平现状得出的结论。这一结论完全符

① 档案：高伯龙给丁衡高的信，1987 年 12 月 9 日。存于采集工程数据库。

合当时的中国国情，是当时我国工艺技术条件下研制激光陀螺成功希望最大的技术方案。在多份科技档案中，高伯龙均对当时已出现的激光陀螺的四种方案（二频机械抖动陀螺、磁镜交变陀螺、固定机械转动陀螺、四频差动陀螺）的优缺点作了全面分析，其结论是："四频差动激光陀螺原理先进，相对来讲对反射片的要求稍低，适合于我们国家的国情，有可能首先得到突破。"[①]但这并不意味着高伯龙放弃对其他类型激光陀螺的关注。他在《激光陀螺"七五"研制总结》中指出："我们的研制工作一直以四频差动激光陀螺为主攻方向，在其他类型的激光陀螺方案上跟踪国外动态，同时紧紧盯住镀膜这一各种陀螺方案均不可缺少的关键技术进行攻关。"[②]

而据有关档案材料，208研究室1989年之前即已恢复对二频机械抖动单陀螺的研制。据写于1989年10月24日的一份关于"八五"重点预研课题建议的材料，恢复二频机械抖动单陀螺的研制即是208研究室"七五"进展之一。其中写到："机械抖动单陀螺是国外目前投入实用的主要激光陀螺方案，我国自1970年起步即开始搞，但因反射膜质量问题于70年代末下马。近年来，我们已对机械抖动单陀螺的抖动轮进行多方改进和完善，1987年联试结果证明，抖动轮性能有很大提高。目前机械抖动单陀螺的整体性能还受到反射膜质量的影响，期待镀膜攻关成功后会有大的提高。"[③]

时至上世纪末，二频机械抖动单陀螺生产线建成，这是与十余年前开始的基础研究分不开的。而这份材料同时提到，磁镜交变陀螺以及最新的光纤陀螺的研制也已提上208研究室光学陀螺研制日程，并已开始早期基础研究，取得了初步进展。

上述材料表明，高伯龙当时大力推荐四频差动激光陀螺方案，完全是基于我国的现实国情，而不意味着对其他各种陀螺方案的排斥，不过是依据实际条件，在不同阶段其研制有先后、主次之别而已，并不存在所谓

① 档案：激光陀螺"七五"研制总结。存于国防科大光电科学与工程学院。

② 同①。

③ 档案：关于"八五"重点预研课题的建议之一。存地同①。

“扼杀”之事。尤应提出的是，高伯龙在向全国推荐四频差动激光陀螺方案的同时，即一再申明应继续坚持已开展数年的二频机械抖动单陀螺的研究探索。《四频差动激光陀螺实验室样机国家级科学技术奖申报书》中对此一史实有所记载：“1976 年 1 月我校高伯龙教授向全国推荐四频差动激光陀螺，进行过多次讲学、论证，作了详细计算并写成近 200 页的理论论文，奠定了国内激光陀螺研制的理论基础，在全国掀起了试干协作高潮。四频差动陀螺一出现即具有一定精度，使全国皆采用此方案，抛弃原方案（作者注：即二频机械抖动单陀螺），尽管高教授多次申明原方案为国外的主要方案，希望有人继续干，亦无济于事。”①

此一情况在高伯龙 1987 年写给有关部门领导的信中也得到印证。信中写道，在 1987 年 10 月召开的有关专家组会议上，有的专家提出的“跳过国外第一代陀螺阶段（作者注：指二频机械抖动单陀螺），直接投资跟踪第二代陀螺（作者注：指四频差动激光陀螺）”的建议，高伯龙对此表态，认为四频差动激光陀螺在国内外尚无实用“上天”的先例，不跟踪国外目前的主要激光陀螺是根据不足的，都应该投资②。

除了就所谓“扼杀”之说为高伯龙辩诬之外，我们还当对高伯龙这封写给有关上级部门主要领导的信作进一步的分析，以得到更多启示。其一，所谓“扼杀”之说从反面印证了高伯龙在我国激光陀螺研制领域确实具有理论权威的地位，不然何有“扼杀”之能力？其二，揭示了“真理往往掌握在少数人手里”这一人类历史发展进程中的常见现象。具体就其时我国激光陀螺研究的实际情形而言，所谓“真理”即是符合当时我国国情的激光陀螺方案。其后至 1994 年 208 研究室研制成功四频差动激光陀螺工程样机的历程表明，四频差动激光陀螺方案无疑是当时正确的选择。而正是在四频差动激光陀螺研制过程中攻克了一系列工艺技术难关的基础上，二频机抖单陀螺很快获得成功。而持所谓“扼杀”之说者，其依据并非经过自己深入研究论证得来，而是完全以国外的研究

① 档案：四频差动激光陀螺实验室样机国家级科学技术奖申报书。存于国防科大光电科学与工程学院。

② 档案：高伯龙给丁衡高的信。存于采集工程数据库。

情形决定自己的态度。其三，体现了高伯龙极端严谨求实的学术品格，即算是对走在我国前面的国外科学研究的结论也绝不盲从，而是从根本原理上弄懂弄通，彻底消化吸收，对其错误则加以纠正，从而以正确的理论指引我国的激光陀螺研制工作。其四，说明了高伯龙关于激光陀螺的理论研究水平确实达到了当时的国际先进水平，美国人之所以下马四频差动激光陀螺研制，乃是犯了“结构上的原理错误，直至下马仍未发现和矫正”，高伯龙之所以率领团队10年坚持以四频差动激光陀螺方案为主进行研制，也在于从原理上弄清了其中规律和基本问题，可谓行动上的坚定自信源自理论上的正确自觉。其五，若由此推展开去，此番风波再次证明了这样一个道理，任何科学研究活动，首先必须弄清与之相关的基本理论问题，基础研究是否深入彻底，是应用研究成败的关键。反之，即使花大价钱买来了外国的“葫芦”，照葫芦画瓢也是画不成的。更不要说那些外国作为机密严密封锁关键技术信息的“葫芦”了。信中这句话说得何等好：“外国有的、先进的，我们要跟踪，将来要有，但并没有说外国没有的我们不许有。”[①]这才是真正体现了中国人的气魄。时至我国科技事业长足进步的今天，国人有这样一种气魄并不难，但在30年前则是需要一点勇气和精神的。说实话，此信陈述事实客观，但在语气上确实带有情感色彩。想必是高伯龙多时的积郁，随着情势的变化要一吐为快了。

尽管此一波折导致208研究室研制的四频差动激光陀螺实验室样机申报国家级科技进步二等奖的事“黄”了，后继科研经费申请也大受影响。但这些不利情况并未稍减高伯龙和208研究室全体人员继续推进激光陀螺研制的信心。四频差动激光陀螺实验室样机研制成功之后，他们立即开始工程样机研制的各项实验探索工作，并把主要精力放在关乎激光陀螺研制成败的镀膜攻关上，这对激光陀螺工艺、技术、设备基础薄弱的208研究室来说，无疑是一个困难重重、更为艰巨的挑战。

① 档案：高伯龙给丁衡高的信。存于采集工程数据库。

镀膜攻关

高伯龙在一开始研究激光陀螺原理时，即深刻认识到光学薄膜对研制激光陀螺的极端重要性，这一点在多份档案材料中均有提及且已在前面有的章节中有所引述。而1975年向全国激光陀螺研制单位推荐四频差动激光陀螺的主要原因，即该型激光陀螺对反射片要求稍低这一特点，适合于“当时国内工艺水平特别是光学薄膜的水平与美国相差甚大”的国情。也正是基于这样一种认识，208研究室在激光陀螺研制中，始终把解决镀膜工艺技术难题、提高膜片质量作为“重中之重”，这从该室把镀膜称作“头号关键技术”“关键技术之首”“激光陀螺的命根”等称谓中，也可知对其重视的程度。在208研究室上世纪80年代末至90年代中期的数十份科技档案材料中，大多提及镀膜工艺攻关。可以说，镀膜攻关几乎伴随着208研究室激光陀螺研制工作的全过程。

关于208研究室镀膜攻关的历程，多份档案材料中亦有详略不一的记载。如那篇未曾公开发表的通讯报道中写到：“在如何干工程样机阶段，有两条路径可走，一条是仍用外腔，提高机械加工和光学加工水平，但工程化艰巨；另一条路径是改成内腔式，工程化要容易得多，但技术问题要求要高得多，特别是对镀膜（光学薄膜）技术。1984年至1985年，用内腔式试验了一年多，没有成功。这完全是工艺问题，特别是镀膜水平问题。于是暂停激光陀螺研制，全室转入工艺研究。薄膜光学（镀膜）技术攻关早于1980年就开始了，但当时的设备很差，镀膜机只能把膜料进行热蒸发，牢固度很差。1985年后用4万元购买了新的镀膜机，改为电子枪蒸镀。电子枪技术很快在增透膜（抗反射膜）上取得可喜进展。反射膜是向学校申请资助购买当时国内最好的镀膜机，价格20多万元。此镀膜机是两家干的，故障甚多，一两个月就要坏一次。把这家请来，另一家就不来。停的时间长，工作的时间短，时间都花在伺候镀膜机上，不能开展真正的技术攻关。直到当时的208研究室副主任曾淳[①]三下成都，与厂家和工人共同修理镀膜机，学会修理技术后，镀膜攻关才真正开始。其中他（作者注：指高伯龙）和曾淳两个人共同研制镀膜控制系统，为全国最先进水平。经过长期的镀膜攻关，以及玻璃与玻璃、玻璃与金属的封接技术的攻关，终于在 1991 年再回到激光陀螺的研制上。1992 年初，'863' 专家组考核全国激光陀螺水平，该室是全国绝对第一，于是给了大量投资。"[②]

另一份材料，即 208 研究室 1994 年 11 月通过鉴定的四频差动激光陀螺工程样机的研制报告，其中也对此过程作了回顾。因内容有所不同，也抄录在这里，以供大家了解 208 研究室镀膜攻关的更多情况。其中写到："1984 年以前我们只有镀软膜的机器，自镀增透膜。因国内硬膜均匀性不如软膜，从外购买的反射膜亦是软膜，为了内腔式的寿命，我们必须过渡

图 5-2　高伯龙（左三）与镀膜、光学加工的部分同志在一起（摄于 2001 年。资料来源：国防科大光电科学与工程学院提供）

① 曾淳（1957- ），高伯龙的首批硕士研究生、首批博士研究生，为国防科大激光陀螺研制作出了重要贡献。现任国防科技大学教育长。

② 档案：奋斗不息——访国防科技大学教授、中国工程院院士高伯龙。存于采集工程数据库。

到硬膜。1984 年买了北仪一台镀膜机，1985 年镀出性能不错的硬增透膜，但用来镀反射膜则精度太差。1985 年学校同意进口一台镀膜机，后因外汇有变动未实施。经多方调研改为订购南光机器厂的 H44–700 镀膜机主机，由自己研制、改造监控系统。1987 年学校多次听取汇报并组织可行性论证会后批准并拨予经费。这台镀膜机为国内仿造西德雷堡公司的产品，从机械性能、真空性能来说应该是国内最高水平。但因电控部分采用的国产电子元器件未经筛选老化，故障多，尤其是涡轮分子泵和它的电源。自 1987 年底该机在长沙装调验收，只工作了三个多月就开始不断出故障，中间几次将分子泵电源、分子泵拆返成都检修，根本无法使用。在此期间，我们投入不少力量修理镀膜机，有一段时间全室很多人都介入了，简直是大家的一个大包袱。经摸索研究并向工厂学习，摸清了各部分结构，自己能较迅速修理各种中、小故障，才得到解脱。从 1990 年元旦起至今，镀膜机基本能正常工作。各种故障时有发生，由于自己能修，不会像以前那样要误很长时间。1990 年有了镀反射膜机，加上 1988—1989 期间我们研制了具有国际先进年水平的膜厚监控系统，经过一段试镀，就得到了准内腔式四频差动激光陀螺可用的高反射率膜片，1990 年秋首次制出四个准内腔式样机，11—12 月交付航天部三院三部和 8357 所试用。接着有 1991 年 11 月 863 专家组在长沙召开的激光陀螺评议会和去年（作者注：1993 年）准内腔工程样机的验收和这次的验收鉴定。”①

上面引用的两份材料中的内容，皆为高伯龙带领 208 研究室科技人员进行历时十余年镀膜攻关的概略介绍，其中经历的种种艰难曲折并未详细展现。而购买成都南光机器厂仿西德雷堡镀膜机制造的 H44–700 镀膜机并学习掌握维修技术，以及研制成功膜厚监控系统，则是镀膜攻关中最为关键的两项重要工作，当作详细介绍。

尽管高伯龙从参与激光陀螺研制工作之初，即已深刻认识到膜片质量是研制激光陀螺最为关键的因素，并下大力组织并亲身参与镀膜工艺技术攻关，但终因设备、技术的限制，时至购买 H44–700 镀膜机之前并没有取

① 档案：四频差动激光陀螺工程样机研制报告。存于国防科大光电科学与工程学院。

图 5-3　高伯龙（中）与学校赴美考察激光陀螺技术代表团成员合影（摄于 1984 年 10 月。资料来源：国防科大光电科学与工程学院提供）

得突破性进展。而靠外协或外购膜片来解决这一问题，也将始终处于被动状态。高伯龙在镀膜攻关实践中深切认识到，一般的市场出售的商品化镀膜机和常规技术，不能满足研制激光陀螺的需要，必须拥有自己的经过改造的高性能镀膜设备和高水平的技术力量，才能攻克镀膜难关，使研制成功激光陀螺成为可能。1984 年参加学校激光技术代表团访美了解到的情况，更加深化了他的这一认识。写于 1989 年 10 月 24 日的《关于“八五”重点预研课题的建议之一》中表达了高伯龙对这一问题的认识：“在激光陀螺研制中，不论采用何种方案，都不可避免地要碰到激光陀螺高反膜或增透膜问题。国外的陀螺公司在 20 多年的探索中都靠自己的镀膜车间和特殊改造的设备来最终解决这个问题。我国的情况也说明了这一点，任何激光陀螺研制单位，成败与否无不与膜片的质量息息相关。”①

① 档案：关于“八五”重点预研课题的建议之一。存于国防科大光电科学与工程学院。

至此，购买高性能的镀膜机以求靠自己（也只有靠自己）彻底解决镀膜质量问题，成为208研究室当时镀膜攻关中的最为紧迫课题，或者说已成为制约激光陀螺研制能否成功的瓶颈。

关于这一点，高伯龙在写给有关上级部门主要领导的信中说得十分明白："经过10多年的实践，理论工作和实验工作，我们深深体会到镀膜的重要性，它是激光陀螺的命根。内腔式和二频陀螺更严重地依赖于光学薄膜的质量，1984年，对镀膜，我们开始大规模地攻关和国内外调研。调研的结果，除了肯定早已为人们所知道的最重要的结论'激光陀螺用的膜必须比国内外市场的最好膜片还要好得多，因而研制激光陀螺的单位必须自己狠攻镀膜关'以外，还作出了'国内外市场上的镀膜机都镀不出合格的陀螺用膜'这样的结论。国外陀螺公司皆有自己的镀膜车间，有2台左右自己制造的单价值数百万美元的镀膜机。从1984年开始，我连续多次向学校报告镀膜攻关和调研的详细情况，认为首先得解决一个可用的镀膜机，否则镀膜攻关不能成功，干不成可实用的陀螺，我校的激光陀螺可宣告结束。"①

请注意这最后几句话的含义，即假如没有一台可用的镀膜机，208研究室激光陀螺研制任务将无法进行下去。

高伯龙的呼吁得到国防科大领导的高度重视，并认真研究解决这一问题。这封信中继续写到："学校多次听取了我们的汇报，组织了各方面负责人，包括校科技委、科研处、器材处、财务处、营房处、系领导及有关专家，听取我们的论证、答辩后，决定支持，批准了我们的镀膜攻关方案，成立了16个人的改造镀膜机小组，由我负责。学校在负债累累的情况下拨专款给我们去订购国内仿造国外80年代镀膜机的主机（25万元），改造费（包括控制设备）35万，至今已用去45万元，计划正在顺利执行中。"并表示："上述镀膜机，即使完成改造，也达不到国外目前的水平，……我们希望，在取得经验和经费支持后，1990年左右再干一台标准更高的镀膜机，经数年完成后，再加上镀膜攻关，就有可能接近和超过目前国外激光陀螺公司的用膜了。"②

---

① 档案：高伯龙给丁衡高的信。存于采集工程数据库。

② 同①。

采购镀膜机的经费是如此来之不易，高伯龙对采购一事当然高度重视、格外慎重了。高伯龙亲笔填写的关于高精度镀膜机的监控系统研究项目开题报告中对此作了介绍："1985年以前的国内镀膜机，各种性能都与进口的镀膜机有很大的差距。我室曾申请进口目前国内引进的最先进的西德雷堡镀膜机，由于价格55万美元，一直未能批下。1986年得知我国仿造西德雷堡箱式750镀膜机已于1984年作鉴定并投产，曾派出6人于9月到成都实地考察，接着派人到西安、上海继续考察，结果表明成都南光机器厂承担的主机（机械、真空、电子枪）的性能接近西德的机器，但其他单位承担的监控部分，包括光源、膜厚控制、蒸发速率控制、电子流控制、高压复位、残存气体质谱仪以及自控等，有些尚缺，有些未达西德指标。尚缺少蒸发速率控制、残存气体分析、数据的动态显示、自控，等。其余性能皆与西德指标有相当大的差距。监控系统与镀膜精度直接相关。对成都光电所进口的西德雷堡箱式750镀膜机实地考察5天表明，该镀膜机监控系统的性能虽远优于现今国内产品的性能，但距离激光陀螺镀膜的要求还差得相当远。该机在国外是一般商品。经过我室主要技术骨干的多次讨论，并向校、系多次汇报，确定了购买南光主机，并增购国内刚研制成功的蒸发速率控制仪、残存气体分析质谱仪，对辅助离子源这一项关键技术则准备靠与外单位协作解决。经过三个月的实验，我们对监控系统应具有何种性能以及目前国内镀膜机为什么达不到这些性能有了结论。我们认为：只要经过巨大的努力，完全可能研制出比西德雷堡镀膜机还要好的镀膜机，满足激光陀螺的要求。这台镀膜机将优于现在国内已有的国内外生产的镀膜机。"①

之所以具有"完全可能研制出比西德雷堡镀膜机还要好的镀膜机"这一信心，是因为高伯龙对西德雷堡镀膜机作了深入研究分析。在同一份材料中，高伯龙具体分析了西德雷堡镀膜机监控部分的主要缺点：一是使用单光路，受光源不稳定的影响，亦无法使用倍增管以提高信噪比。二是只能测反射率或透射率之一，不能同时测两者，因而无法得出真正的膜参

① 档案：高精度镀膜机监控系统开题报告。存于国防科大光电科学与工程学院。

量。三是由于无法测定真正的膜参量，只能靠极值法定膜厚，难准到 1%。四是无辅助离子源，镀不出高质量的膜片。五是自控部分易出误差，精度不及手控①。

然而，采购回来的南光镀膜机主机故障率之高，是高伯龙完全没有料到的。他在 1989 年 9 月写给“863”该领域一位专家的信中坦承：“当时在成都调研时有失误，只看到监控系统的故障为主，未看到主机故障，把次要矛盾完全忽视，现在上升为主要矛盾了。”② 好在如前所述，经过艰苦努力，主机故障维修问题一般能自己解决了，208 研究室得以全力投入镀膜攻关之中。

对镀膜机监控系统的研制，高伯龙同样是高度重视的，并专门向学校提交了研究开题报告。报告中指出：“这个项目的成功，首先是为激光陀螺的成功提供了必不可少的手段，保证激光陀螺能胜利地进入实用，并持续地取得一个个进展。其次将带动许多重要的技术，如光电微弱信号检测、膜参量的动态监测与自控、膜参量变化的物理机构、各种表面物理问题与检测等。这些内容不但可以填补国内空白甚至是国际上的一些空白，而且可以提供大量科研课题，培养高级人才。估计整个计划完成后，镀膜机将有超过国际市场商品的性能，可投产进入国内外市场参加竞争，产生可观的经济效益。”③

该报告提出了主要研究内容和分两阶段达到技术指标，列举了 208 研究室的现有工作基础和设备条件，并分析了国内外研究现状及发展趋势，指出：“近年来，外国人也在努力设法从反射率、透射率得出折射系数和吸收系数，尚未见有可供应用的结果。市场上的国内外镀膜机都没有使用双光路，这样，稳定性当然不够，得不出较精确的折射系数和吸收系数，因而膜厚控制中只能用极值法，对其他方案是没有选择的余地。极值法本身精度就低，实际上仍不能避开折射系数和吸收系数的值发生变化而引起的问题，因而仍需要较精确的系数值，不过比其他方法要求略低一些罢了。

---

① 档案：高精度镀膜机监控系统开题报告。存于国防科大光电科学与工程学院。

② 档案：高伯龙给高寿祖的信。存于采集工程数据库。

③ 同①。

估计国外迟早会走上和我们相似的道路。他们在激光陀螺镀膜中有可能早已完成上述过程，但无资料依据来判断。根据公开发表资料所得到的情况，说明我们如果加紧进行，就有可能在国际上领先。所以，我们的镀膜机改造完成后，完全可以投产竞争国内外市场。我们镀膜的设备能力将是第一流的。”①

而实际结果证明，高伯龙率领研制团队经过三年多艰苦努力，确实达到了预期目标。208研究室《激光陀螺“七五”研制总结》中对此写到：“这期间（作者注：镀膜机反复维修的过程）我们仍坚持对光学监控系统进行了改造，并获得很大成功。该监控系统由计算机、通用智能接口和智能仪表、光学检测几部分组成，在软件上采用数字滤波、曲线拟合和膜厚控制点预测，与国内现有的光强极值微分法膜厚控制完全不同，大大提高了光学薄膜厚度的控制精度与可靠性，而且可以控制蒸发速率的恒定性和重复性。根据实际使用证明：应用该监控系统可以保证膜厚控制精度达到1%或更高。可以说：从原理到效果，不但国内领先，而且处于国际先进水平。……从1990年元旦起至今，镀膜机基本正常工作，配合上述监控系统的使用，使激光陀螺用的高反射膜性能有较大改进，今年（作者注：1991年）6月份在国防科工委惯性技术学会成都会议上受到好评，目前高反膜的反射率可达99.98%甚至99.99%。在增透膜方面，近5年里我们也取得很大进展。1985年在石英基片上从软膜过渡到硬膜成功，性能优良，在国内领先，最近两年又试验各种镀膜材料，推广到K9、水晶基片上得到很好性能，亦为国内领先。新型合光棱镜三种用膜的成功使陀螺读出系统简化，质量提高。另外还进行了多种掺杂材料的实验，膜层寿命实验、辅助离子源实验，抑制3.39μm波长的高反膜试镀，等。”②

镀膜攻关的一系列进展，为下一步激光陀螺的研制创造了条件。

其实，早在高伯龙率领团队进行此次集中镀膜攻关之前的20世纪70年代末至80年代初，即深入开展镀膜工艺理论研究，为镀膜攻关的成功奠定了理论基础。如1978年11月发表于《工学学报》当年第四期上的论

① 档案：高精度镀膜机监控系统开题报告。存于国防科大光电科学与工程学院。

② 档案：激光陀螺“七五”研制总结。存地同①。

文《镀增透膜的一些原理性问题》，即介绍了两层非四分之一波长增透膜的基本原理，并在此基础上详细讨论了膜层厚度不准引起的原理型误差，从原理上说明了当时镀膜水平上不去的因素并不在于光强极值法控制膜层厚度，并列举了一些可能的因素。再如发表于《国防科技大学学报》1981 年第三期的论文《加衬层的三层增透膜》，总结了高伯龙在经过几年镀膜实践以后更深入的理论思考。高伯龙认为，尽管两层非四分之一波长的增透膜在原理上能使基片的透射率达到 100%，有很大的优越性，但这种增透膜有严重的弱点，即对基片质量和膜厚控制技术要求很高，使得镀制成品的合格率极低。因而提出了在基片上先加镀一层较厚的衬层，来克服传统方法的弱点。并从理论上对新方法进行了分析，证明其正确性和可行性，还得出了衬层的最佳厚度。该论文提出的新方法很快应用到镀膜实践中并取得成功。并在实践中发现了若干影响性能的因素，对理论进行了补充和发展。这些论文虽然阐述的是专业理论问题，但充分体现了高伯龙在激光陀螺研制中始终坚持并运用马克思主义的认识论，认识—实践—再认识—再实践，用理论指导实践，又根据实践修正理论，使理论更加完善正确，从而指导科研实践不断解决问题、攻克难关，最终取得成功。把马克思主义哲学自觉运用于科研实践，是高伯龙率领团队从事激光陀螺研制的显著特点之一。

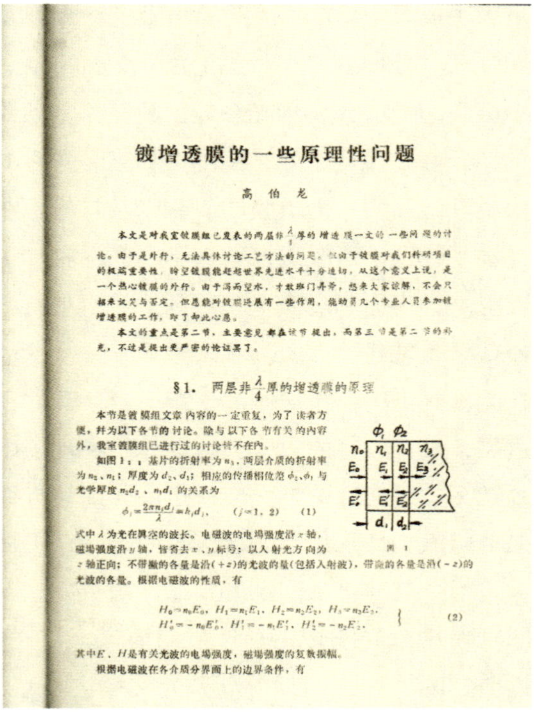
镀增透膜的一些原理性问题

高 伯 龙

本文是对我室镀膜组已发表的两层非$\frac{\lambda}{4}$厚的增透膜一文的一些问题的讨论。由于是外行，无法具体讨论工艺方法的问题。但由于镀膜对我们科研项目的极端重要性，盼望镀膜能赶超世界先进水平十分迫切，从这个意义上说，是一个热心镀膜的外行。由于渴而望水，才敢班门弄斧，想来大家谅解，不会只招来讥笑与否定。但愿能对镀膜进展有一些作用，能动员几个专业人员参加镀增透膜的工作，即了却此心愿。

本文的重点是第二节，主要意见都在该节提出，而第三节是第二节的补充，不过是提出更严密的论证罢了。

§1. 两层非$\frac{\lambda}{4}$厚的增透膜的原理

本节是镀膜组文章内容的一定重复，为了读者方便，并为以下各节的讨论。除与以下各节有关的内容外，我室镀膜组已进行过的讨论皆不在内。

如图 1：基片的折射率为 n_3，两层介质的折射率为 n_2、n_1；厚度为 d_2、d_1；相应的传播相位差 ϕ_2、ϕ_1 与光学厚度 n_2d_2、n_1d_1 的关系为

$$\phi_j=\frac{2\pi n_j d_j}{\lambda}=k_j d_j,\qquad (j=1,2)\qquad (1)$$

图 1

式中 λ 为光在真空的波长。电磁波的电场强度沿 x 轴，磁场强度沿 y 轴，皆省去 x、y 标号；以入射光方向为 z 轴正向；不带撇的各量是沿 $(+z)$ 的光波的量（包括入射波），带撇的各量是沿 $(-z)$ 的光波的各量。根据电磁波的性质，有

$$\left.\begin{array}{l}H_0=n_0E_0,\ H_1=n_1E_1,\ H_2=n_2E_2,\ H_3=n_3E_3,\\ H'_0=-n_0E'_0,\ H'_1=-n_1E'_1,\ H'_2=-n_2E'_2.\end{array}\right\}\qquad (2)$$

其中 E、H 是有关光波的电场强度，磁场强度的复数振幅。

根据电磁波在各介质分界面上的边界条件，有

图 5-4 《镀增透膜的一些原理性问题》（资料来源：国防科大光电科学与工程学院提供）

在镀膜攻关紧张进行之时，其他与之相关的研究工作也在开展并取得

重要进展。如将DF透反仪与微机结合，发展了多种光学参数的测量方法和计算、处理软件。根据DF透反仪的测量数据得到光学材料、单层膜和多层膜的折射率、消光系数、膜厚等多项光学参数。这些方法为国内外首创，有许多独特之处，精度可与当时先进的方法相比，有些测量是其他方法难以做到的，为镀膜的研制以及其他一些工作作出了重要贡献。又如抛光技术经过不断改进，选用不同磨料和加工工序，使基片成品率和质量大大提高，为镀制高质量膜片创造了更加有利的条件。又如对辅助离子镀的设备和工艺进行了初步实验和研究，与外单位协作完成离子辅助镀一套，在此基础上进一步研制离子源一套。又如在二频机抖单陀螺研究方面取得进展，设计改进的第二代抖动轮已在加工中，二频机抖单陀螺联试获得一批数据，并在寿命方面取得进展。磁镜材料的研制也取得进展，已建起单晶薄膜液相外延设备和检测手段，并在工艺配方上进行了大量摸索，获较大进展。特别是在此期间，208研究室还与航天部12所签订研制外腔式四频差动激光陀螺工程样机的协议，该样机以208研究室1984年1月通过鉴定的外腔式四频差动激光陀螺实验室样机为基础，研制工作以12所为主、208研究室为辅进行。208研究室承担“石英外阴极增益管”“镀增透膜的水晶片”等核心部件的研制任务，突破了铟封接、硬增透膜、裸阴极、智能可逆计数器等四项关键技术以及其他技术。该项目1989年初通过了航天部部级评审。因为许多工艺技术的共通性，208研究室在此协作项目中获得的工艺技术成果，既为12所外腔式四频差动激光陀螺工程样机的研制成功作出了贡献，同样也可用于自己承担的内腔式四频差动激光陀螺的研制。当然，外腔式工程样机只是实验室样机的延续，而内腔式工程样机则要需在结构设计和工艺技术上有较大的创新和改进，可以说是一个全新的挑战。在实验室用房和条件建设方面，完成了实验室的改建和超净工作间（含风淋室）的建设，为激光陀螺的研制提供了更好的工作环境保障。

自四频差动激光陀螺实验室样机1984年1月鉴定以来，镀膜攻关的初步成功可谓208研究室屡经探索研究之后取得的一个重大突破，其中包含一系列重要的理论、工艺、技术的创新，它使208研究室于1990年第二季度终于恢复了停止快5年的激光陀螺研制。尽管其后仍有许多艰难险阻在等待着高伯龙和他的同事们，但毕竟最根本最基础的研制条件得到满足，进一步跨越的道路已经开通，预示着胜利的那一天迟早必将到来。

研制成功工程样机

镀膜攻关的重要进展以及相关工艺技术研究的突破，大大加速了208研究室激光陀螺研制的步伐。初步研制的小型化工程样机1991年11月即通过航天部验收，并提供航天部有关单位试用，受到好评。该小型化工程样机在性能指标上获得突破性进展，某些项目接近国外商品化陀螺的水平。高伯龙在此前一年撰写的一份国家高技术863-409直属主题项目激光陀螺课题研究总结中写到："通过对国内外情报资料和近年来激光陀螺在惯性、导航中应用情况的深入分析，进一步确认了现在我们从事的内腔式四频差动激光陀螺的可行性、正确性和技术难点。我们还干了许多实质性的工作，使工程样机几乎呼之欲出，许多关键技术有重大进展。"①

这份研究总结其实是对208研究室承担的一项关于激光陀螺应用的概念性论证任务完成情况的报告。而且，208研究室不仅圆满完成这项概念性论证任务，还全面推进着激光陀螺的实际研制工作。从这个意义上说，高伯龙带领208研究室全体研制人员以只争朝夕的高度自觉精神，在激光陀螺研制进程中走在了"863"专家组预期的前头。

208研究室的显著工作成绩，在1991年11月9日至13日由国家高技术"863"主题专家组在国防科技大学召开的"内腔式四频差动激光陀螺立项评议会"上得到确认和高度评价。据评议纪要：11月9日至11日，评委会检测组对国防科大二系208研究室研制的三台内腔式四频差动激光陀螺样机进行了全面地、系统地检查和测试，检测结果说明，208研究

① 档案：国家高技术863-409直属主题项目课题研究总结。存于国防科大光电科学与工程学院。

图 5-5　高伯龙（左四）向评议会专家介绍激光陀螺研制情况（摄于 1991 年。资料来源：国防科大光电科学与工程学院提供）

室研制的激光陀螺样机的性能满足阶段要求。评议结果：根据 208 研究室现有的技术基础、科技水平和科技队伍，评委会一致建议 208 研究室承担“863”主题“八五”关键技术攻关项目激光陀螺的研制，尽快落实，开展工作。并提出“评委会一致认为”的五点评议意见。其中明确指出：“208 研究室研制的内腔式四频差动激光陀螺，属于国家高技术项目。虽然‘七五’期间研究经费不足，但在科研带头人高伯龙教授的带领下，历经了原理型、实验型和小型样机三个研制阶段，在小型化上有了飞跃的进展，在基础理论、工艺和关键技术方面取得了长足进步，并培养、锻炼出一支老、中、青结合的坚强的科研队伍。其激光陀螺研制成果和科研队伍素质属于国内同行的领先地位。在研制激光陀螺的同时，对激光陀螺腔体加工、真空封接、光学冷加工、光学镀膜、电路监测及磁屏蔽等进行了技术攻关，取得了突破性进展，获得了一批高技术附属成果，为今后激光陀螺研制奠定了坚实的技术基础，对其他领域起到了带头作用。208 研究室提出的‘八五’攻关实施方案、应突破的关键技术及拟采取的技术途径是基本合理、可行的。可望完成主题专家组提出的激光陀螺研制任务，并在

图 5-6　出席评议会的专家等合影（前排左三为高伯龙，前排左四为朱起鹤，前排左六为张良起。摄于 1991 年 11 月。资料来源：国防科大光电科学与工程学院提供）

国内率先突破激光陀螺工程化。建议主题专家组作为‘八五’重点关键技术攻关项目进行立项，给予经费支持。”①

同时提出了“应加速激光陀螺研制进程，提高精度及整体性能；解决工程化所需的技术和环境条件，提高激光陀螺整机的可靠性和稳定性，减轻激光陀螺本体及其附件的质量，缩小体积，延长寿命；加快工程化进程，推广中间成果，力争早日投入使用；同时开展对激光陀螺研制的新途径、新方法的研究”等要求②。

该评议意见中提到并得到评委会认可的 208 研究室激光陀螺“八五”技术攻关实施方案中，再次论证了把四频差动激光陀螺方案作为主攻方向的正确性，并提出阶段目标和最终目标。最终目标是研制成功在精度、可靠性、体积、重量、预热时间、使用寿命等方面达到实用要求的“内腔式四频差动激光陀螺”，并将在 1993 年（第一阶段）、1995 年（第二阶段）完成不同工程样机的研制，试用于远洋轮船等不同载体。而从实际鉴定时

① 激光陀螺立项评议纪要。存于国防科大光电科学与工程学院。

② 存地同①。

间看，208研究室提前一年完成预定任务，于1994年11月通过鉴定。此次鉴定提供的研制报告，也把内腔式四频差动激光陀螺研制分为两个阶段，但这并非208研究室在“八五”技术攻关实施方案中所计划的两个阶段，而是对实际研制过程的事后总结。因为此前一年即1993年9月208研究室确曾向“863”专家组提交成果测试鉴定，但提交的并非全内腔陀螺，而是“准内腔”结构的陀螺，结果在测试中出现以前从未发现的所谓“弛豫零漂”现象，惨遭“滑铁卢”。此次起伏跌宕、惊心动魄的鉴定过程，在今天看来似乎充满“戏剧性”，但在当时对高伯龙和208研究室全体同志来说可谓面临自研制激光陀螺以来最艰难的时刻。然而，也正是因为有了专家组严令限时解决、历时一年多决无退路的背水一战，才催生了真正的内腔式四频差动激光陀螺的问世。这一过程容后详叙。

此次“863”主题专家组的立项评议，无疑是208研究室激光陀螺研究的重大转机。其对208研究室的重要意义似有两点：一是研制工作获得了国家高技术“863”专家组的认可和充分肯定；二是由此获得了后续研制攻关的有力经费支持。

自此次立项评议会之后，208研究室激光陀螺研制工作更加紧锣密鼓地向前推进。至近一年后的1992年10月，208研究室在激光陀螺冲击振动试验、磁屏蔽改革、激光电源革新、镀膜性能的提高等方面开展了深入而卓有成效的工作，并取得重要进展。尤其是研制了多种激光陀螺研究实验的必备仪器设备（包括软件），为激光陀螺研制成功奠定了重要基础。在高伯龙1992年10月15日亲笔撰写的国家高技术“863”直属主题项目研究总结中列举了这些研究成果：一、智能可逆计数器（在1989年鉴定、1990年获国防科工委科技进步二等奖的基础上，又作了显著改进，通用性更强，具有10种功能，成本低，市场宽广）；二、光电轮廓仪（性能优于进口仪器，价格便宜得多，已完成自动化，全面优于进口仪器）；三、高精度椭偏仪（前后研制9年，比国内最高水平优一个数量级）；四、无油真空计（一年即完成研制，为国内唯一产品）；五、增透膜实时监控软件；六、单层膜反射实时监控软件；七、DF透反仪增透膜分析软件；八、DF透反仪双层吸收膜分析软件；九、多种增透膜。其中四项软件类成果均由高伯龙研制，而两种监控软件皆于当年完成，对保证增透膜的性能和成品率具有重要作用①。

尽管高伯龙此前对全内腔四频差动激光陀螺工程样机的研制成功持“几乎呼之欲出”的乐观态度，但看似十分顺利的进展中却潜藏着“暗礁”。据高伯龙所撰《回忆激光陀螺的研制》一文，其实，提交“863”主题专家组立项评议会测试的并非“全内腔”陀螺，而是“准内腔”陀螺。文中写到：“1990 年第二季度，我们恢复了停止快五年的激光陀螺的研制。虽然有了镀膜机和先进的监控系统，但以后的工作也并非一帆风顺。我们自认为的‘最佳镀法’，解决不了内腔型四频陀螺，一时又想不出解决办法。在此情况下，我们不得不暂时退却，接受了部分同志提出的‘准内腔’方案。”②

那么，究竟是什么原因导致了这一状况呢？即是镀膜攻关中未能解决的高性能反射膜的镀制问题。在激光陀螺立项评议会前一年的 1992 年 10 月，高伯龙在亲笔填写的国家高技术“863”直属主题项目研究总结中指出：“反射膜方面由于缺乏先进技术，徘徊不前，甚至有些后退，影响陀螺的性能和精度。”③

另一证据材料也是出自高伯龙所撰《回忆激光陀螺的研制》一文：“我们于 1993 年 12 月（作者注：即“准内腔”陀螺测试遭受挫折之后）开始了新的攻关。此时龙兴武④已取得博士学位，我叫他全力投入镀膜攻关。他研究过去镀膜组总结的用料和工艺的结论后认为，从材料学的角度看是没有道理的，主张改变方法。于是，我们在边镀、边测、边用的过程中作了改进并增加一些措施。1994 年 5 月，适用于内腔型陀螺的反射膜就攻下来了。这是关键性的一步。不久，运用新的镀膜工艺技术镀制的全内腔

---

① 档案：国家高技术“863”–409 直属主题项目课题研究总结。存于国防科大光电科学与工程学院。

② 高伯龙：回忆激光陀螺的研制。存于采集工程数据库。

③ 档案：国家高技术“863”–409 直属主题项目课题研究总结。存于国防科大光电科学与工程学院。

④ 龙兴武（1958–），教授、博士生导师。1984 年师从高伯龙攻读博士学位，为激光陀螺研制和生产作出了重要贡献。曾任国防科大应用物理系 208 研究室副主任、主任，理学院光电工程系主任、光电科学与工程学院光电工程系主任。

He-Ne绿（黄、橙）光激光管也取得了成功。”①

我们再把话头拉回到1993年208研究室“准内腔”四频差动激光陀螺接受专家组测试鉴定的现场。关于这一段“走麦城”的经历，多份档案资料均有记载，尤以那篇未曾公开发表的通讯报道的记述最为生动：“1993年在航天部进行激光陀螺工程样机鉴定，经过3个多月的严格技术考核，一一通过。他（作者注：即高伯龙）因新发现糖尿病，临近结束时住进总装514总医院去检查。不料刚住进去一天，还没来得及好好检查，参加测试的同事就来电话紧急通知，要他赶紧返回。他立即赶回招待所，当时参加测试的同事都来向他告状，说陀螺在空间翻滚时出现热驰豫效应，大家不相信，与航天部争执未果才把他叫回来的。他立即赶到航天部，对测试组同志说：‘请你们把此效应测一次给我看看。’2小时后，说：‘请你们再重复一次。’之后，他立刻表态：‘你们测试的数据是对的，是我们的陀螺有原理结构问题。’当时全场大惊，他的同事们感觉到非常意外：怎么不和大家商量就擅自表态？航天部的同志以为负责人归来肯定又有大争执，想不到他如此干脆把此争执了结。后果呢？“863”专家组大怒：‘什么中国特色！原来犯了原理错误，浪费了许多钱，就此画上句号吧！’这么一来，近20年的辛勤劳动从此了结，中国将没有激光陀螺了。但是，他胸有成竹地对“863”专家组说：‘不是这回事，而是因为镀膜没有完全过关，接受了一位同志的建议，采用准内腔结构以减小镀膜困难。当时我非常犹豫，早有可能发生事故的心理准备，所以很快就表了态。这不是原理有问题，是我们犯了原理服从工艺的严重错误，请再给我们一点时间进行镀膜攻关，能够把准内腔变成全内腔，就没有此效应了。’专家组听他说得如此坚定，并且已大量投资，木已成舟，也想让他们继续试一试。于是说：‘立下军令状，顶多一年内一定要干出来。’这样，他们就回到长沙，开始了艰苦的镀膜攻关。”②

从上面所引文字中可以得知，高伯龙对此次测试鉴定结果并非完全出乎意料，而是早有预感，并对问题的症结十分清楚，不然也决不可能当场

① 高伯龙：回忆激光陀螺的研制。存于采集工程数据库。

② 档案：奋斗不息——访国防科技大学教授、中国工程院院士高伯龙。存地同①。

向专家组把产生问题的原因解释得十分清楚，从而争取到立下“军令状”再次攻关的机会。1994 年 11 月全内腔四频差动激光陀螺鉴定时的研制报告中，对何以导致一年前提交“准内腔”陀螺接受专家组测试鉴定的过程，以及高伯龙当时迫于现实困难以及“众议”而不得不退而求其次的心态，作了十分具体的介绍和摹画：“准内腔结构就是：在放电毛细管两端用铟封接技术各封上一片石英增透片，把放电区和其他区（内含四片反射镜片、一片水晶、一个法拉第室）隔离，这样后者便与真空放电脱离关系。实际上，这个结构基本上是原来外腔式的延续，只不过现在增益管并非外插，而是在腔内封离而成。这样，它具有原外腔式的许多优点：对片子的均匀性要求可以降低；反射片等用不着耐放电的辉光；调腔要求的精度大大降低；更换元件容易，等。并且，增益管并非外插，没有固定以耐冲击振动的复杂工程问题，似乎是很完美的建议。但是，从激光陀螺原理去看却是很不恰当的。我们在实验室样机阶段做过许多实验，许多数据，后来做了理论分析，已弄清增益管两端的增透片是四频差动激光陀螺的主要零漂来源之一，1984 至 1986 年做原理设计时去除此两个增透片是作为改善陀螺性能的主要措施来对待的。所以，此建议一开始即遭到项目负责人（作者注：即高伯龙）的反对。但是，现实终归是现实，负责制陀螺的同志很快制出了这样的陀螺，具有一定性能并且随攻关进展不断有所改善。室里的大多数骨干，都一下子变成此方案的热心支持者甚至鼓吹者。另一方面，镀膜攻关困难重重，我们能做到的只是提高反射片的反射率（曾到 99.99%），但是均匀性方面进展迟缓，在耐辉光方面几经波折，毫无成绩。这种膜是制不了全内腔的。时间又一天天过去了，压力一天比一天增大。在此情况下，不得不暂时接受‘准内腔’，先搞个工程化样机再说。”[①]

此次测试鉴定的结果前面已经说过，就是处于背水一战的境地，尽管当场向“863”专家组立下了一年解决问题的“军令状”，但要真正兑现这一承诺，又谈何容易！

对其后再次艰难攻关的历程，研制报告中写到：“攻关的难度非常大。

① 档案：四频差动激光陀螺工程样机研制报告。存于国防科大光电科学与工程学院。

后来发现，即使镀膜解决了，环路的两臂放电、腔内的安装和污染问题仍十分严重，几度功败垂成。最困难的当然还是镀膜，包括基片的质量。主要骨干认识上的一致和决心，是克服困难的决定性因素。应该说，基本上是团结一致的，决心是大的。但是，由于困难实在大，一开始就有人认为基本不可能，主张另找出路；在各个最困难时期都有人提出过退回‘准内腔’再找其他方法的建议。这里，我们首先要感谢航天部13所的同志的严格科学检测，发现了‘弛豫性零漂’现象，钉了一个大钉子，使人欲拔而不能。其次，我们感谢专家组的坚决态度，使我们无后退之路，否则，攻关能否坚持到底，是一个疑问。如果没有外界压力这一条件，项目负责人（作者注：即高伯龙）的决心难斗过由于困难引起的思想潮流。第二阶段攻关一开始，我们就采取了多个有力措施。前阶段在均匀性尤其是耐放电辉光膜片的镀膜攻关虽未成功，但做了大量工作，经验教训不少，这些都用上了。在此过程中还矫正了几个前阶段总结的错误结论。最后镀膜攻关取得重大胜利。胜利的标志就是不但制成了全内腔式四频差动激光陀螺，而且在转向镀全内腔绿光He-Ne激光器用膜后，一举制成该种激光器。后者当前只有美、德两国有产品，是一个国家的薄膜光学和激光器的水平标志之一，它是国内多个著名单位攻关多年未能成功的重要项目。较之准内腔式，全内腔的四个反射片和一片水晶片、一个法拉第室（含一片增透片、一个粉末冶金制成的磁环）全暴露在真空之中，虽曾考虑过它的真空卫生问题、元件安装问题，但对其具体机构和严重程度则是始料不及。装陀螺的同志比其他人更辛苦，这阶段共装了约60个陀螺，不是这里有问题就是那里有问题，这个污染找到了、排除了，那个污染源又冒出来了（往往开始时根本不知道是什么），最后，按原理设计的水晶片位置安装固定不了，用多个办法，要同时方位合格、安装牢固、污染轻似乎是不可能的。北京急着催陀螺，只好把水晶片塞在原理设计不允许但易安装的位置，结果陀螺性能不好，到北京测时又发现新的零漂（其实我们早有思想准备，说是‘死猪不怕开水烫’）。眼看第二阶段攻关在陀螺方面惨败，似将成定局。长夜漫漫，经过一个通宵的思索，终于想出一个新固定方法后，经过一些改进，可以说十分成功，终于按理论方案安装出了陀螺。写本报告时，陀螺还在台上，并且是用回收片子制成（60个陀螺把正式片子全消耗光了），但根据我们的理论认识，相信这些陀螺将会有较好性能。真是，山重水复疑无路，柳暗花明又一村。第二阶段解决的技术问题，特别是工艺问题，数量不少，质量和水平全面超过第一阶段，真是不压不成材。”①

阅读上面这段记述，令人生发许多感慨。一是虽然明确了攻关目标和方向，但真正实施起来，仍有这么多曲折反复，可见其时攻关难度之大非外人所能想象。二是解决工艺技术难题必须坚持正确的攻关思路才能取得成功。面对看似难以克服的重重困难，当时在208研究室确实存在两种解决工艺技术难题的思路。一种是“不得已”绕开困难，采取变通办法，甚至不惜再退回到“准内腔”结构。显然，这一种思路既不能真正实现全内腔结构，满足“863”专家组的要求，同时也是不可能真正成功的。而另一种思路，则是高伯龙所坚持的完全按原理要求的结构进行攻关，哪怕面临“绝境”也决不后退。这一思路才称得上是科学的严谨的正确的，最后的成功也充分说明了这一点。由此也可以真切感受到，高伯龙对专家组严格科学的检测和要求限期完成攻关任务的坚决态度的感激是完全发自内心的。测试鉴定方和成果提交方看似一对矛盾，但却是真正的科学成果产生的必要条件。作为成果提交方来说，当然期望多年心血结晶获得通过和认可，乃至高度评价。但如果没有测试鉴定方的严格把关，又何以确认成果的科学价值，是否真正达到任务要求？显然，高伯龙对专家组的严格测试鉴定和彻底解决存在问题的要求，是持十分肯定和欢迎的态度的。正是来自专家组的测试鉴定方的巨大压力，促使208研究室全体研制人员在几经反复之后，别无选择地向着内腔型陀螺拼死攻关，最终完成了在一些人看来不可能完成的任务。

其后一年的1994年11月，208研究室研制的全内腔四频差动激光陀螺工程样机再次接受“863”专家组组织的以中国科学院王大珩院士为主任委员的鉴定委员会的测试鉴定，终获成功。高伯龙和208研究室全体同

---

① 档案：四频差动激光陀螺工程样机研制报告。存于国防科大光电科学与工程学院。

志以坚韧不拔的奋斗兑现了对“863”专家组的庄重承诺。

而他们的拼搏奋斗也结出了累累硕果。据研制报告，在全内腔四频差动激光陀螺10年研制期间，他们所解决的主要理论和技术问题（包括自己研制的有些达到国际先进水平的仪器设备）共有28项之多①。限于篇幅和较强的技术性，不在此一一列举。

而据中国国防科技信息中心向本次鉴定会提交的查新报告，其查新结论是：“激光陀螺仪作为新一代惯性器件，用于运动载体的导航、制导、姿态控制与定位。四频差动激光陀螺是一种原理先进、偏频方式独特的激光陀螺。较之传统机电陀螺有体积小、重量轻、动态范围大、抗干扰性好、无活动部件等一系列优点。本课题采用了独特的四频差动偏频方式，在主要性能、小型化、工程化等方面取得了突破性进展，已接近实用水平。共查到国内外文献1073篇，其中相关文献26篇，密切相关文献：1. 美国国防部报告：AD–A062257《多振荡器（四频）环形激光陀螺仪》；2. 美国专利：US3862803《差动激光陀螺仪》；3. 世界专利：W08912212《多谐振环形激光陀螺仪》。从已查到的国内外文献分析，没有发现与本研究课题技术内容相同的文献。因此，本研究课题具有新颖性。”②

此外，据研制报告透露：“我们发展了有自己特色的激光陀螺、激光检测、薄膜光学、磁光光学、激光器工艺和微弱信号检测。目前由于保密原因，内容很少公开发表。一旦公开，将会全国瞩目，像70年代末、80年代初的DF透反仪那样，对全国是一种促进和贡献。最近薄膜光学攻关成功，研制陀螺之余便制了几根全内腔绿（黄、橙）光He–Ne激光器，一举成功，使我国成为继美、德之后第三个拥有此技术的国家，便是一个突出例子。”③

关于208研究室研制成功全内腔绿（黄、橙）光He–Ne激光器，将在下一节作详细介绍。

在研制报告“结束语”中，高伯龙对208研究室研制全内腔四频差动

① 档案：四频差动激光陀螺工程样机研制报告。存于国防科大光电科学与工程学院。

② 同①。

③ 同①。

激光陀螺的10年曲折艰难的过程作了总结性回顾，其中不乏对一些教训的反思，文字也写得十分生动，阅读这段文字，能让读者从诸多细节中深刻感受他们攻克重重难关走向成功之不易。特摘录于此："研制内腔式四频差动陀螺工程样机，从准备阶段到初次提交验收鉴定，用了10年时间。这10年酸甜苦辣，需要的是艰苦奋斗，磨炼意志，坚持干下去，不达目的不罢休。"①

"一切都没有想象那么容易。就拿关键技术之首镀膜来说，我们设想1985年底可以进口镀膜机，1986年可以试镀，不久即可装陀螺。哪知一再波折，直到1990年初才真正有镀膜机，当1988年至1989年涡轮分子泵多次大故障紧急空运成都时，学校的科研处长在会议上问我们：'购此镀膜机是否决策有错误？'只能叹口气，回答：'可能是，但别无出路。'幸亏同志们顶着干，自力更生，才有了一点自由。"②

"接着的镀膜也是不那么顺利的。基片质量、清洗技术、镀膜材料、镀膜工艺、烘烤办法……到处都有卡壳，出现意想不到的困难。前面已报告过，因为镀膜不过关，不得不违反原理要求，暂时搞了几年准内腔式。后来实在不成了，狠命攻关，才初步闯过全内腔式要求的镀膜关，在期限一再延期的最后时刻出了陀螺，避免了一次惨败。但是，镀膜离国际水平还远得很，主要是没有可用的新技术（辅助离子镀、离子溅射镀、低压反应离子镀等），镀膜的根本问题解决不了，只能在常规技术范围内做一些改善，就使得质量难提高，成品率低，供求关系紧张。未来的路途还遥远，现在只是万里长征走了第一步。"③

"在攻关的第一阶段，全室都动员起来，开动脑筋想办法。成功的例子有激光电源，它根据一篇美国文献提出的新原理，突破国内的旧框框，短期内使航天部三院投资研制的10多公斤的激光电源减轻到1公斤以下，且已过工程关。不成功的例子有陀螺内紧套毛细管的内磁屏蔽，眼看不成功不肯停止，不服从指挥，延误了好几个月的进度。不成功的例子还有初

---

① 档案：四频差动激光陀螺工程样机研制报告。存于国防科大光电科学与工程学院。

② 同①。

③ 同①。

期、中期的例行实验。说来好笑，有点像 1958 年的大跃进，大家一齐去做，其中许多人是从未见过，少数人略知一二最误事。其中一项是 1992 年 3 月做冲击振动实验，从录像去看，明明‘3g’的振动早已远超 100g（架子等振谐十分严重），还要‘5g’、‘7g’加下去，报销了两个陀螺。另一项为做恒温实验，把加热片紧靠陀螺壳体甚至贴在陀螺壳体上，温度计放陀螺外壳空气中去‘恒温’，后来检查陀螺温度可能升到近 100℃，也报销了两个陀螺。还有安装时外壳尺寸不够硬压进去，又报销一个。就使得 1992 年攻关制成的 5 个陀螺在 1992 年 3 月全部报销了。类似的例子还有一些。1992 年 6 月开始测的 3 个陀螺是 3 月以后匆忙赶出来的。”①

“如果我们不犯那么多错误，第一阶段将会顺利得多，1993 年 3 月便可以将陀螺从容提交‘863’专家组，不必拖到 6 月，也不会出一些不应出现的故障。”②

“有些不成功是由于探索，加上没有经验，是完全正常的，难以避免的。但有些花费的代价却过大，较为可笑，甚至非常不应该。工作热情是可贵的，但头脑不够冷静，是个通病。当夹杂着个人的打算，不惜违反纪律，或者一知半解，就更加误事了。”③

“第二阶段全内腔的攻关当时完全是被迫的，是坏事也是好事。坏事证明陀螺还不成，延误了‘863’的计划，也打破了同志们的迫切希望。好事是还客观世界的本来面目，明明知道准内腔式是有严重原理缺陷的，为了一时的技术困难暂时向它撤退是可以允许的，在一段时期内起过促进作用，但后来形成估价过高的思潮就不合适了。这种思潮使我们未能早日下决心攻真正的镀膜难关去搞全内腔，延误了时间，实质是阻碍了进步。如果我们不是 1993 年 11 月底才被迫开始全内腔攻关，而是早 1 至 3 年，就不会那么被动，现在可能是另一种局面。”④

“第二阶段我们也犯了不少错误。主观主义、经验主义、盲目自信、

---

① 档案：四频差动激光陀螺工程样机研制报告。存于国防科大光电科学与工程学院。

② 同①。

③ 同①。

④ 同①。

工作不细致、不做计划安排、抓不住主要矛盾等等，使我们走了许多弯路，浪费了许多宝贵的时间，更糟蹋了许多宝贵的片子，使最后合原理的陀螺只能用回收的旧片装。这些错误造成的损失是巨大的，险些功败垂成。我们负责人应该认真总结教训，也希望大家都来总结，使今后少走些弯路。”①

“不管怎样，全内腔陀螺已经制成，全部的问题都已揭露，今后再制也不难。很快能少量提供试用，可暂时固定转入小批量供应，这就是胜利。这是国防科工委、‘863’专家组、全国有关部门以及学校和我们自己的希望。不管我们干得如何艰难，犯了多少错误，外界如何非议，我们能坚持到底，跌倒了能爬起来再干。我们有些同志无私奉献，十多年如一日，攻克了许多技术难关。有些难关的攻克是长期奋斗，屡败屡战，呕心沥血，直到最后成功。辛苦得到的一点成果不许写出去发表，评级评衔都免不了吃亏。但是，大家把党和人民交给我们的任务看得高于一切。从这个意义上说，我们没有辜负大家的希望。”②

翌年，208 研究室研制的全内腔四频差动激光陀螺工程样机荣获国防科工委科技进步一等奖（排名第一）。

一举拿下“检测之王”

正如上节已略作介绍的，由于在全内腔四频差动激光陀螺工程样机研制过程中，一系列工艺技术获得突破性进展，特别是镀膜攻关的成功，使得在工艺技术上具有共通性的全内腔绿（黄、橙）光 He-Ne 激光器的研制成功（1994 年 10 月通过鉴定，早于工程样机鉴定一个月），成为“水到渠成”之事，给人以“顺手牵羊”的印象。但这却丝毫不减其研制成功的重大意义。

① 档案：四频差动激光陀螺工程样机研制报告。存于国防科大光电科学与工程学院。

② 同①。

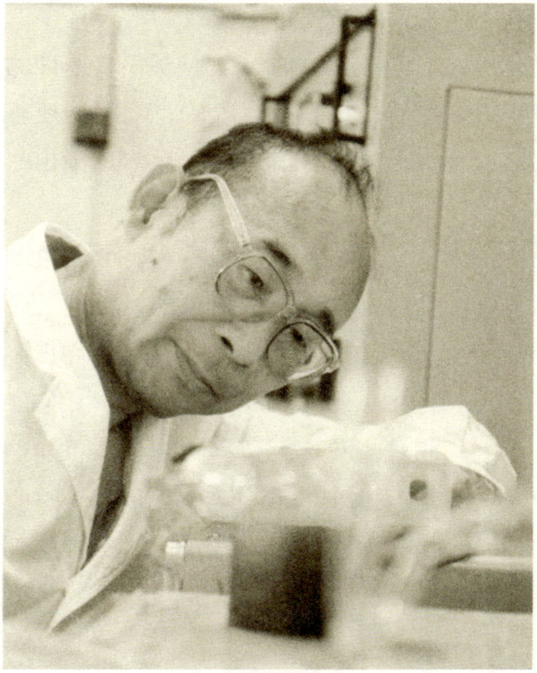

图 5-7　高伯龙在科研攻关（摄于 1990 年。资料来源：国防科大光电科学与工程学院提供）

其意义首先在于全内腔绿（黄、橙）光 He-Ne 激光器广泛而重要的应用价值。就在 208 研究室研制成功全内腔绿（黄、橙）光 He-Ne 激光器的前一年，同样从事该项研究的南京 772 厂激光研究所的邓鸿林曾撰写《国内外绿光 He-Ne 激光器现状》一文对此作了介绍："自美国 Mells Griot 公司于 1985 年首先推出商品化绿光（543nm）He-Ne 激光器后，相继有美、德的五家公司推出了自己的绿光 He-Ne 激光器（包括外腔式及硬封内腔式两种），最高输出功率达 5mW。加上其中一些公司制造的黄光（594nm）和橙光（612nm）等多色 He-Ne 激光器，形成了一族绚丽多彩的 He-Ne 激光系列产品，不仅在某种场合下可替代常规的红光（633nm）激光器应用，且在激光指示器、生物组织部位瞄准、粒子尺寸测量、光学元件及薄膜测量、教学演示、激光艺术显示、激光打印、双色干涉计量、激励荧光染料等多方面有着广泛应用。"①

该文还介绍了我国绿光 He-Ne 激光器的研制情况："我国自 1987 年 5 月由中国计量科学研究院首次实现了绿光 He-Ne 激光振荡后，相继有北京大学、中山大学、华东师大等实现了绿光输出，以及研制成橙、黄等多种单色或多色可调 He-Ne 激光器，其中绿光输出最高达 2.3mW（腔长 1150nm），但都是外腔式结构，且都未商品化。至于最能标志商品化水平、

① 邓鸿林：国内外绿光 He-Ne 激光器现状。《激光集锦》，1993 年第 3 卷第 3 期。

应用最为广泛的全内腔绿光 He–Ne 激光器，虽曾由国内四五个单位的努力研制，都还没有实现绿光输出，更谈不上成为商品。”①

该文在第二部分对北京大学、中国计量科学研究院、中山大学、华东师范大学、东南大学、浙江大学等单位的研制情况作了具体介绍。限于篇幅，不一一列举。

为着加快我国全内腔绿光 He–Ne 激光器的研制及产业化，1993 年 4 月 19 日至 20 日，中国光学光电子行业委员会激光专业委员会、江苏省激光与光学工程学会与 772 厂激光所联合在南京 772 厂举办研讨会，来自全国 12 个单位的 22 名代表参加了会议（中国计量科学研究院两位与会代表之一的刘忠有副研究员一年半后作为 208 研究室全内腔绿（黄、橙）光 He–Ne 激光器鉴定委员会委员参加了鉴定工作）。与会代表在会上或报告研究成果，或作理论分析，或提出设计考虑，或介绍国外镀膜技术进展，并共同讨论了研制全内腔绿光 He–Ne 激光器的设计、需解决的技术关键及协作攻关等问题，一致提议：向国家呼吁申请立项，取得专项研制经费。会议在讨论中也确实抓住了研制全内腔绿光 He–Ne 激光器的关键——“在制作内腔器件时，除了无油真空等关键工艺外，反射镜是构成绿光 He–Ne 激光器之至关重要的光学元件”。会议提出的研制进度是：协作攻关组在获得经费后一年内，通过技术鉴定，达到技术指标，并在鉴定后半年至一年内将产品推向市场②。

此前于 1992 年 4 月，中国光协激光专业委员会也曾在武汉召开理事扩大会，专题研讨全内腔绿光 He–Ne 激光器的设计、技术关键及攻关协作问题③。

以上两次有关研制全内腔绿光 He–Ne 激光器的全国性专业会议，208 研究室或因全力专注于全内腔四频差动激光陀螺工程样机攻关，均未派人参加。但这并不意味着高伯龙对此不关注、不重视。208 研究室在全内腔绿（黄、橙）光 He–Ne 激光器鉴定时向鉴定委员会提交的研制报告“综

---

① 邓鸿林：国内外绿光 He–Ne 激光器现状。《激光集锦》，1993 年第 3 卷第 3 期。
② 全内腔绿光 He–Ne 激光器研讨会在宁召开。《激光集锦》，1993 年第 3 卷第 2 期，第 47 页。
③ 同②。

述”中对此有所介绍:“He-Ne激光器号称检测之王，……全内腔绿光激光器尤其引人注意，它是一个国家薄膜光学和激光器水平的标志。我室从1971年开始研制激光陀螺已20多年，其中对头号关键技术薄膜光学的攻关已14年多，深入研究过它的理论和各种工艺、技术，我们早就认为，随着镀膜攻关的进展，许多以镀膜为命根的项目必然可以随之取得进展，激光陀螺是其中之一，全内腔绿光He-Ne激光器等都在其中。为此，在两年多以前就已制定镀绿、黄、橙、红光全内腔激光器用膜的理论方案，并开始研制能测量3.39μm波长的红外DF透反仪（已制成），为之预作准备。1994年7月，激光陀螺用膜攻关已取得全内腔用较优良的薄膜。在蒸镀相当数量后，我们立即用同样工艺按理论设计镀全内腔绿光He-Ne激光器（5433A）的用膜，一举制成这种激光器，使我国继美、德之后跨进国际先进行列。接着，镀黄、橙、红光用膜，试制全内腔黄光激光器（5939A），橙光激光器（6118A），以及抑制3.39μm的大功率全内腔红光激光器，前两种在我国亦为首次，由于这些激光器在工艺上与通常的红光全内腔激光器差别很小，主要依赖膜片，我们能很快转入批量生产。”①

关于全内腔绿（黄、橙）光He-Ne激光器的研制过程，那篇未曾公开发表的通讯有一段简略记述:“90年代初，他（作者注：即高伯龙）利用工作休假时，调研了国内的科技动态，发现全国有10家搞激光和镀膜的单位，包括北京大学、计量院、南京、上海一些单位，强强联合，向全内腔He-Ne绿光激光器攻关已10年，未能攻克，主要是镀膜技术没有攻克。所以他暗中设计了各种波长的反射膜膜系，等待着激光陀螺镀膜的成功。1994年4月，激光陀螺的镀膜攻关实际上已经成功，他找人按设计的膜系插空镀了一些绿、黄、橙光以及大功率红光的片子，让丁金星暗中试装了一些管子，果然不过3天时间，一次就成功，震动了校内外。最后交给863专家组的，不仅仅是激光陀螺，而且有十几只全内腔绿、黄、橙光以及大功率红光激光器。在计量院检测，性能达到国际先进水平。前者是激光陀螺成果，后者实际上是镀膜的性能鉴定。后者的鉴定在前，十几

① 档案：全内腔绿（黄橙红）光He-Ne激光器研制报告。存于国防科大光电科学与工程学院。

种绿、黄、橙、红光激光器照射在大厅内，非常壮观。中央电视台在当晚的《新闻联播》里播出，不久拿到“863”成果展览馆，并由“863”带到深圳展出，影响甚大。鉴定时，邀请了十个强强联合的代表（北大、计量院）来参加，他们在会上激动的说：‘我们十家攻关了十年没有成功。有些人说，如不引进国外先进设备、材料和技术，是无法成功的。现在你们竟然成功了，而且没有用国外任何技术，是大家万万料想不到的。’鉴定委员会主任委员王大珩先生非常高兴，印象非常深刻。激光陀螺他们（作者注：即208研究室）是世界上第7家研制成功的，批量生产是第4家。而全内腔绿光激光器是在美国、德国之后第三家成功的。“863”的专家非常高兴，说他们的投资是没有认错人。由此可见，老实人干老实事，不能文过饰非。从此他（作者注：即高伯龙）在航天部的威信非常高。”①

高伯龙所撰《回忆激光陀螺的研制》一文对此也有一段文字略有不同的记述：“我在1991年实际上已动手从理论上研究此课题［作者注：指全内腔He-Ne绿（黄、橙）光激光器］，已设计好新型的膜系，并找了一位硕士生试作红外DF透反仪实验论文，我自己接着干了第二个回合，为将来膜片的红外测试做了准备，只等镀膜工艺过关便可动手。1994年5月镀出第一批内腔陀螺反射片后，龙兴武根据我1992年写的一篇论文的数据和图表，一次便使两支全内腔He-Ne绿光激光器发出激光。后经改进，功率改善了，并且黄光、橙光管也都发了光，大功率红光管也制成了。这个项目是在1994年10月29日开始鉴定的，比激光陀螺的鉴定早半个月，鉴定委员会主席亦为王大珩院士。鉴定结论是：这种绿光管的问世，表明我国是继美、德之后掌握此技术的第三个国家，并达到了国际先进水平，黄光管、橙光管填补了国内空白，它们说明在镀膜的膜系设计和技术工艺上有重大突破，制造激光器技术有较高水平。”②

以上两段引文，其实揭示了208研究室研制成功全内腔绿（黄、橙）光He-Ne激光器的第二个重要意义或启示，即在看似“有心栽花花不发，

---

① 档案：奋斗不息——访国防科技大学教授、中国工程院院士高伯龙。存于采集工程数据库。

② 高伯龙：回忆激光陀螺的研制。存地同①。

无心插柳柳成荫”的现象背后，蕴含着科学研究的一个规律，即必须长期在基本原理、工艺技术上狠下功夫，真正攻克技术难关，才能获得成功。对此，208研究室在全内腔绿（黄、橙）光He-Ne激光器经济效益与社会效益分析报告中写到：“国际上现在只有美、德两国有产品，美国PMS公司由于将激光陀螺磨片和镀膜技术直接移植过来，竞争的能力最强。……我们正是将激光陀螺攻关的技术用来造这些激光器，所以非常顺利。由于没有经验，设计时把抑制3.39μm看得过重，否则绿光的功率将会更大，纯橙光和纯黄光的出现将容易得多（现在是橙黄光管居多，功率接近国际水平）。事实上，这次因主要力量仍用于激光陀螺，没有保证本项目用片，其质量比激光陀螺用片已达到的水平相差还很远，影响所得到的功率。所以，将功率进一步提高是不困难的。”①

以中国科学院王大珩院士为主任委员的鉴定委员会对208研究室研制成功的全内腔绿（黄、橙）光He-Ne激光器给予高度评价。鉴定意见中写到：“鉴定委员会认为，国防科技大学208研究室高伯龙教授等科技人员研制的全内腔绿光氦氖激光器是成功的，它填补了国内空白。使我国继美、德之后进入激光器制造技术的国际先进行列。它的成功说明激光陀螺镀膜攻关已初步成功一系列成果。它说明国防科技大学的镀膜工艺技术和理论都已登上新台阶，制管技术，包括调腔、铟封接、清洗和除气皆已达到较高水平，它还说明研制者已深入掌握激光器各方面的知识。”并建议208研究室：“应继续开展基片抛光和镀膜攻关，进一步缩小在这两方面与国外的差距，继续开展激光器制造工艺的研究，改进调腔和封接技术，进一步提高该系列激光器的功率、成本率和寿命，改善出光模式和橙光激光器的光谱纯度，大力拓展应用范围，逐步形成批量产品，为我国激光事业的发展做出贡献。”②

1995年，全内腔绿（黄、橙）光He-Ne激光器获国防科工委科技进步一等奖（排名第一），1996年获国家科技进步二等奖。

---

① 档案：全内腔绿（黄橙红）光He-Ne激光器研制报告。存于国防科大光电科学与工程学院。

② 同①。

1995 年 12 月，高伯龙在当年《光学学报》第 12 期发表学术论文《全内腔绿（黄、橙）光 He-Ne 激光器》，该文是对这一重要科研成果的技术总结。该文署名共 5 人，高伯龙排在第一位。文章介绍了全内腔绿（黄、橙）光 He-Ne 激光器的基本原理，还介绍了镀膜、制管的技术问题，公布了所达到的性能指标，并从继续提高膜片质量、加长管长、继续提高调腔和封接技术等方面，对以后的发展和改进作了探讨。论文风格平实，却有极重的技术分量，间接地向世界宣告中国激光陀螺研制已达到国际先进水平。

当选中国工程院院士

1997 年 11 月，高伯龙当选为中国工程院机械与运载工程学部院士。国防科技大学在关于高伯龙的《中国工程院院士候选人提名推荐书》中填写了如下推荐意见："高伯龙同志热爱社会主义祖国，拥护共产党的领导。为人正直，作风正派，治学严谨，具有实事求是、严肃认真、一丝不苟的科学态度，在本职岗位上，兢兢业业，刻苦工作，努力为祖国的工程科学技术事业开拓进取，无私奉献。该同志长期从事高等教育及激光陀螺等方面的科学研究工作，取得了一批重要的工程技术和科学研究成果，做出了重大的、创造性的成就和贡献，先后获国家级科技成果奖 2 项，部委（省）级科技进步一等奖 4 项。1991 年 7 月被批准享受政府特殊津贴，1996 年 12 月被湖南省科协命名为首届'湖南科技之星'，1996 年获全军首届专业技术重大贡献奖。注重科技人才培养，先后培养出博士 3 名、硕士 39 名，正在培养博士生 2 名、硕士生 10 名，撰写、发表著作和论文 30 余部（篇）。该同志在理论物理、激光物理、激光技术应用等领域有很深造诣。70 年代初起，在国外严密技术封锁的情况下，仅根据有限的报导资料，经过自己的推导、计算，先后写出十余篇关于激光陀螺原理及有关技术的高水平论文和专著，被国内同行认为是研制激光陀螺的重要文献。领导和创建了国

图 5-8 高伯龙（前左三）赴京领取全军专业技术重大贡献奖归来，在长沙黄花机场接受学校电视台采访（摄于 1996 年 6 月。资料来源：国防科大光电科学与工程学院提供）

防科学技术大学环形激光器研究室，建立了科研队伍，改善了实验条件，在我国激光陀螺研究工作中作出了突出贡献，先后在激光器件、光学加工、精密机械加工、特殊阴极技术、真空封接技术、稳频与计算机控制测试技术等方面攻克了许多难关。主持研制的四频差动激光陀螺原理样机、实验室样机、工程化样机，其成果处于国内领先地位，其工程化样机的研制方案在国际上具有独创性。主持研制的全内腔绿（黄、橙）光氦氖激光器，达到国际先进水平，填补了国内空白。为我国激光技术的发展、惯性仪表的更新换代以及惯性导航制导研究应用作出了重大贡献。”①

杨士莪比高伯龙早两年当选中国工程院院士，他参加了 1997 年中国工程院增选院士的会议和投票。据杨士莪回忆，高伯龙在研制激光陀螺方面的成就大家都很了解，所以他的整个评选过程比较顺利，两轮投票都没有什么反对意见。而且那时他所在的一个组里，老院士们都很了解他，都很支持他②。

① 档案：中国工程院院士候选人提名推荐书。存于国防科大光电科学与工程学院。

② 杨士莪访谈，2013 年 3 月 31 日，长沙。资料存于采集工程数据库。

1997 年 12 月 24 日，中国工程院向国防科工委发出高伯龙当选中国工程院院士的通知。

20 余年呕心沥血，艰苦攻关，成果丰硕。高伯龙当选中国工程院院士，可谓实至名归。同时，高伯龙以在激光陀螺研制中的杰出贡献和取得的重大成果，赢得了诸多荣誉。除《中国工程院院士提名推荐书》中所列者外，高伯龙还于 1985 年 1 月、1988 年 8 月分别因军民共建、教学科研工作成绩显著，两次荣立二等功；1988 年 4 月被聘为国家高技术 863 某专题专家论证组成员；1988 年 10 月荣获国防科工委颁发的“献身国防科技”荣誉奖章；1990 年 12 月荣获国家教委、国家科委授予的“全国高等学校先进科技工作者”称号；1991 年荣获国防科工委“国家高科技先进个人”奖，并于当年被国防科工委、国家科委表彰为“863 计划先进工作者”；1994 年 9 月第二次获得国防科工委颁发的“国家高科技先进个人”奖；1996 年获全军专业技术重大贡献奖；1997 年 12 月荣获首届“全国优秀科技工作者”称号；1998 年中央军委主席江泽民签发通令，给高伯龙记二等功；2001 年获国家级教学成果二等奖、军队级教学成果一等奖。同时，高

图 5-9　高伯龙（右）参观酒泉卫星发射中心（摄于 2004 年 9 月。资料来源：国防科大光电科学与工程学院提供）

伯龙的个人待遇也从1985年的高教四级逐步提高到1998年的文职级别特级，这是我军文职干部的最高级别，充分体现了党和国家、军队对高伯龙的充分肯定和高度评价。鉴于高伯龙在激光陀螺研制工作中的突出贡献和科研工作的需要，国防科工委分别于1988年、1991年、1994年、1997年连续四次批准延缓高伯龙退休。1999年总政治部批准高伯龙暂缓退休[①]。当年高伯龙已届71岁，这意味着高伯龙将在他所执着奋斗的国防科技事业中继续他的人生旅程，而这也正是他把聪明才智和毕生精力奉献给祖国和人民的人生追求所期望的。

永不止息的科学探索

积极进取是高伯龙从事科学研究一以贯之的精神状态。虽然自20世纪70年代至90年代，208研究室的主攻方向是四频差动激光陀螺，但他一直关注着其他类型光学陀螺的发展动态，主动开展相关研究，并组织力量推进相关工作，为未来新型光学陀螺的研制做人员和技术准备。季家熔1981年从哈尔滨工业大学近代光学专业研究生毕业后即到国防科大应用物理系从事大学物理教学工作，不久即被高伯龙要到208研究室，并很快在高伯龙的支持下赴比利时、英国、西德等国大学学习研究达8年之久，专攻光纤陀螺。季家熔在访谈中说："当时正好派人出国进修，高教授认为出国进修对学习国外有关先进知识和技术、发展我国的下一代光学陀螺很有意义。当时确实有一股出国热，很多人都不务正业，天天读外语，成了出国迷。一天高教授对我说：'小季啊，我宣布，你在我这里的工作结束了，派你去念外语，考出国，不能让那些出国迷出去，像你这样踏踏实实干活的人，应该出去。'于是我就去考外语，出国了。1988年回国后，先是参与激光陀螺研制工作，后来高教授又安排我从事光纤陀螺基础研究。当时

① 本节所列高伯龙所获奖励、荣誉等，均据高伯龙档案。存于国防科技大学档案馆。

国际上认为光纤陀螺将来会超过激光陀螺。高教授想，这个事情也需要有人搞。我们主要研究光波导，整机连接也连了。因为缺少经费，搞的规模比较小。但这个事情还是摸清楚了，高教授的目的还是达到了。后来由于一些原因，光纤陀螺的研制任务没有交给国防科大。尽管后来高教授挽留过我，让我搞光学检测，但我还是离开了 208 研究室，参加学校另一项科研工作去了。此后仍与高教授保持着密切的联系。”①

而就在 1990 年激光陀螺攻关紧张之际，高伯龙仍然考虑着新型光学陀螺研究的问题。并于当年 5 月 10 日向国防科工委提交了一份关于光纤陀螺技术的《国防科技预研任务综合论证报告》。该报告在“需求背景”一段中介绍了国外如美国、西德、英国、日本研究光纤陀螺的进展情况（始于 1976 年），同时介绍了国内的研制情况（始于 1982 年），并指出：“我校是最早的研制单位。……于 1987 年完成了一个塞曼双频光纤陀螺，当时可以敏感到几百度 / 小时的转速，电路实现了数字读出。1988 年完成了一个相位调制式干涉仪型光纤陀螺的原理样机，使用了保偏光纤，可以敏感 50º/hr 左右的转速。1988 年以来，我们已建成了一个集成光学实验室，经过一年来的努力，已经扩散出一批光波导。……我们正着手准备集成光学方案，从抓波导片的制作入手，最终将大部分光学元件集成在 $LiNbO_3$ 光波导上，国内虽有一些单位研制光波导，但几乎都是为着光通讯服务的。先研制为光纤陀螺所需要的光波导再研制光纤陀螺，是我校的独有特点，这样我们可以将两项研制工作结合起来考虑。作为国防科研预研任务，我们希望得到上级领导部门的支持，国内发展不同型式的光纤陀螺，让不同方案进行竞争，这样更有利于我国光纤陀螺的研制工作。”②

报告还提出了关于元器件的研制、光纤与波导对接的技术研究、光源的光控温控等的研究、电路部分的研制、光纤陀螺整机光路的研制等方面的关键技术和解决技术途径及欲达技术指标。报告并介绍了国防科大研制光纤陀螺在技术、经验、人员、设备等方面的现有条件，意在积极争取承担该项目的研制任务。需要指出的是，报告中所介绍的国防科大光纤陀螺

---

① 季家镕访谈，2012 年 12 月 5 日，长沙。资料存于采集工程数据库。

② 档案：国防科技预研任务综合论证报告。存于国防科大光电科学与工程学院。

的前期研究工作，完全是在高伯龙主动推进并主导下开展的，并得到学校和应用物理系的支持。虽然经费有限，但已有了相当大的进展。另一份208研究室科研档案材料对此有所印证，即1991年7月20日208研究室与本系201教研室签订的关于光纤陀螺联合项目协议。该协议共5条，其中一条即明确规定："联合组由项目负责人高伯龙统一领导，有申请经费、决定科研方向和措施、调配人员、使用和添置设备以及对外的权利和责任。"①

在开展光纤陀螺研究的同时，机械抖动偏频单陀螺的研制工作也在积极推进。据208研究室1990年的一份光学陀螺捷联惯导技术研究合同，其中提到该型陀螺研制进展情况："完成了消反力矩机械抖动轮的设计、加工和性能测试及单陀螺腔体结构、电路的重新设计、制造。"该项研究的深入推进以及四频差动激光陀螺攻关成功，为20世纪末期研制成功该型陀螺并大批量生产奠定了工艺技术基础，使之很快成为我国应用领域最为广泛的激光陀螺。

而成稿于1991年10月23日的208研究室《激光陀螺"八五"技术攻关实施方案》对下一步的工作有比较全面的设想，该方案在"研究计划"中提出第二阶段（1994—1995年）的工作方向："为了跟踪国外先进水平，我们认为，对于目前占据国际主要激光陀螺市场的机抖陀螺和其未来的后继者恒转陀螺应进行研究。我们曾对前者进行过长期研究，有较多的经验和较深入的理论，可惜它对镀膜要求特别高，因而未能取得突破性进展，但是现在和早几年有所不同，镀膜已取得明显进展，比以前有希望了，故不能轻易放弃。这种陀螺，体积较易缩小，可以在高转速（如几千到几万度/秒）发挥优势，研究它还可以和国内外的同行有更多的共同语言，易于学习别人的长处。恒转陀螺是机抖陀螺的后继者，先进性明显，亦应加以研究。磁镜陀螺是国外磁镜陀螺公司想夺回被机抖陀螺占据的市场的希望所在，克服了原磁镜陀螺的主要缺点，正在前进中。它是我室与国际先进水平差距最小的陀螺，弃之可惜。所以我们准备分少量人力去研究这些陀螺。最后为了跟上技术潮流，发挥我室的技术优势，对国家有更大贡

---

① 档案：光纤陀螺联合项目协议。存于国防科大光电科学与工程学院。

献，我们决定把国防科工委10年前交给我们的另一项任务（研制光纤陀螺）承担起来。当然，只搞光纤谐振腔陀螺，因为它实际上是激光陀螺的一种，我们有相当多的技术和经验可以用上，事半功倍，还可以避免与国内其他研制单位的重复。因此已决心大力开展工作。我们决心努力前进，满怀信心去完成任务。”①

此外，一些与激光有关的科学研究，高伯龙也抱有浓厚兴趣，并积极争取立项或自主开展有关研究工作。如与本校三系航天控制教研室签订协议，联合开展激光陀螺捷联惯导系统及其应用研究。又如1985年制定的《激光技术重点实验室建设规划》中，除提出“将环形激光器研究室建成具有自己特色的国内第一流的实验室”的建设目标外，更提出建立激光光谱重点实验室的设想，并论证了其必要性、重要性，还具体提出了拟在“七五”期间开设的“喇曼光谱测温”“多光子光谱研究”“原子分子的各种弛豫常数的实验研究”等三个科研课题②。这些课题既与当时进行的激光陀螺研制有关，但更具有超前性基础研究的性质。再如1990年10月31日提出开展涉及国防科研另一主题领域科研项目“低吸收耐强激光镀层研究”的申请。申请书中详细介绍了所申请项目的基本情况、完成项目的设想、进展安排以及承担该项目的人员、设备、技术等方面的条件③。可谓对开展此项研究做了充分准备。

更令人意料不到的是，高伯龙对激光之用于医学方面的研究也极感兴趣，并于20世纪初着手进行。2000年毕业于厦门大学生命科学学院的柳珑毕业当年即到国防科大工作，担任高伯龙的学术秘书达10年，至2009年11月学校在理学院成立化学与生物学系才离开高伯龙。柳珑也许是当时激光陀螺研制团队中唯一不从事该项目研究的成员。按说学术秘书要承担资料材料处理、各项活动协调、文献档案整理等具体事务性工作，甚至还要起草会议发言稿。但柳珑在接受采访时说：“凡是高院士自己能做的事，绝对不会请别人代劳。所以我作为他的学术秘书，更多的是从事科研

① 档案：激光陀螺“八五”技术攻关实施方案。存于国防科大光电科学与工程学院。

② 档案：激光技术重点实验室建设规划。存地同①。

③ 档案：低吸收耐强激光镀层研究。存地同①。

工作，本职工作反而做的很少。”[①] 其实，柳珑之所以能进入光学陀螺研究室（作者注：1999 年，208 研究室即环形激光器研究室划归新组建的国防科大理学院的光电工程系，改称光学陀螺研究室），即由于高伯龙拟开展激光生物医学方面的研究。当时学校尚未建立相关学科专业，高伯龙即主动提出增加一个学术秘书的编制，以引进此方面人才开展有关研究工作。柳珑说：“记得接受高院士面试时，他坐在一张十分破旧的藤椅上，藤椅中间的藤条几乎磨损掉光了，等于坐在藤椅的支架上。而他提的问题更令我惊异。其中一个问题是面试前一天《参考消息》上登的关于感冒疫苗的报道，高院士问我感冒与肿瘤有什么关系。当时我感觉十分震动。对于学习生物科学的人，这也是属于比较前沿的问题。而高院士从事的是完全与之无关的光学研究，但对此却有这样深入的了解和思考。在我深感意外的同时，也充满了敬佩之情。”[②]

关于来校后开展的生物研究，柳珑在访谈中说了不少这方面的情况：“我刚到国防科大时，生物医学研究并无相关资金投入，高院士主动拿出自己的湖南省院士基金给予支持，使研究工作得以顺利进行下去。当时国内很多学者对激光能否产生生物效应有不同意见的争论，高院士觉得这是一个很好的研究切入点。高院士不仅为研究创造条件，还亲自参与具体研究工作。特别是 2000 年到 2004 年期间全程参与。所有实验方案他都亲自审定，所有实验数据他都亲自统计，并按照工科的思路对数据作详细分析研究。”[③] 2002 年寒假期间一次实验的情景，柳珑至今记忆犹新。柳珑说：“生物实验有一个特点，就是生物培养在那里，一旦实验开始就不能中途停止。那次实验是在大年初二进行的，天气奇寒，实验室里没有暖气，高院士穿一件大棉袄，戴一顶棉帽，两只手拢在袖子里，因为天冷坐不住，他一直围着试验设备转着圈看我们做实验。高院士当时已经是 70 多岁了，身体不太好，又是春节，还跟我们这些没成家的年轻人一起挨冻做实验，

① 柳珑访谈，2012 年 12 月 26 日，长沙。资料存于采集工程数据库。

② 同①。

③ 同①。

想到这些我心里就热乎乎的。”①

柳珑调到理学院生物专业后，高伯龙还经常与柳珑电话联系，询问了解有关研究进展情况。

中国科学院院士王大珩去世时，高伯龙曾专门撰文予以怀念追思。文中透露了高伯龙曾应时在病中的王大珩院士之请，于 1999 年 11 月至 2000 年 4 月间，从事解决航天器上的光学仪器的高频稳定控制问题的研究。文章写得颇为具体生动，不妨摘录如下：

“1999 年 11 月，中国工程院第二轮院士评选报到时，机关工作同志说王老的卢秘书在等着我。到房间坐下不久，卢秘书就来了。他是我同时代的大学毕业生，一直跟随王老工作。他说：‘王老病了，住在人民医院，等着你去见面，这里是他的亲笔信。’信不短，是在病床上写的，字迹很难认清，旁边有卢秘书对王老信的翻译稿。”②

“信中说的是神舟一号上面的光学仪器问题，希望我协助解决。要在高速运行的 400 公里高空拍下分辨率是 0.5 米的照片，需要对光学仪器进行高频稳定控制。“神舟”的原总师没想到问题如此严重。发现这个问题的严重性后，长春光机所赶紧干了一个回合，没有成功。王老要我设法解决。当时我感觉很意外，因为在这方面毫无所知，不敢前往。便对卢秘书说：我先作点调查研究，考虑一下，再去见王老。”③

“当时，我白天看材料、开会，中午和晚上就拜访参加会议的有关院士以及由他们介绍的航天部的专家，询问我国在卫星上拍照现有的技术水平和达到王老要求的难点。大家一致认为，这是个难题，不是轻易能解决的。虽然得到的回答并不太积极，但我还是向这些院士、专家学到了不少有关方面的知识，不那么心虚了。工程院最后一次投票结束后，第二天清早我借了会上总装备部一位院士的专车，直奔人民医院。”④

“在路上司机听说去找王老，滔滔不绝谈了王老的不少情况。他谈到

① 柳珑访谈，2012 年 12 月 26 日，长沙。资料存于采集工程数据库。

② 高伯龙：王老的敬业精神使我永志不忘——追忆与王大珩先生的最后一次接触。《科学时报》，2011 年 7 月 26 日。

③ 同②。

④ 同②。

王老艰苦朴素，没有配备专车。到达医院后，卢秘书把我引入病房。病房只有一个房间，王师母也在。王老在病床上昏昏沉沉，听说我到了，猛然惊醒坐起来，开始跟我谈话。他说：'害的是昏眩症，睡在床上感觉天翻地覆。但是一清醒过来就想到载人航天光学仪器的事情。今早神舟一号已经发射上天，将于晚上回收，但光学仪器不在上面。'他告诉我，光学望远镜由长春光机所研制成功已经有一段时间，但是由于控制稳定性没有解决，不能随神舟一号上天。他查询了国际上的相关资料，包括哈勃望远镜在内，光学系统都应该增加另外的高频稳定控制。他坐在床上用笔在草稿纸上跟我比比划划一个多小时，详细说明了神舟一号飞船的情况、对光学仪器高频稳定系统的技术要求。最后说：'你是否立项拿点经费回去干？'我回答说：'我们先试干，如有一定眉目再向您报告，申请立项。'王老点点头，他叫我以后跟长春光机所王家骐先生联系。尔后我告辞出来。"①

"卢秘书送我出来的路上，谈了很多。他说王老在病床上老在想载人航天的事情，每天向他问怎么我还不来。他给我挂了多次电话。由于缺乏通信工具，开始时是用病房医护办公室的电话挂的，后来由于担心耽误医生和护士的工作，不好意思用。所以他到外面的电话站挂电话。但电话站离医院比较远，他每次给我挂电话要走很长的路，所以不能天天挂电话。我感到很不好意思，因为明摆着王老跟卢秘书都没有手机。当年手机还比较普遍，我感觉王老跟卢秘书应该有一台手机，但是没好意思开口。当然，我没有跟上时代的潮流，当时也没有手机。"②

"虽然只有短短一个多小时的会见，但是王老的敬业精神和艰苦朴素的作风使我深受感动。我必须努力工作，以完成王老的重托。从医院回到宾馆后我即挂长途电话回长沙，请年轻教师罗晖同志跟我一起负责此项工作。叮嘱立刻开始进行。"③

---

① 高伯龙：王老的敬业精神使我永志不忘——追忆与王大珩先生的最后一次接触。《科学时报》，2011 年 7 月 26 日。

② 同①。

③ 同①。

“回到长沙，我和罗晖连续不断地工作。在本校电子科学与工程系教授沈振康的研究室协助下，从 1999 年 11 月中旬一直干到 2000 年 4 月底。虽然克服了好几道难题，但最后遇到一道难关，是激光陀螺的量子噪声极限问题，不得不向王老和王家骐先生报告我们已无能为力，甚至在三五年内可能也力所不及，辜负了他们的委托，请他们另找别人试干。”①

“头两年长春光机所对我们没有放弃，每年都给我发贺卡，邀请我参加长春光机所年会。我无颜参加，婉言谢绝。此事的了结是 2005 年神舟四号上天时把光学仪器带上去了。王家骐先生也于同年当选中国科学院院士。”②

“这是我跟王老的最后一次接触，很遗憾没能完成他的委托，但他的敬业精神和艰苦朴素的工作作风使我永志不忘。”③

该项研究虽只有短短五个月时间，且未彻底解决技术难题，但亦给予我们有益的启示。其一，严谨求实的科学态度。高伯龙得知王大珩院士希望他协助解决的技术问题后，并非好大喜功立即与王大珩院士见面应承，而是先行调查研究。当王大珩院士说“是否立项拿点经费回去干”，高伯龙的回答是“我们先试干，如有一定眉目再向您报告，申请立项”，态度十分谨慎。其二，坦诚质朴的品格胸襟。此项研究最终未获成功，可谓“走麦城”。此时高伯龙已身为院士，但他却在文中将这一结果和盘托出，丝毫没有任何顾虑，不怕引起别人对他的能力水平的质疑。这种实事求是的坦诚胸襟在时下社会风气中实属难能可贵。

高伯龙当选中国工程院院士，最主要的科学理论建树和工程技术成果贡献即在激光陀螺领域，尤其是全内腔四频差动激光陀螺。然而，由于该型陀螺腔内元件较多，其精度较机抖陀螺和美国的 ZLC 有一定差距，应用范围也受到一定限制。因此，1978 年即有文献提出采用空间环路异面结构代替水晶片来产生两种正交圆偏振状态，从而消除水晶片引入的双折射、

---

① 高伯龙：王老的敬业精神使我永志不忘——追忆与王大珩先生的最后一次接触。《科学时报》，2011 年 7 月 26 日。

② 同①。

③ 同①。

图 5-10 基地调研留影（高伯龙，右二；秦石乔，左二；罗晖，右一。摄于 2001 年 10 月。资料来源：国防科大光电科学与工程学院提供）

损耗、温度敏感性等不利效应，提高该型陀螺的性能。正是因为该型陀螺所具有的优越性，很早便引起高伯龙的关注，并于全内腔四频差动激光陀螺工程样机研制成功后，把探索研究该型陀螺作为主要攻关目标之一。然而，当时国际上只有美国才有空间环路四频差动激光陀螺（于 20 世纪 90 年代研制成功），并对其形状结构参量及关键技术严格保密。高伯龙经过数年理论探索研究，提出了一种新型的空间四频激光陀螺的设计思路，并指导他的博士生王国臣、杨建强、张梅、廖丹等开展研制工作。由于客观原因，延迟了研制进度，至 2007 年下半年始试制成功该型陀螺样机，经改进后第二批样机于当年 12 月完成试制。此项研究虽以研制成功的四频差动激光陀螺为基础，原理亦与美国该型样机相同，但仍具有极大攻关难度。同时其具体结构和控制方式与美国该型陀螺有显著差别，具有重大创新性。经实际测试，空间环路四频差动激光陀螺样机的精度等综合性能优于原有陀螺，并超过美国产品①。此项研究是自四频差动激光陀螺研制成功

① 档案：空间环路四频差动激光陀螺的研制。存于国防科大光电科学与工程学院。

以后，高伯龙率领团队再接再厉艰苦攻关，在激光陀螺领域取得的又一重大创新成果。

与此同时，随着激光陀螺的逐渐成熟，高伯龙又把科学探索的目光投向激光陀螺应用领域，而其主要用途即是组建惯性导航系统。其时激光陀螺惯导系统已成为国内该领域研究的主流，多家单位均已开展研制。经过深入研究思考，高伯龙认为该系统精度较低，不能满足长时间、高精度的惯导需要。但又如何在一个看似已经成熟的领域实现新的技术突破呢？高伯龙对此进行了更加深入的理论分析，并得出如下结论：制约目前捷联式惯导系统精度的“元凶”是其核心元件激光陀螺的漂移误差。但如果仍然循着进一步改进陀螺以减小误差提高精度的方法，则周期长、难度大，不易实现。而如果改变思路，设计一种新型惯导系统来克服陀螺的漂移误差，则会事半功倍。由此，高伯龙提出利用惯导系统旋转来提高精度的技术方案。此亦即后来虽历经波折但最终成为国内惯导系统主流的旋转式惯导系统①。

本世纪初，高伯龙即指导他的三个博士生陆煜明、饶谷音、袁保伦，开始旋转调制的惯性导航系统技术研究。其时，国际上相关文献极少，但从中可知美国已于20世纪80年代已开展此方面研究，至90年代进入实用。而国内对该项研究则鲜有人知。经过计算机模拟等先期研究，从理论上验证了高伯龙提出的激光陀螺旋转式惯导系统方案的可行性。然而限于经验和工艺水平，尤其是未曾预料到的陀螺抖动与系统的耦合问题，至2005年虽然加工出一套激光陀螺的单轴旋转系统，单精度并未达到预期。此后高伯龙调整改进原有方案，并兵分两路，陆煜明继续进行机械抖动激光陀螺旋转惯导系统研制，袁保伦、饶谷音则利用四频差动激光陀螺进行旋转式系统研制②。

前面曾提到激光陀螺旋转惯导系统其时在国内鲜有人知，而高伯龙带领学生从事此项研究则为国内开创性工作。故尽管2006年之前高伯龙曾向有关部门和国内惯导界大力宣传推介，然对此新型惯导方案持否定意见者

① 档案：高伯龙院士2000年后的科研工作。存于国防科大光电科学与工程学院。

② 同①。

居多。果不其然，在2006年3月31日由学校科研部牵头召开的“旋转性激光陀螺惯性导航系统”专家讨论会上，与会校内外专家大多对此持怀疑否定态度，认为以国内目前条件难以成功。故高伯龙希望借此次会议推动国内惯导技术发展和求得业界认同的目的并未达到，而研制经费紧张的状况亦未获改观。尽管如此，高伯龙依然坚持不懈地指导学生不断推进研究试验，并于当年12月研制成功一套四频差动激光陀螺单轴旋转式惯导系统原理样机。当月下旬某日，经过连续30个小时的试验后，袁保伦、饶谷音向高伯龙报告试验结果：达到预期结果，系统精度比传统的捷联式惯导系统有显著提高，证明了单轴旋转调制方案的可行性。高伯龙闻之非常欣喜，并当即提出要在此基础上大力干、放开干。经深入研究讨论，提出可结合四频差动激光陀螺的优势，在单轴旋转式系统原理样机的基础上，增加一个转轴，改装为双轴式，系统精度将更加提高。至翌年8月，经过大半年紧锣密鼓的研制试验，双轴旋转式惯导系统原理样机研制成功，系统精度显著高于捷联式惯导系统。这是国内首次验证该系统的可行性。高伯龙立即向原国防科工委主任丁衡高院士通报试验进展和结果。得到丁衡高的高度评价，认为开辟了一个很有前景的高精度惯性导航系统的方向。此后，高伯龙带领课题组乘胜前进，继续研究改进双轴旋转式激光陀螺惯导系统，并将不久后研制成功的精度更高的空间四频激光陀螺用之于该惯导系统，于2010年加工出一套具有一定工程化的双轴旋转式惯导系统，精度达到当时国内第一。丁衡高、冯培德、高钟毓、万德钧等国内知名专家对此成果给予很高评价①。

此一过程中，许多持怀疑否定态度的专家也开始思考并逐渐接受了高伯龙提出的旋转调制的概念，国内很多相关研究机构也开始旋转式惯导系统的研制。至2010年，旋转式惯导系统研制已然成为国内该领域的主流②。

如前面有关章节所述，自在清华大学求学期间起，理论物理即成为高伯龙的心中挚爱，并在参加工作后的数十年间一直坚持学习钻研。其深厚

① 档案：高伯龙院士2000年后的科研工作。存于国防科大光电科学与工程学院。

② 同①。

的理论物理造诣，是他后来成为中国激光陀螺研究第一人的最重要的学术底蕴和支撑。尽管1975年以后他将主要时间和精力投入激光陀螺研制工程，但始终对理论物理保持着关注，并就有关问题发表自己的见解。如他在《科学时报》发表《对宇宙起源的一点看法》一文，即对宇宙大爆炸这一天体物理中的重大问题阐述了自己的观点。因文章不长，兹全文照录如下：

2008年诺贝尔奖公布后，《科学时报》在10月15日作了解读报道，11月5日介绍欧洲大型强子对撞机（LHC）时再一次谈到这些牵涉到基本粒子和宇宙论的根本问题，10月17日还发表了梅晓春的不同看法。它们引起我的思考。我们的宇宙是大爆炸后诞生，证据充足，不容否认。但是，宇宙如何在爆炸后远短于一秒内诞生，爆炸前如何，就值得商榷了。

按现在流行的正统看法，宇宙大爆炸之初，所有力在各方向都是对称的，标准模型中已被发现的60种基本粒子静质量都为零，当希格斯场跌落到最低能态即真空态，对称性消失了，希格斯场变成一锅“粒子汤”，基本粒子们从其中吸收能量而获得不同质量，紧接着合成其他粒子，等等。我觉得，即使大爆炸产生带质量的粒子从而诞生整个宇宙是由于爆炸前的对称状态的对称性破裂造成的，但它没有回答这么大的能量、质量从哪里来的问题。

能量守恒和质量守恒（从质能关系式去看，它们是一回事！）定律是宇宙最基本的定律。大爆炸不可能产生能量和质量，只可能使物质的能量和质量剧烈改变形式，爆炸后的能量和质量与爆炸前是完全相等的。爆炸前的能量和质量从哪里来？最合理的设想似乎应该是从更广大的宇宙中的能量（质量）向现在我们宇宙所在处集中即收缩而来。当收缩到相对很小的体积，物质的密度已经很大，就会发生各种聚变，因而发生大爆炸，物质从迅速的收缩状态发生质变后转为膨胀状态，我们的宇宙诞生了。

我们的宇宙已诞生了150多亿年，1998年据称发现了膨胀正在加速，认为是宇宙中70%以上“暗能量”作用的原因。许多人认为，我们宇宙中的“暗能量”、“暗质量”约占96%，是未知的东西。其实，从质能关系式，有能量必有相应的质量，反之亦然。所以“暗能量”应该是指没有静质量的那类物质，“暗质量”应指是有静质量的物质，二者并非截然不同，并且在一定条件下可以互相转化。我认为，“暗能量”、“暗质量”的存在证据并不充分，我们宇宙的加速膨胀也可以认为是这些星体正被更远处、现在天文望远镜还不能发现的某些中心所牵引，它们正向那里集中。还有和我们类似的其他宇宙的物质也向那里集中，待集中到相对较小的体积，又将发生剧烈聚变，发生一个个新的大爆炸，诞生一个个和我们相似的宇宙。

我虽然是学物理出身，但改行工科已30多年，对于物理、天文的新知识很贫乏，所以本文在专业讨论上的不确切是难免的。①

又如一篇写于2010年未曾发表的七千余字论文《奇点质疑和反相对论的错误》中，高伯龙对理论物理中的一些流行观点提出质疑并进行了深入分析，体现了高伯龙理论思考的严密逻辑性②。

而早在清华大学读书期间，高伯龙即对爱因斯坦1905年发表的狭义相对论存有疑问。高伯龙认为，狭义相对论的基本原理，光速不变性，虽然经过实验验证，但仅证明了光速往返平均是不变的，却无法验证相对于同一运动参照系，一个方向上的光速是不变的，因此必须用实验进一步研究分析。至2010年，随着新型激光陀螺和旋转惯导系统研究的稳步推进，高伯龙有了更多时间思考研究广义相对论问题。高伯龙认为，以前由于技术限制，无法精确测量地球在宇宙空间运动的速度，而随着原子钟技术的进步，可以在一个静止轨道同步卫星上放置高精度原子钟，精确测量地球的运动，从而确定不同方向上光速是否一样，并进而确定是否存在绝对空间，以探讨相对论的适用性问题。2012年以后，高伯龙与他的博士生韩松来对此进行了大量研究工作，如向国家有关部门申请得到卫星定位的大量相关数据资料，并进行分析处理，以此检验光速不变性。至2013年，高

① 高伯龙：对宇宙起源的一点看法。《科学时报》，2008年12月5日。

② 高伯龙：奇点质疑和反相对论的错误。存于采集工程数据库。

伯龙已开始考虑直接在同步卫星上开展相关实验的问题①。

详细考察高伯龙的科学研究活动，不禁令人想到这样一个问题：科学家与工匠的区别在哪里？灵巧聪慧的工匠能凭借精湛绝伦的手艺制造出人们日常生活所需要的各类用品，乃至巧夺天工的艺术品，这当然是从古至今人们生活所不可缺少的。而作为科学家，当然也要依靠发明创造，研制出人类社会各方面所需要的先进实用产品。但就其工作的本质来说，科学家是在无止境地探求自然世界的奥秘和规律，以种种科学的分析研究方法和手段，发现隐藏于纷繁复杂自然现象中的内在规律，为解决诸多人类发展面临的问题提供方向和途径。所有关于客观世界内部规律的重大发现，以及据此创造的重大发明和研制的实用性产品，无不体现了科学家在推进人类社会发展上的巨大作用和贡献。而新的发明创造往往会对人类社会已有的认知和传统生产、生活方式造成颠覆性的改变，这是任何手艺高超的工匠所远远无法企及的。正如朱亚宗教授在《中国工程技术的首创性瓶颈与出路》一文中指出的："现代规模巨大的'大科学'内部，如果不是数量扩张型的重复性大科学项目，则必有一个或数个'小科学'核心，它们由少数高水平的精英科学家组成，并拥有相应的实验试验设备，唯有这一核心在科学原理与技术途径上取得突破，方有宏观大科学的工程技术首创性。而这一'小科学'核心的研究工作，在当代虽有尖端设备与网络信息可资利用，也可运用大数据库的海量信息与计算机处理技术，但从信息通向知识与智慧的深层核心手段，如科学思维、实验试验及信息挖掘等方法，与小科学时代并无实质性变化。"②

当然，工匠与科学家之间并非存在一条不可逾越的鸿沟，一旦通过刻苦学习和不断探索科学理论，从"知其然"升华为"知其所以然"，并在代代传承的生产制作工艺的基础上，实现了革命性的改变，做出创新性的科技发明创造，当然应当跻身科学家之列。发明了高效蒸汽机的十八世纪英国工匠瓦特后来成为英国皇家学会会员、法国科学院院士即是著名一例。探求客观世界内在规律的工作充满艰辛和挑战，但这却是科学家们的

① 档案：高伯龙院士 2000 年后的科研工作。存于国防科大光电科学与工程学院。

② 朱亚宗：中国工程技术的首创性瓶颈与出路。《工程技术》，2013 年第 4 期。

兴趣、理想、追求之所在。而当这种个人的兴趣、理想、追求一旦与国家和民族的利益结合在一起，则会产生更为巨大持久的精神力量，支撑激励着他们义无反顾地奋勇前行。当我们用这样一种目光审视高伯龙和他所领导的激光陀螺研制团队，追寻他们数十年艰辛奋斗的历程，就会由衷地敬佩他们精神力量的崇高与神圣，就会深切地感受到在更为艰难和不利条件下中国科学家在世界科技竞争中所取得成就的弥足珍贵。

第六章
严字当头育英才

在科研实践中培养人才

历史的演进确实存在某种机缘。20 世纪 70 年代后期至 80 年代初期，高伯龙对激光陀螺理论研究取得丰硕成果，在其理论指导下国防科大激光陀螺研制团队研制成功了原理样机和实验室样机，成立了高伯龙为主任的 208 环形激光器研究室，相继调入技术骨干加强了研制团队力量。当此国防科大激光陀螺研制工作进入专心致志开展各项攻关的发展正轨之际，经国务院学位委员会批准，国防科大军用光学学科先后于 1981 年 11 月、1984 年 1 月获得硕士学位授予权（第一批）、博士学位授予权（第二批），高伯龙亦同时于上述时间被国务院学位委员会批准为硕士生导师、博士生导师。这意味着 208 研究室激光陀螺研制工程将有源源不断的高水平新生力量加入，可谓“如虎添翼”。无论是上世纪八九十年代的激光陀螺研制攻关，还是后来激光陀螺事业的代代相传、后继有人，以高伯龙为学术带头人的军用光学学科点的建立以及所培养出的杰出人才，对我国激光陀螺

图 6–1　高伯龙（前排左一）培养的第一批硕士研究生毕业答辩会（摄于 1984 年。资料来源：国防科大光电科学与工程学院提供）

事业的长期可持续发展均具有重大意义。

高伯龙培养高层次人才的思路非常明确具体，那就是一定要培养出在激光陀螺研制工程中顶用的高水平人才。一是要深入透彻掌握激光陀螺以及与之相关学科的理论；二是根据具体课题研究方向，参与激光陀螺科技攻关甚至负责某一方面的攻关任务。因此，实践性是高伯龙培养学生最显著的特色。仅从已收集到的 1984 年至 2005 年获得军用光学（1998 年改称光学工程）学科硕士学位和 1993 年至 2012 年获得军用光学学科（1998 年后改称光学工程）博士学位的研究生的学位论文题目，即可得到印证。限于篇幅仅列出军用光学专业博士学位论文题目如下：

秦石乔：多功能智能可逆计数器

龙兴武：掺杂 YIG 单晶薄膜 LPE 生长及磁镜偏频激光陀螺

肖贵遐：无源谐振腔激光陀螺研究

罗　晖：锁相技术在四频差动激光陀螺中的应用研究

冯　莹：铌酸锂光波导和光波导偏振器的研究

梁永辉：极高反射率测量仪

袁保伦：四频激光陀螺旋转式惯导系统研究

李广柱：风廓线雷达信号处理研究

饶谷音：四频差动激光陀螺旋转式惯性导航系统误差补偿研究

杨建强：四频差动激光陀螺相关技术研究

王国臣：空间环路四频激光陀螺及其组成的双轴旋转惯导系统关键技术研究

韩松来：GPS 和捷联惯导组合导航新方法及系统误差补偿方案研究

张　梅：激光陀螺的漂移结构及角随机游走研究

张　文：无辅助的 GNSS 信号检测技术研究

同时，由于激光陀螺研制在我国属于完全创新性的科技攻关工程项目这一背景，高伯龙指导的学生——无论硕士生还是博士生所研究的课题，均无现成经验可资借鉴，可供参考的资料也极为有限，因而极具挑战性、创新性、先进性。而这些课题皆来自于激光陀螺阶段性研制工作实际，是研制攻关所迫切需要解决的理论及相关工艺技术乃至先进设备研制的难题。关于这一点，高伯龙的现任学术秘书饶谷音提供了一份资料，即高伯龙指导的部分博士生的学位论文的内容简介，从中或许能使读者获得更加深刻的印象。

秦石乔的博士学位论文《多功能智能可逆计数器》从激光陀螺高技术科研任务的迫切需要出发，成功地设计出一种新型的多功能智能可逆计数器，并在激光陀螺的研制与应用中发挥了重要作用。龙兴武的博士学位论文《掺杂 YIG 单晶薄膜 LPE 生长及磁镜偏频激光陀螺》主要研究激光陀螺的工艺问题，分为三个方面。①从配方到工艺研究了单晶薄膜的生长问题，摸索出从配方掺杂到工艺过程控制解决困难的途径。②系统地研究了各种非互易的磁光效应理论，特别是横向克尔效应问题。③对光学冷加工进行了较深入的研究，特别晶体及薄膜的表面抛光技术，提出了浸没法分离器悬浮抛光新工艺。

罗晖的博士学位论文《锁相技术在四频差动激光陀螺中的应用研究》针对目前四频差动激光陀螺采用的开环检测系统在抑噪功能方面的不足，采用一种新的分析方法对锁相环路进行了一些理论研究，在此基础上，设计并研制了陀螺信号的三阶锁相检测系统。肖贵遐的博士学位论文《无源谐振腔激光陀螺的研究》首次在国内进行了无源谐振腔激光陀螺的研究，并取得了一定的性能，在实验室环境下，漂移稳定性达到 1.7 度 / 小时。

冯莹的博士学位论文《铌酸锂光波导和光波导偏振器的研究》是结合光纤陀螺，光纤通信等领域对铌酸锂光波导器件的需要，围绕光波导的分析和光波导偏振器的研制展开的。首先将一种新的分析方法——传递函数方法引入对光波导的分析研究，首次建立了分析光波导传播特性的传递函数方法。梁永辉的博士学位论文《极高反射率测量仪》深入研究了在国内现有的技术水平条件下实现激光镜片的极高反射率测量。采用三种方案实现了无源谐振腔损耗的测量。

尽管上述博士学位论文的内容介绍对该专业领域以外人士来说并不易懂，但从中亦可得一基本印象，即高伯龙指导学生研究的课题均与激光陀螺研制密切相关，并且是其中的关键问题，研究成果均实用于激光陀螺研制工作，其创新性、先进性是显而易见毋庸置疑的。而秦石乔的研究成果“多功能智能可逆计数器”已成为实际产品，获得国防科工委科技进步二等奖，并获发明专利。冯莹的研究成果也转化为实际产品“光波导偏振器”，并获国家发明奖，以及高伯龙的部分硕士研究生学位论文课题，如周磊的“微分散射仪”、孙维锦的“普通显微镜改装相衬显微镜”、胡云慧的“红外透反仪”、荣秀芳的“正弦相位调制干涉仪”、刘照世的“积分散

图 6-2　高伯龙培养的博士生肖贵遐博士学位论文答辩会后合影（高伯龙，前排右二；曾淳，前排左一；肖贵遐，前排右三。摄于 1996 年 6 月。国防科大光电科学与工程学院提供）

图 6-3　高伯龙培养的博士生冯莹博士学位论文答辩会后合影（高伯龙，右五；曾淳，右二；冯莹，右四。摄于 1998 年 12 月。国防科大光电科学与工程学院提供）

射仪”、吴军辉的“微分散射仪”、刘晓元的“普通显微镜改装成相”等，皆为有力证明。尤其是秦石乔的“多功能智能可逆计数器”，屡屡在高伯龙撰写的项目鉴定书、论证报告、立项报告等文件中提及，将之作为开展项目研制在仪器设备方面的有利条件之一。联想到他们的导师高伯龙早在 20 世纪 70 年代即为解决镀膜检测这一激光陀螺研制最基础的问题而发明 DF 透反仪，可知着眼于工程实际问题开展科学研究乃至研制必备的先进仪器这一优良学术研究传统，由高伯龙身体力行率先垂范，并由他培养的学生代代传承发扬光大。

高伯龙对他的弟子们的杰出表现是十分赞赏和欣慰的。他在 1993 年《国防科技“863”重点实验室建设项目申请书》“学术队伍”一节中写道：“多年来培养硕士生 30 多人、博士生 6 人，皆在业务工作中发挥重要作用。他们的论文与本室的科研工作紧密结合，其中一些成果已直接服务于激光陀螺的研制，成为研制队伍中朝气蓬勃的生力军。”[①]

① 档案：国防科技“863”重点实验室建设项目申请书。存于国防科大光电科学与工程学院。

1994 年 11 月通过鉴定的全内腔四频差动激光陀螺工程样机的《经济效益与社会效益分析报告》也介绍了这方面的情况:“还有一个社会效益,就是促进相关学科和技术的发展。我们发展了有自己特色的激光陀螺,激光检测,薄膜光学,磁光光学,激光器工艺和微弱信号检测,已培养了 30 多名硕士、博士生。目前由于保密,内容很少公开发表。一旦公开,将会全国瞩目,像 70 年代末、80 年代初的 DF 透反仪那样,对全国是一种促进和贡献。”①

一定要解决实际问题

高伯龙培养学生素以严格著称。其严格当然包括勤奋、认真、扎实、创新性等诸多方面的要求,但最关键的是看你研究的结果能否解决实际问题。据高伯龙 20 世纪 80 年代初期的学生秦石乔说:“高教授对学生严格要求的核心,就是看你是不是真正解决了实际问题。没有解决实际问题,弄虚的,肯定是不行的,你说再多也没用。或者说你这个问题没有解决彻底,还有一些东西你解释不清楚,也是不行的。但只要真正解决了实际问题,确确实实掌握了本领,提高了能力,还是比较好过关的。当然,这里面具体情况各不相同。有时候学生的学位论文涉及的问题很复杂,面很广,而且还有条件是否具备的问题,所以一些课题并非数年时间所能完成。”②

作为高伯龙的第二批毕业的硕士生、第一批毕业的博士生,秦石乔亲炙导师高伯龙的指导教诲长达 10 年,对高伯龙“一定要解决实际问题”的要求感受深刻。秦石乔在访谈中说:“我的硕士、博士学位论文都是做关于激光陀螺信号检测电路方面的研究,这是激光陀螺研制迫切需要解决的问题。20 世纪 80 年代国内电子技术还很落后,包括信号测量都存在许多问题。

① 档案:四频差动激光陀螺工程样机研制报告。存于国防科大光电科学与工程学院。

② 秦石乔访谈,2013 年 9 月 17 日,长沙。资料存于采集工程数据库。

我的大学本科是在武汉大学读的，理论物理专业。电路方面的知识是在读硕士期间学的，掌握了一些新的数字电子技术和信号处理方法，并最早应用于激光陀螺的信号检测。以前信号检测是手工计数，比如激光陀螺5秒或10秒显示一个信号，就在坐标纸上画点，之后高教授就拿去计算分析，这种方法费时费力，效果也不理想。我们利用老电视机做显示器，还有苹果机、计数器，自己编制软件，做成了一个激光陀螺信号自动检测系统，解决了激光陀螺信号的自动测量问题。高教授对此是十分赞赏的。现在看这个东西很简单，但在20世纪80年代确实是很复杂的设计，国内以前从来没人干过。当时一些电子测量设备都是用的电子管或晶体管，所以这样一台仪器设备体积很大。改革开放后一些先进的元器件能进口了，市面上买得到，我们又作了改进。读博期间，一面参与激光陀螺研制工作，一面继续改进完善这个信号检测系统，提高性能，增加功能，使之更加工程化和系统化，并利用CPU把计算机和信号处理系统合成一个仪器，体积很小。这就是后来获得国防科工委科技进步二等奖并申请了专利的多功能智

图6-4　高伯龙（左二）在指导研究生（曾淳，右一；秦石乔，右二；龙兴武，左一。摄于1990年。国防科大光电科学与工程学院提供）

图 6–5 高伯龙为全校学生举办学术讲座（摄于 2003 年。资料来源：国防科大光电科学与工程学院提供）

能可逆计数器。这套系统一直用到2004年，才由后来的学生作了进一步改进，但基本思路未变。读博期间，我们还用自己研制的这台仪器第一次对抖动激光陀螺信号进行了测量分析。实测结果和高教授早些年的理论分析结果完全一致，验证了高教授根据我国当时镀膜工艺不过关而提出的‘抖动激光陀螺离实用还很远’的结论。当然，后来国际形势发生了变化，苏联解体后，我们从俄罗斯引进了相关工艺技术，使原来预计还需要较长时间才能研制出的实用的抖动激光陀螺缩短了研制时间。”①

正因为秦石乔解决了激光陀螺研制中的实际问题，高伯龙对秦石乔给予较高评价。尽管由于所承担的激光陀螺研制任务较为繁重，致使博士读了近 7 年，但仍于 1993 年顺利毕业。

还有一件事至今令秦石乔印象深刻。那是秦石乔读硕士期间，高伯龙给学生讲授完激光陀螺理论课程之后（高伯龙招收的头两届研究生，均由高伯龙亲自讲授激光陀螺理论课程）要考试。但这个考试的方式却很特别，就是拿来一篇别人写的关于激光陀螺的学术论文，让那一届三个研究生分析，写出一个评价，但并不说明目的。其实这篇论文中有三个错误，其中一个是核心错误，其他两个错误是由这个核心错误导致的。秦石乔回忆说：“我就用公式推导，看论文中的方法行不行，结果找出了这个核心错误，受到高教授的表扬。其他两个同学则未找出错误所在。因为高教授事先并未说明是让我们在这篇论文中找错误，如果说明了，结果可能就不一

① 秦石乔访谈，2013 年 9 月 17 日，长沙。资料存于采集工程数据库。

样了。”这一别开生面的考试是高伯龙重在学生解决实际问题要求的具体体现①。

1987年从外校本科毕业后考上国防科技大学军用光学专业硕士研究生的江文杰，跟随高伯龙学习3年、工作6年。虽然后来调到本院另一个系工作，但深感这一时期的学习、工作经历奠定了他以后事业发展的坚实基础。江文杰在接受采访时说："高教授交给我的课题是关于信号检测方面的，很有难度。最初几个月毫无进展。后来我就泡图书馆查资料，连续一个多月，找到了一个国外资料，是用于光纤通信系统的，我就把这个方法移植激光陀螺里面，最后圆满完成了论文，用到项目上，信号质量提高了好几倍。”②

江文杰毕业分配时还有一个小插曲。本来学校已准备把江文杰分配到国防科工委某试验基地，但高伯龙认为江文杰搞成的信号检测项目效果很好，决定让江文杰留校继续研究完善。但当把想法反映到学校时，分配方案已经确定了。江文杰还记得一天高伯龙打电话与校领导说这件事。高伯龙在电话里说："反正这个人我要定了。”结果江文杰留了下来，进了课题组。师从高伯龙3年，江文杰得到一个印象，就是高伯龙的学生都有点怕这位严师。为什么怕呢？江文杰说："这就是高教授的高标准、严要求，不容许一丁点马虎。任何一个小问题，在高教授那里是逃不过去的，决不放过的。无论是硕士生还是博士生，高教授交给的研究课题都是很难的，不下点功夫是完成不了的。现在回过头来看，高教授是着眼激光陀螺研制的迫切需要，站在学术最前沿给学生提出研究课题。但一旦在高教授指导下完成了课题，就会感到自己的科研能力、学术水平都上了一个台阶。”③

冯莹1987年师从高伯龙攻读硕士学位，1990年毕业后留校工作了几年，又师从高伯龙攻读博士学位。她是高伯龙指导培养的第一位女硕士、第二位女博士。1998年12月获得军用光学工学博士学位。她的研究课题属于集成光学的范畴。她对高伯龙严格要求学生有深刻印象。冯莹在接受

---

① 秦石乔访谈，2013年9月17日，长沙。资料存于采集工程数据库。

② 江文杰访谈，2012年11月24日，长沙。存地同①。

③ 同②。

采访时说:“我在博士学位论文中，将力学领域的一个算法引进光学领域，利用这个算法进行计算机模拟仿真，用以解决光学领域的一个问题。高教授为考核我得出的结果的正确性，同时为防止我在用计算机模拟仿真时凑数据，就想了好些办法来检验。我用的是数值方法，他就找几个特殊的点，只告诉我几个参数，让我用自己的算法去算。其实高教授事先已用解析解推导出了结果，但他不告诉我。我算完后将结果交给他，他将这个结果与他自己算出的结果作比较，发现是一样的，这才肯定了我引进这个算法是可行的。”①

冯莹毕业后一次去见高伯龙，见他正在审阅一位学生的论文，他对学生说“你这个原理是错误的”，要求学生将论文重新写过。冯莹说:“评审博士学位论文，一般的导师也就是大致看看论文的理论、公式有没有什么大问题，不会去仔细推导。但高教授会一个一个公式重新推导一遍，把存在的错误和问题指出来。而且他非常重视实验和数据。他看论文首先看数据，分析数据对不对。他的物理思想非常清晰，从物理意义上分析你的结果是否合理，而非单纯从数学上分析。仅仅从数学公式上推导你的数据是对的，这还不够，还要从物理意义上分析这个结果是否合理，要有物理上的合理性。”②

高伯龙带的学生每届并不多，硕士生一届最多也就三五人，博士生有时一届只有一个。但他对学生的课题研究非常关注，对学生的指导非常尽心。冯莹对此有真切感受。她说:“只要高教授对学生做的课题有什么新想法，就会马上把你叫来，不分白天黑夜地跟你讨论。有时讨论了一上午，午饭也不记得吃，直到下午两三点钟，学生饿了也不敢吱声。有时我们提醒他，他总是说没关系，不急不急，继续讨论。而晚上讨论到第二天凌晨一两点钟也是常有的事。高教授就是这么一个人，工作起来全神贯注，废寝忘食，完全进入忘我境界。那时他已经是 70 多岁的老人了。”③

若从读博的时间来看，罗晖算是幸运的。罗晖只读了四年，而他之前

---

① 冯莹访谈，2012 年 12 月 26 日，长沙。资料存于采集工程数据库。

② 同①。

③ 同①。

或之后的高伯龙的学生，少则五六年，多则七八年，像罗晖这样四年就毕业的极少。1991年罗晖从哈尔滨工业大学精密仪器系光电子技术专业本科毕业后，即考取了高伯龙的研究生，投身军旅。因读硕士期间课程学习成绩优异，在同届六位学生中排名第一，得以提前攻读博士学位，所以罗晖在读硕士期间未做课题研究。笔者采访罗晖的时候笑称他“躲过一劫”。因为其他同学都承担了与激光陀螺研制密切相关的研究课题，难度相当大，这些同学后来都没有再攻读博士学位。对此罗晖回忆说：“实事求是地说，我们那一届的同学‘很惨’啊。除了我之外，高教授让他们每人研制一台仪器设备，都是国外对我国禁运的先进仪器，比如腔损仪、积分散射仪、微分散射仪等等。当时只知道原理，只知道国外有这种仪器，谁也没见过，就让硕士生做。现在看来，研制这样先进的仪器设备，每一种仪器都是一篇博士学位论文。这些同学中只有一人是按时毕业的，其余的都延期了。但做出来的东西都是不错的，为激光陀螺研制作出了贡献。”①

罗晖的博士学位论文课题名称是《锁相技术在四频差动激光陀螺中的应用研究》，属于陀螺电路方面的研究，用于检测陀螺的微弱信号，难度也相当大。但1994年鉴定的全内腔四频差动激光陀螺工程样机并未使用这种电路，这是高伯龙为以后陀螺的性能改进提高而要求罗晖做的先期研究。罗晖博士毕业以后，一些陀螺才开始采用这种新型电路。而罗晖博士毕业后到本校另一个学院做博士后研究，也是高伯龙基于为以后的激光陀螺研制做技术储备的考虑而作出的安排，体现出高伯龙对激光陀螺发展的深谋远虑②。

罗晖至今还清晰地记得临近毕业时论文作最后修改完善的情形。罗晖说：“高教授要求非常严格，一点点抠我的论文，每个实验都要看一遍，看你的数据对不对，整个理论推导也仔细把关。那段时间从每天上午搞到下午两点多钟，下午继续，一直搞到晚上八点多钟，天天如此，搞了将近一个月。1997年6月答辩，顺利通过。高教授对我的论文比较满意，给了个优秀论文的评价。高教授喜欢这么做，比如写一个合格论文或优秀论文。”③

① 罗晖访谈，2013年9月28日，长沙。资料存于采集工程数据库。

② 同①。

③ 同①。

罗晖对高伯龙带学生的方式也有深切体悟。罗晖说："一般来说，高教授只给学生一个方向，告诉你大概怎么去干，给你提供条件，学生就自己去查资料、做实验，他强调学生的自主性。为什么208研究室的学生能够得到锻炼呢？就是因为高教授把学生当作项目攻关的重要力量，放手让他们在科研实践中去探索、磨炼，而不仅仅是做一篇论文，拿个学位。学生在研究过程中有什么不明白的地方就去向他请教，高教授就跟你探讨，给予指导。虽然高教授对学生要求严格，但学生能从他那里学到很多东西。所以能从高教授手底下毕业是很不容易的。现在来看高教授的学生，都是很不错的。包括请来做学生毕业答辩委员的专家教授，对高教授的学生都有很高的评价。"①

罗晖2001年成为硕士生导师，2005年担任博士生导师，他带的博士生有两人已经毕业了。他坦言自己带学生的风格深受高教授的影响。他说："我招收学生是宁缺毋滥，不是说什么人都能进来。要进行面试，问几个基本问题。他的基础怎么样，一问就知道了。"他进而说："一个单位有一个单位的文化。我们208研究室，今天的激光陀螺研究所的传统、作风就是高教授带出来的。其中最核心的一点就是严，包括对学生的要求。我们强调做一个工程上有用的东西，强调动手能力培养。不是说做个虚的，比如说编个软件就OK了，我们从来不干这种事。高教授就是这种风格，所以对学生也是同样要求。你考到我这里读研究生，肯定会给你提供足够的研究条件，但你一定要踏踏实实地做，想混过去是不可能的。208研究室培养的学生在各个基地或到地方工作，口碑都比较好。因为在研究生阶段得到了锻炼，自己动手做过工程性课题，解决了实际问题，能力、水平得到大大提高。"②

张斌1991年从外校考入国防科技大学军用光学专业，师从高伯龙攻读硕士学位。张斌在接受采访时说："那一届高教授带了5个学生，只有我是读了两年半后按期毕业的。其他4人全部延期半年毕业。"为什么张斌能按时毕业呢？张斌说："当时高教授给我们布置的几个课题难度都非常大。我做的课题是'He-Ne激光器的射频电源'，这是研制He-Ne激光器必

① 罗晖访谈，2013年9月28日，长沙。资料存于采集工程数据库。

② 同①。

须解决的问题。在我做这个课题之前，高教授是请学校另外一个系专门搞电的人做，结果没做出来，后来却被我做出来了。也许高教授看我还比较能干吧，所以顺利毕业了。”①

张斌记得同届同学中有两人的课题分别是研制积分散射仪、微分散射仪。这两种仪器是美国对我国禁运的设备。张斌说：“把这样的课题作为硕士研究生学位论文的研究内容，难度是相当大的。”但根据国防科技大学研究生院提供的军用光学专业授予硕士学位名录，这两个课题最终是完成了的。这两个学生一个叫刘照世，一个叫吴军辉，均于 1995 年 1 月获得工学硕士学位。张斌则早半年于 1994 年 6 月获得工学硕士学位。张斌的课题难度也很大，要完成此前专家未能完成的任务，压力可想而知。张斌对当年课题攻关的紧张状况至今记忆犹新。他说：“有一段时间忙得连到食堂吃饭的时间都没有，就在实验室里煮点面条吃。这种紧张状况一直持续了近半年。”张斌对高伯龙培养学生最深刻的印象，同样是紧密结合科研实际。他说：“高教授给学生出的课题，不是空对空，都是立足于激光陀螺研制中的实际问题提出来的，研究成果要实际用于激光陀螺研制。这种传统一直延续到现在。”②

而张斌毕业留在 208 研究室工作后不久遇到的一件事，使他对高伯龙的严格要求又有了更深刻的感受。那是一天下班时，张斌忘记拉下变压器的电闸，不一会电闸就冒烟了。幸好被晚下班的丁金星高工发现，立即拉闸断电，避免了一次火灾事故。为此，高伯龙在当时全内腔四频差动激光陀螺工程样机研制攻关最紧张的时候，让全体人员停下手中工作，专门召开会议，对张斌进行批评帮助，并警示大家重视安全问题。张斌说：“这件事对我震动很大，给我敲了一记警钟。后来我将功补过，给电闸设计制作了一套带保护的装置。高教授看到后觉得这个年轻人知错能改，还想办法解决问题，在后来的科研工作中依然很信任我，给我布置很重的任务。”③

梁永辉是国防科大应用物理系的学生，1994 年本科毕业后保送读高伯

---

① 张斌访谈，2012 年 12 月 26 日，长沙。资料存于采集工程数据库。

② 同①。

③ 同①。

龙的研究生，一年后又提前攻博，至2000年毕业。梁永辉是高伯龙不多的女弟子之一。因提前攻博，读研期间未做课题，攻博课题是关于光学薄膜损耗测量方面的，博士学位论文的课题是《极高反射率测量仪》，论文内容上一节作了介绍。在梁永辉印象中，高伯龙做学问的一个最大特点就是他做的是务实的学问，不是为做学问而做学问。她说："激光陀螺本身就是一个实用的产品，对提高我军武器装备现代化水平具有重要意义。因此，高院士所有的科学研究，包括工艺研究和系统性能研究等，都有具体努力的目标。我们一进入自己的课题，他就很清楚明白地交代，这个课题属于什么范畴，要达到怎样的目标，需要注意什么。所以，我们从开始课题研究的时候，就明确知道课题的作用和目标。课题研究中难免会遇到这样那样的问题，向他请教的时候，他都是从实用的角度、实际操作的角度来引导你。"①

正因为如此，高伯龙并不会因为你是女生就把要求放松一点。梁永辉至今还记得一次高伯龙严厉批评她的情景。那已经是十多年前的事了。梁永辉说："高院士批评我的原因，是我在论文中的推导不是很清楚，里面有错误。大约是我在修改的时候注意其他方面去了，忽略了一个地方。但高院士认为这是一个比较严重的问题，当时就狠狠地批评了我。"但梁永辉又说："他对学生严格要求是出了名的，但他对自己同样严格要求。对目标的追求从不轻言放弃。其实，他交给学生的研究课题，就是他所关注的问题，也是激光陀螺研制迫切需要解决的问题，决不会轻言放弃，当然要求学生努力达到目标。这是他为什么严格要求学生的原因。只要你了解了导师的这个想法、追求，其实也很好相处。但如果学生想的和导师不一样，想偷点懒，糊弄过去，这样到高院士那里就会有比较大的麻烦。"②

梁永辉的博士学位论文课题是要解决一个复杂的工程性问题，难度相当大，需要了解掌握光、机、电、算等多个领域的相关知识，而她的动手能力本来就偏弱。但梁永辉别无选择，唯有迎难而上。泡图书馆、实验室，多方求教，逐渐成为有关技术的行家里手，并设计出了极高反射率测量仪。然而实际测量数据却与常理不符。原因何在？梁永辉陷入深深思索。一天夜

① 梁永辉访谈，2012年11月21日，长沙。资料存于采集工程数据库。

② 同①。

里，正在实验室加班的梁永辉忽然想到：是否器件本身存在问题？并立即着手验证。果不其然，器件特性与说明存在差异。又经反复测试，证明她的判断是正确的。翌日一大早，梁永辉把这一发现告诉导师高伯龙。高伯龙十分高兴，对这位女弟子的钻研精神和聪慧十分赞许，并叫她把这一结果写进论文。梁永辉知道，只有解决了实际问题，才会得到导师的认可[①]。

208 研究室科技档案中也多有这方面的记载。如 1989 年 2 月撰写的外腔型四频差动激光陀螺工程样机鉴定材料“理论与实验研究”一节中有如下记载：“高伯龙教授指导下的两名研究生做硕士毕业论文时做了大量实验，结合理论分析，研究了陀螺带根本意义、有重要影响的效应。硕士生蒋志平研究了复杂的预热时间零漂，制成数据采集分析系统，研究了多种有影响的物理因素，采集了大量数据，使该问题的解决进了一步。其毕业论文《激光陀螺的预热效应研究》是一篇重要论文，由于保密原因，未公开发表。但我们在其答辩后立即提交 12 所 6 室。硕士生袁晓东的毕业论文《外腔型环形激光器中的朗缪尔流动效应》深入探求了朗缪尔流动零漂的规律，发现与传统模型很不相同。毕业后又接着干了半年多，更深入，有初步理论看法。提交 1987 年国际激光会议及美国光学年会的论文《一种朗缪尔流动零漂的新物理图像》，引起国外陀螺研制单位的注意，来函索取论文。我们把论文及时提供给了 12 所 6 室。”[②]

严师出高徒

作为“严师”，高伯龙在国防科大是比较有名的。除了对学生各方面严格要求外，还有一个原因，就是要在他手底下毕业，拿到学位，是很不容易的，高院士对学生是否达到他认可的毕业标准把关很严。高伯龙 1979

① 马金铭、李治，“认真”成就精彩人生——记光电科学与工程学院光电信息系梁永辉教授，《国防科大报》2012 年 10 月 9 日。

② 档案：外腔型四频差动激光陀螺工程样机鉴定材料。存于国防科大光电科学与工程学院。

年晋升为教授，当时国防科大应用物理系就他一个教授，大家称呼他连姓都不用加，直接叫教授。后来教授多了也是如此。高伯龙在访谈中说：“他们说这是对我的尊重，但我知道其实还另有原因，就是我敢淘汰人。有个博士生分数是最高的，但我发现他眼高手低。他的博士学位论文没有条件干，国内没有资源，结果东扯一点，西扯一点。我对他说，既然你在国内没有条件干，那我就换个人干。给了他个结业，没有学位。大家知道了都很吃惊。这个学生二话没说就走了。后来又考上了一所知名大学的博士生。但他后来很感激我，还来拜访过我几次。他认识到了自己确实是眼高手低，说我一棒子把他给打醒了。”①

清华大学张书练教授多年来一直与高伯龙院士保持着联系，还评审过高伯龙院士的学生的论文，对高伯龙院士要求学生之严也有深刻印象。张书练教授在访谈中说：“我感到他有一点，就是坚持性很强。比如给学生一个课题，不管你遇到多大困难，都要给我做到底。因为他认为这个课题很重要，你就要想办法完成。在这一点上他是不妥协的。这跟别的老师不一样。比如我自己，也是边走边看，如果难度太大了，学生做起来确实会有问题，毕业就会有危险，这样我可能就要换一个方式了。比如这个课题先不让博士生做，先弄个本科设计，一个本科设计不行，再来一个本科设计，就是先试探一下。如果觉得还行，再让博士生来做。因为本科生怎么都能毕业，写个论文就可以了。博士生就不行。但高老师的要求不是这样，他不是这样考虑的。”②

图6-6　高伯龙（左）与季家熔合影（摄于2007年。资料来源：国防科大光电科学与工程学院提供）

① 高伯龙访谈，2013年7月14日，长沙。资料存于采集工程数据库。

② 张书练访谈，2013年3月17日，北京。存地同①。

再说一件有趣的事，这是季家镕教授在访谈中提到的。那是大约1995年的时候，高伯龙的两位硕士研究生要进行毕业答辩，高伯龙请来几位与之相关学科的专家教授担任答辩委员，其中包括另一个学院的一位资深教授。戏剧性的场面出现在答辩会以后。这位资深教授有点没弄清情况，以为是博士论文答辩，会后才听别人说起是硕士论文答辩，大吃一惊。因为这两位硕士生的学位论文在这位教授看来已堪称博士水平。高伯龙知道这件事后，心里自然也是很爽的，说“我培养的硕士生别人还以为是博士生”①。

季家熔在访谈中还说：“高院士治学特别严谨，对学生的要求也特别要严格。像他那样严苛要求学生的导师，我还真没见过第二个。我的学生有的差一点，有时放一马也就过去了。但高院士绝不会这样。我的印象中，高院士的学生有好几个的毕业答辩是重新搞过的，一定要达到标准才允许毕业，获得学位。有一位学生毕业的时候，高院士对他说：‘你不够硕士，只能给你研究生班毕业，不能给你硕士学位。’这位学生后来考到另一所知名大学念了博士，并获得博士学位。还有一位学生也是这样，高院士认为他不够硕士标准，不同意授予他硕士学位。这位学生找到我说：‘季老师，我转到你的名下来。’我说：‘这是不行的。高院士是208的人，我也是208的人，不可能转到我这里来。’我又对这位学生说：‘你要好好总结经验教训，到底是哪个地方不踏实，哪些地方不胜任，要吸取教训。’这位学生后来考上中科院的博士生。其实，博士生能否毕业有一些硬指标，但对硕士生的要求，伸缩性就大一些，也不一定要有创造性的工作。但高院士是严格把关的。包括修改学生的论文，非常严谨认真。我担任过高院士的学生毕业论文答辩的评委，拿到学生的论文一看，完全是高院士的语气。他给学生修改论文，一遍一遍地改，不知道改了多少遍。像他这样带学生的导师，现在真是少之又少。”②

季家熔进一步说：“高院士最反对弄虚作假，发现谁弄虚作假，一定会骂你个狗血淋头。这一点是与他所追求的目标是有关系的。因为激光陀螺研制是一个复杂的工程，从最初的原理研究，到工程样机，再到工厂化生

---

① 季家镕访谈，2012年12月5日，长沙。资料存于采集工程数据库。

② 同①。

产，这三个阶段都要自己完成，因此必须非常严谨。高院士对陀螺里面的每个细节都卡得非常严。高院士常说：‘我们这个东西不是为了表演，是要用的。’他是真正做工程的。”①

虽然高伯龙的学生并不算多，但出类拔萃的高徒却不少。重质不重量，这也是高伯龙培养高层次人才的特点。

如今担任国防科大光电科学与工程学院院长的秦石乔。据档案材料记载：“秦石乔同志是光学工程学科光电技术方向的学术带头人，博士生导师，教育部光电信息科学与工程专业教学指导委员会副主任委员，中国光学学会理事、湖南省光学学会常务副理事长、中国光电技术专业委员会常委，任核心期刊《光电子·激光》《光电工程》等杂志编委。作为课题负责人承担科研项目 9 项，已完成 5 项，是多项国防重点科研子项目的负责人。负责研制的用于武器装备研制试验的监测系统 2003 年获军队科技进步二等奖；研制成功的某测量系统已交付试验基地使用，已申报军队科技进步奖。申请国防专利 2 项。参编教材两部，2002 年获第七届中国青年科技奖。”②

上述档案材料提及秦石乔的研究成果获得专利的情况。若再往前追溯，自 1993 年秦石乔的博士学位论文《多功能智能可逆计数器》成果获国家专利后，至今秦石乔又有 9 项创新成果获得国家专利。且罗列如下：遥控电脑变彩灯（1994 年）、自动频率计（1996 年）、多口竞争串行共享器（1998 年）、高精度角度自动测量仪器（1998 年）、有线电视点播控制器（1999 年）、有线电视遥控点播器（1999 年）、有线电视点播系统（2000 年）、旋转平台式激光陀螺指北仪（2004 年）、四频激光陀螺信号相位检测方法（2004 年）。

获得国家专利，当然意味着秦石乔所从事的科研工作是国内此前无人做过的创新性工作。然而上述所列的一些专利项目也许会使读者心生好奇和疑问，从事激光陀螺研制的秦石乔为何会弄些如“有线电视点播系统”这样纯属民用产品的研究？这就与秦石乔后来的经历有关了。1993 年 12

① 季家镕访谈，2012 年 12 月 5 日，长沙。资料存于采集工程数据库。

② 档案：秦石乔军官任免、晋衔报告表。存于国防科大光电科学与工程学院。

月博士毕业后，秦石乔开始考虑个人的发展问题。一是208研究室人才济济，而自己跟随高院士学习、科研多年，很想到外面闯荡一番，看看自己学的本事行不行；二是改革开放使国家经济建设充满活力，对秦石乔也有很大吸引力；三是由于秦石乔的个性。秦石乔说自己是高院士学生中“叛逆”精神比较强的，尽管高院士对秦石乔一直评价挺高，但秦石乔还是有自己的想法。主意定了，秦石乔就去找高院士谈。秦石乔回忆说：“那是我获得博士学位后一个多月的时候，我去找高院士谈我打算离开208研究室的想法，我说我在您这里学了不少东西，现在我想换个环境，去试试学到的东西好不好用。虽然高院士当时同意了，但我看得出他有几分伤感，眼圈红了，眼泪有点流出来了。当时我的心情也很难过。但我知道高院士有个特点，就是如果学生想干什么事，他不会过多阻拦。”①

离开恩师和208研究室，秦石乔即到应用物理系开发办担任主任，负责系里的科技开发创收工作，至1998年下半年，干了5年，工作很有成效。秦石乔说：“开发办有十来个人，大家干得很辛苦，但也很开心，对能力锻炼是很大的。当时应用物理系是学校最穷的单位，连教员的教学补贴都发不出，而其他各系都有自己的创收项目。我到开发办后，给地方做了很多科技开发项目，三教九流的东西都做过，也产生了很好的效益，每年向系里上交几十万，把教学补贴的难题解决了。”前面提到的“有线电视点播系统”等专利产品即是这一时期研制的民品创新成果。还不止此。秦石乔说：“我们还为长沙市公安局研制过交警指挥调度系统，这项成果获部委级科技进步三等奖。还为长沙黄花机场研制了‘长油输油管线计算机自动控制系统’，这个系统控制从十几公里外的油库到机场再到飞机的整个输油过程，现在黄花机场还在使用这套系统，这个项目也获得了部委级科技进步三等奖。”②

此外，据档案材料，这一时期秦石乔带领开发办同志研制成功的科技开发成果还有：海军综合实验船联合基座变形测量系统（获部委级科技进步二等奖）、昆明市公安局监所集中监控系统（获部委级科技进步三等

① 秦石乔访谈，2013年9月17日，长沙。资料存于采集工程数据库。

② 同①。

奖）、遥控电脑变彩灯（获湖南省国际发明博览会金奖）、电脑变彩灯（获湖南省“毅格杯”实用科技发明大奖赛二等奖）、电脑控制防空警报器（获部委级科技发明四等奖），等等。

1998 年，国防科技大学党委坚决贯彻落实党中央、中央军委关于打击走私和军队不经商的重大决策，院系的开发办自然也在撤销之列。而此前于 1996 年 12 月，秦石乔已被任命为应用物理系核技术应用及核信息处理教研室副主任。从开发办回到教研室工作一年后，即 1999 年 12 月，秦石乔被任命为当年新组建的理学院训练部部长。2004 年学校体制编制又作调整改革，新组建了光电科学与工程学院，秦石乔被任命为该学院训练部部长。2008 年调任理学院院长，2013 年调任光电科学与工程学院院长 ①。

从 30 年前在导师高伯龙引导教诲下步入激光陀螺研制领域，到如今成为激光陀螺研究所所在学院的领导，其间工作岗位虽多有变动，但秦石乔始终怀有浓浓的激光陀螺情结。如今他在思考谋划学院全面建设的同时，尤为关注激光陀螺事业在新形势下的创新发展问题，并已形成整合有关各方面力量促进激光陀螺事业再上新台阶的初步思路。秦石乔决心把导师高伯龙开创的激光陀螺事业不断推向新的高度，为国防建设和国家经济建设作出更大贡献。

龙兴武也是高伯龙的高足之一，在全国激光陀螺研制领域也颇有知名度。1984 年从华中理工大学固体电子学专业研究生毕业后，即分配到国防科技大学应用物理系工作。1986 年师从高伯龙院士攻读博士学位，从事磁镜偏频激光陀螺研究。这是一个难度极大的科研方向，国内尚无先例，国际上亦仅两个国家有一定成果且技术封锁极严。龙兴武锲而不舍地钻研，攻克多个技术难关，于 1989 年成功研制出磁镜偏频激光陀螺的核心元件——磁镜晶体生长。尽管此时他完全具备获得博士学位的条件，但导师高伯龙为解决我国基础工艺技术薄弱的问题，要求龙兴武造出这种陀螺的原型机。历经 5 年艰苦攻关，龙兴武攻克了超级抛光技术、硬脆材料精密机械加工等诸多基础工艺难题，于 1993 年研制出磁镜偏频激光陀螺原

① 秦石乔访谈，2013 年 9 月 17 日，长沙。资料存于采集工程数据库。

型机。攻博 8 年取得的研究成果相当于完成了两篇博士学位论文。后赴俄罗斯学习期间，攻克了一系列极其复杂的工艺技术难题，得到俄罗斯宇航局专家的高度评价。1994 年年底回国后，龙兴武作为项目负责人和关键技术承担者，立足国情，自主研发，与团队成员共同努力，解决了激光陀螺研制中最核心技术——光学镀膜及陀螺总成过程中防污染等难题，成功研制出两大系列、七个型号的激光陀螺，圆满并提前超额完成“九五”国防预研重大课题任务，并将科研成果成功运用到部队武器装备上，多次参加重大汇报演示和试验，受到现场观摩的党和国家领导人、军委首长的高度评价。2000 年，龙兴武通过刻苦攻关，激光陀螺核心技术——光学镀膜技术又有了质的飞跃，镀膜材料选用和膜系设计方面已达国际先进水平，多年来一直未突破的二频机械抖动陀螺研制获得成功，批量化生产也获得突破性进展，多条生产线在北京、长沙建成投产。①

经过在激光陀螺研制领域的多年潜心钻研，艰苦奋斗，并作出杰出贡献，如今龙兴武已成为国防科大光学工程专业激光陀螺技术方向学术带头人之一，博士生导师。现任国防科技大学理学院光电工程系教授、博导，光学工程一级学科激光技术专家，激光陀螺技术研究方向学术带头人之一，国家惯性技术专家组特聘专家、国家高技术“863”-409 主题制导控制系统技术专题组专家等职务。

1993 年师从高伯龙攻读博士学位，1997 年获军用光学专业工学博士学位的罗晖，虽说资历并不算老，但因为科研业绩显著，工作能力突出，2000 年即开始走上领导岗位。2010 年填报的《教育部新世纪优秀人才支持计划申请书》“主要教学和科研工作经历”一栏有如下记载：“罗晖是光电工程系教学工作的负责人、博士生导师、学院教学指导委员会成员，负责学院光学工程国家重点学科的本科生和研究生培养计划的制定、课程标准和教学大纲的审定以及教学质量的督察等方面的工作。长期致力于激光陀螺的研究工作，是我校激光陀螺技术研究方向的学术学科带头人之一。1997 年 12 月至 2000 年 6 月，在国防科大电子科学与工程系 ATR 国家重

① 档案：龙兴武先进典型材料。存于国防科大光电科学与工程学院。

点实验室做博士后研究，从事微弱信号处理方面的研究工作，其研究成果直接应用于我国自行研制的激光陀螺。博士后出站后，重点负责激光陀螺前沿基础理论的探索、陀螺信号处理与控制系统的研制以及陀螺的工程化、产业化等一系列研究工作，不仅研制出高精度和小型化激光陀螺信号检测与控制系统系列工程化产品，而且积极开展激光陀螺在各种惯性导航与制导系统中的应用研究，为我国激光陀螺技术的工程化、推广应用和产业化做出了重大贡献。作为主要完成者，承担了'九五''十五'和'十一五'国防预研重大项目5项，我国武器装备的重点型号任务数十项。"①

该申请书对罗晖2005年至2010年五年间的主要创新成果作了更为具体的介绍："罗晖同志作为我校激光陀螺技术研究方向的学科学术带头人之一，主要围绕激光陀螺的深层次基础理论问题、激光陀螺的信号处理与控制系统的研制、激光陀螺在型号应用中遇到的工程问题和激光陀螺的产业化等方面展开研究，取得了如下主要创新成果：激光陀螺背向散射控制技术研究；全数字高精度四频差动激光陀螺程长控制与模式选择系统的研制；二频机械抖动激光陀螺信号处理与控制系统的研制；激光陀螺的工程化研制；激光陀螺批生产技术和工艺的研究，使我国成为继美国、法国后，世界上第三个具有激光陀螺批生产能力的国家。近五年来在国际和国内高水平学术刊物上共发表论文30余篇，进入SCI、EI检索10余篇，获军队科技进步一等奖1项，受到同行高度评价，取得了重大的经济和军事效益。"②

学生眼中的导师

跟随高伯龙学习深造的经历，已成为高伯龙的学生最难忘的人生记忆，并奠定了他们此后数十年奋斗发展的坚实基础。他们都以自己是高伯

① 档案：教育部新世纪优秀人才支持计划申请书。存于采集工程数据库。

② 同①。

龙的学生为荣，并传承着高伯龙对他们言传身教潜移默化而形成的严谨治学、实事求是的治学理念和风格。那么，来听一听高伯龙的学生是如何评价导师的，或许会使读者对一代名师高伯龙有更加全面深入的了解。

秦石乔对导师高伯龙有一个深刻印象，就是高伯龙对理论的融会贯通、灵活运用。秦石乔说："高院士的理论物理造诣非常深厚。但他的理论不是一个死理论，就是说他运用理论不是机械的死板的。这是高院士的一个最大特点。比如说推一个公式，有的人可能按照理论从头推下去，考虑的因素比较多，结果越推越复杂。高院士不是这样，他的物理思想非常清晰，哪些是主要因素，哪些是不需要考虑的，非常清楚，因此他能够把复杂的物理现象用简单管用的模型描述出来。高院士这种思想、这种能力，是我感受最深也是对我影响最大的。我现在也常常向我的学生强调这一点，就是一个科学家解决问题的时候，首先必须有理论基础，但你的理论不能过于拘泥细节，想把这个东西搞得很完美，这样往往是没有结果的。所以必须简化。但怎么简化才能符合你的研究对象的实际？这方面高院士的水平非常高。他能够很快把一个过程或物理现象用理论描述出来，很快推出结果，并用以指导实验。高院士曾对我讲，单从理论物理水平来看，应用物理系还有几个高手。但高院士比他们强的地方，就是物理思想清晰得多，面对具体问题，知道哪些因素该考虑，哪些因素不该考虑。如果你没有搞过实际工程项目研究，是纯粹搞理论的，就往往会追求理论的完美性、系统性。但如果用之于实际科学研究，可能根本就搞不出来。"①

接受采访前，秦石乔特意查阅了读博时做的听课笔记，里面记录了高伯龙给学生讲激光陀螺近似解析解的内容。秦石乔说："高院士反复向我们强调，要抓主要矛盾，就是要把主要的东西抓住，把次要的东西去掉，或者把次要的东西变成一个常数或系数来描述，然后给出一个公式或方程。从物理上讲，任何一个过程都可以用微分方程组描述出来。但如果你考虑的因素很多，这个微分方程是很大很复杂的，是没法解析解的，就是说得不到结果。高院士还有一点，就是反对用计算机算。比如你这个方程解不

---

① 秦石乔访谈，2013 年 9 月 17 日，长沙。资料存于采集工程数据库。

出来，就用计算机去算，用边界条件算，得出一条曲线，张三和李四是什么关系，结果最后弄出一大堆曲线来了，对计算结果的分析像天书一样。所以这样做是行不通的。比如有 10 个变量，如果你把它们搅和在一起，都一起变，根本就不可能知道会是个什么结果。不如把 5 个变量去掉，只研究其余 5 个变量，甚至把 7 个变量去掉，只研究三个变量之间的相互关系，这样你的主要问题可能就解决了。这就是高院士的高明之处。”①

秦石乔讲述的导师高伯龙如何灵活运用物理理论解决工程项目实际问题的科学方法，其实体现了高伯龙关于理论物理的哲学思维。关于这一点，高伯龙自己其实是非常自觉的。高伯龙在访谈中说：“过去政治运动批我反党反社会主义，尤其是批我反对毛泽东思想，简直是胡扯。其实毛著里面的很多东西，我都在工作中用上了。而且研究室开会，每次我都要讲，特别是‘两论’，矛盾论、实践论，我熟悉得很。”②

谈到对自己导师的评价，罗晖是充满敬意的，而且有三点印象深刻。罗晖说：“一个是高院士的理论功底非常深厚，是我们这些年轻人不能望其项背的。我们国家激光陀螺的理论体系，就是高院士一手建立起来的。早期他写的那些论文，包括《环形激光讲义》那本书，都已经成为我国激光陀螺理论的经典著作。后来的人要搞激光陀螺，必须要学习这本书，研究这本书，不然门径都入不了。这是他对我国激光陀螺事业的一个很大贡献。二是在学术上对己对人都非常严格，这种严格就像眼里揉不得半粒沙子，决不能让你弄虚作假，你要是弄虚作假，就会把你批得要死。所以作为他的学生，我们在学术研究上都非常谨慎。比如我们做了一个实验，要向他报告实验数据。他必定要亲自推导一遍，还要到实验室看你做一遍，确定与数据相符才认可你。严格要求、事必躬亲是他在学术研究上的一大特点。第三就是在科研中追求卓越，就是说做什么东西一定要做到最好。208 研究室的条件一直到 20 世纪 90 年代还是比较艰苦的，实验室就在原来是一个食堂的简陋平房里。但高院士不计较这些东西，所以大家也就跟着他一起干，这些年一直这么干下来。可以说是默默奉献，甘于寂寞。但

① 秦石乔访谈，2013 年 9 月 17 日，长沙。资料存于采集工程数据库。

② 高伯龙访谈，2013 年 7 月 14 日，长沙。存地同①。

正是因为这种精神，使我们坚持到最后成功。最早搞激光陀螺的时候，全国大协作，一窝蜂，有十几家在搞，最后只剩下两家。当然那些后来不搞的单位各有各的原因。但能否甘于寂寞、追求卓越是重要的思想基础。同时，一些单位缺乏理论力量。而我们能够坚持下来，一个关键因素就是有高院士的理论指导。”①

谈到高院士深厚的理论造诣，以及现在如何培养像高院士这样大师级的科学家，罗晖很有感触。罗晖说：“这与我们的教学很有关系。现在我们还强调一点数理基础。而在我读大学的时候，这方面是不那么重视的。现在看来，这是有问题的。我认为，年轻人首先要打牢数理基础。高院士是清华物理系毕业的，物理功底很好，数学也很好，物理、数学不分家嘛。我不是搞纯数学的，但是物理中有很多数学问题，你必须掌握，不然物理也学不通。所以对学生一定要强调打牢数理基础，不然很难成为大师。当个工匠没问题，在某些方面做点小事也没问题，但要引领一个领域的发展或做出重大创新成果，没有数理基础很难。”②

对比国外的教育教学，罗晖说：“美国在小孩培养中就强调创新，不把你拘束在一个小圈子里，不是要求你一定要按照我的规定走。人们存在一个认识误区，以为美国不重视打基础，其实美国学生的基础也是很扎实的。还有俄罗斯，我曾跟他们打过交道。谈学术问题，他们一上来就给你推一把公式，这没有一定基础是不可能的。我虽然没有跟美国人打过交道，但你看美国人的论文，那些数理推导也是很严密的。所以，搞学术、搞科研都是一样的，必须知其所以然，才能去改变它，才能有所创新。”③

关于高院士待人严厉的传闻，罗晖说：“其实高院士是很平易近人的。但是你别犯错误，你犯了错误，他就会猛批你。如果是正常的学术探讨，不论是不是他的学生，他都会很认真地跟你讨论。比如你有一个疑问向他请教，他就会帮你推公式，帮你解决，非常认真仔细地回答你的问题。而且他在学术上是很开明的，允许有不同意见，可以和他争论。另外，他的

---

① 罗晖访谈，2013 年 9 月 28 日，长沙。资料存于采集工程数据库。

② 同①。

③ 同①。

个性比较强，对一些事情从不隐瞒自己的观点。比如说他对某个人有意见，就会当面直言不讳地说出来，有些人确实会一时接受不了。但他是实事求是的，他认为你好就是好，差就是差，总之是态度鲜明。”①

金世龙是国防科大应用物理系 1981 级的本科生，1984 年毕业后接着读硕士、博士学位，1994 年被高伯龙要到 208 研究室工作。虽然不是高伯龙名下的学生，但金世龙很早就知道高伯龙的大名，对高伯龙非常尊敬和佩服。金世龙说：“读本科的时候，1983 年建校 30 周年校庆时举办了一个科技成果展，我去参观了，里面有对激光陀螺研制进展和成果的介绍，当时我就对高院士心生敬意。读研期间，很多课程都是他指导的，我有什么问题也直接向他请教，对高院士的认识了解逐渐加深。虽然早期激光陀螺研制我没有参与，但我听说过他们经历过很艰难的时期。我到 208 研究室后从事的工作都与加工方面有关系。为什么我们国家的一些科研很艰难，就是基础工艺技术比较落后，而激光陀螺研制又需要高精的工艺技术。所以，我们的研制路子与工艺技术先进的国家不一样。比如，国外要做一个元器件或者什么东西，可以让有能力的企业去做。但当时国内不行，找不到这样的单位，很多东西包括元器件都要自己来生产。这当然是制约科研的一个不利因素，十分耗费时间。但如果你把这个问题解决了，又变成了你的一个长处。所以，我们现在基本上可以解决原材料以后的所有问题，而且做出来的东西水平都是国内领先的。我国激光陀螺事业能发展到今天的水平，高院士功不可没。为什么国内最早研制激光陀螺的单位最后放弃了，技术难度是一个重要原因。现在又有不少单位开始从事激光陀螺研究和生产。但真正自主研发的，靠自己的力量发展起来的，只有我们国防科大一家。这么多年坚持不懈地做一件事，确实不容易。高院士是领头人，是表率。当年国外对我国封锁有关产品和技术，但国家又迫切需要这个东西，因此必须有人来干这件事。高院士的杰出是多方面的。一是自身能力非常强，解决了很多看似不可能解决的难题。二是具有坚韧不拔的信心和耐心。三是具有超强的创新能力。尤其是他的创新能力是最令人佩服的。

① 罗晖访谈，2013 年 9 月 28 日，长沙。资料存于采集工程数据库。

最突出的事例就是为了解决激光陀螺关键工艺镀膜的检测问题，他研制了一套 DF 透反仪。尽管这只是一个工具，但科技含量非常高，当时国外都没有同类的仪器，完全是自主发明创新。这才叫科学家，科学家必须具备这样的能力和水平。这不是一般人能够做到的，不得不令人佩服。”①

江文杰跟随高伯龙学习、工作了 9 年时间，后来调到其他单位工作。他感觉这 9 年的经历，对他后来的工作一直产生着影响。江文杰说：“最深刻的印象就是高院士科学的思维方式，这是我获益最大的一点。比如对一个问题的细节，他也许不很清楚，但对如何解决这个问题，他有很清晰的思路，很先进的方法。基本上你照着他的思路去做，问题就能顺利地解决，取得很好的成绩。当然，高院士对我们学生的影响，不仅是在科研上、学术上，还有他的事业心、责任感和为人的品德。当年我的硕士论文请高院士修改把关，结果修改到我都不好意思了，连英文单词拼法上的错误，他都一个一个字母给你修改。高院士每天考虑的就是他的工作，他的项目，很少考虑自己，从不为自己谋私利。这是我最最佩服的，也影响着我。尽管我离开 208 研究室快 20 年了，但高院士对我的影响一直存在。我曾主编过一本光电技术教材，里面的一些思想就受到高院士的影响，包括高院士的科学思维方式、理论研究成果等。”②

高伯龙以自己的思想和品格影响、引导着学生后来的人生之路，这或许是高伯龙给予学生的最重要的言传身教。

导师高伯龙给冯莹最深刻的印象，就是理论功底非常深厚。对此，冯莹感慨地说：“这么多年来，像高院士这样理论功底深厚的，我还没见过第二个。我当学生的时候，虽然书本上的知识都学了，但并没有融会贯通，没有把握各种知识的内在联系，而且有的知识因为平时用的少，或理解不透，或几乎忘记了。遇到问题向高院士请教，他就给你推公式，一推能推好多页纸。有些解析解是非常复杂的，必须一步一步推导，要运用物理里面的一些理论，如麦克斯韦方程、电磁场的理论等。而且高院士物理和数

---

① 金世龙访谈，2012 年 11 月 24 日，长沙。资料存于采集工程数据库。

② 江文杰访谈，2012 年 11 月 24 日，长沙。存地同①。

学结合得非常好。”①

谈到今天如何培养出像高院士这样的杰出科学家，冯莹说：“这涉及课程设置的问题，也要求个人在基础理论方面钻研得非常深。随着时代的发展，现在了解信息的渠道非常多，非常迅速，但在扎扎实实打基础、做学问方面，老一辈科学家比我们强多了。我国激光陀螺研制起步、创业阶段，在很多条件不具备、非常困难的情况下，高院士能够带领团队走出一条成功的路子，就是因为他有深厚的理论基础作支撑，能够从原理上证明这个方向是可行的。尽管现在有一些先进的仪器设备可以用来验证你的想法，但如果没有理论指引方向，实验也无从谈起。而基本原理的研究、前沿科技的研究，还是要靠个人静下心来扎扎实实去探索，去研究。我们现在强调培养拔尖人才、创新型人才，就必须打牢学生的基础理论功底，同时培养治学严谨的学风。只有真正培养出了一大批这样具有原始创新能力的人才，才能提高我国的科技创新水平。”②

高伯龙理论功底的深厚，这是他的学生的共同感受。但梁永辉还有更进一步的认识，就是导师高伯龙在激光陀螺领域理论、工艺技术方面的学识非常全面，而且专深。梁永辉说：“在激光陀螺领域，高院士的学识最核心的精髓就是专，而且不是专某一方面，是从理论到生产工艺，再到产品的性能测试等，都研究得非常深入。比如镀膜是激光陀螺研制的核心工艺，他就把大部分工作时间投入到镀膜攻关中，研究怎样镀制出优质的光学薄膜，并发明了 DF 透反仪，专门测试膜片质量的仪器，现在还在用。高院士的专，还体现在不放过任何细小的问题。有些问题看似很小很细微，学生有时候想当然认为可以忽略，但高院士总要问一个为什么，一定要弄清原因。这一点对我产生了深刻影响。现在我的学生如果出现类似情况，我也会习惯性地问一个为什么。”③

饶谷音本科毕业于清华大学物理系，1996 年考上高伯龙的研究生，硕博连读，是与高伯龙相隔近 50 年的校友、系友。饶谷音对高伯龙这位老

① 冯莹访谈，2012 年 12 月 26 日，长沙。资料存于采集工程数据库。

② 同①。

③ 梁永辉访谈，2012 年 11 月 21 日，长沙。存地同①。

图 6-7　高伯龙培养的博士生饶谷音博士学位论文答辩会后合影（高伯龙，右三；饶谷音，右四。摄于 2010 年 12 月。资料来源：国防科大光电科学与工程学院提供）

学长、老前辈是极为佩服的。而最为佩服的地方就是高伯龙的创新精神和创新能力。饶谷音在接受采访时说："作为一个科学家，高院士的创新精神是非常突出的。国防科大的激光陀螺研制一直处于国内领先水平，高院士的创新精神是其中的重要而基本的因素。高院士曾说'我们要学习外国的先进科学技术，但完全照搬是不行的，必须有适合国情的特点'。高院士在激光陀螺研制中始终是这样做的。他分析国外的优势和不足，结合我国实际，提出了有自己特色的方案，并取得了成功。后来转向激光陀螺应用研究的时候，他同样突破传统的束缚，选择了一个当时国内很多专家还不太了解的研究方向。对此，赞成的声音不多，反对的声音倒不少。但现在证明他当时坚持的方向是正确的。"①

高伯龙指导学生，同样十分重视创新精神、创新能力的培养，并体现在课题研究中。饶谷音说："高院士在培养学生的创新性方面，主要靠言传身教，他的科学思维方式、方法，以及品格、作风，都在潜移默化地影

① 饶谷音访谈，2012 年 11 月 21 日，长沙。资料存于采集工程数据库。

图 6-8 高伯龙培养的博士生袁保伦博士学位论文答辩会后合影（高伯龙，左三；秦石乔，右一；袁保伦，左四。摄于 2007 年 12 月。资料来源：国防科大光电科学与工程学院提供）

响学生。搞自然科学有一个特点，就是谁说的多并不算数，关键要实事求是，解决实际问题。跟随高院士这么多年，我们这些学生深受他的熏陶影响。我们现在搞一些方案或考虑一些问题，都不会照搬书中或资料里现成的东西，而总是保持独立思考，看能否有所创新。”①

饶谷音的博士学位论文题目是《四频差动激光陀螺旋转式惯性导航系统误差补偿研究》，2010 年 12 月获得光学工程工学博士学位。

袁保伦 2000 年从武汉大学物理系本科毕业后即考取了高伯龙的研究生，两年后转为硕博连读。至 2007 年获得博士学位。对袁保伦这样的年轻人来说，导师高伯龙其时已年逾七旬，堪称祖父辈的人了。而高伯龙对学生也正像祖父辈对后代那样地关心。袁保伦在接受采访时说：“我是学理论物理出身的，对工程方面接触很少。高院士就根据我的特点，亲自给我规划了激光陀螺、自动控制等方面的课程，叫我到有关学院去听课，要求我把这些课程上好。而且对我要上的课都是先告诉我主要内容，对未来科研会有什么帮助，相当于提供学习指南。读研头两年我就把研究生的课程全

① 饶谷音访谈，2012 年 11 月 21 日，长沙。资料存于采集工程数据库。

部学完了。可以说，我在科研起步阶段，基础打得是比较扎实的。之后，高院士给我们布置了一个课题，就是当时国内最先进的旋转式惯性导航系统，这是激光陀螺应用领域最前沿的东西。”①

袁保伦从事项目研究以后，与导师的接触更加频繁，对导师的认识也进一步深化。而袁保伦的一个最大感受，就是高伯龙的创新精神和对正确主张的执着坚持。袁保伦说：“这项研究我们完全从零起步。当时国外对此项研究也有零星报道，但其中内容不知是真是假。而且高院士一辈子不轻信从报道、资料中看到的只言片语，他只相信经过自己科学推理、论证得到的结论。20世纪八九十年代，国内也有过这方面的尝试，但都没有成功。因此，国内认为国外的报道也是虚假的，不可能成功。我们也曾拜访过许多专家，多认为这项研究难度非常大，成功的可能性很小。但高院士经过自己的研究论证，坚信一定能够成功，而且大有可为。后来国内的认识也逐渐加深、转变，一些单位也开展了这方面的研究。2006年，我们研制出了国内第一套双轴调制的激光陀螺旋转惯性导航系统，结果公布，引起很大反响。四年后，我们又做成了国内精度最高的双轴的原理样机。当时高院士请来国内一些专家，向他们介绍实验结果，反响热烈，一致认为这种导航系统发展潜力很大，应用前景广阔。并认为高院士做了很多开创性的工作，开辟了新的发展方向。”②

王国臣1999年考入国防科大应用物理系光电专业本科学习，一个月后却又成为了国防科大理学院的学生。因为当年10月国防科大实施体制编制调整改革，应用物理系与系统工程与数学系的基础数学教研室、应用数学教研室合并组建理学院。所以王国臣是应用物理系的最后一届学生，四年后毕业也是理学院的首届毕业生。因成绩优异，大四上学期即被保送读研究生。因与高院士同在一个学院，自然久仰大名，决定跟随高院士学习。原因很简单，王国臣说：“严师出高徒嘛，就是想学点有用的东西，学得更扎实一些。因为高院士对学生的要求确实比其他人要严。”说起第一次去见高伯龙，还有一个小插曲。那天王国臣先见着了师兄师姐，他们得

① 袁保伦访谈，2012年11月21日，长沙。资料存于采集工程数据库。

② 同①。

图 6-9　高伯龙培养的博士生王国臣博士学位论文答辩会后合影（高伯龙，右三；曾淳，左一；秦石乔，右二；王国臣，左四。摄于 2010 年 12 月。资料来源：国防科大光电科学与工程学院提供）

知王国臣的想法，半开玩笑地说："你不怕毕不了业啊？"及至见到了高伯龙，王国臣觉得高院士待人很亲切，毫无架子，并非传闻中的那么严厉。而高院士竟然同这位未来的高足聊了一个下午。因为已经保研，不久王国臣就进了课题组。也许真的有点担心毕不了业，王国臣就对高院士说："您给我一个课题吧。"想早点进入情况，主动一些。高院士说："你还在大四，给什么课题，先做毕业设计，把自己的课程学好。"并让另一位老师带王国臣做毕业设计。然而，首先做的一个课题竟然是一种芯片的结构，丁金星高工说我们研究室没有这种工艺，搞不了。于是高院士又给换了一个课题，这是为当时高院士想做的正负旋陀螺研究一个高频电路。这个课题也很不简单，此前王国臣的一些师兄也曾做过，没有成功。但师兄们把经验都告诉了王国臣。王国臣苦干一年终于搞成了，非常高兴，高院士也很高兴。研制过中，王国臣遇到什么问题经常向高院士请教，由此得到一个深刻印象，就是高院士的理论功底非常深厚。王国臣说："别看高院士已经 70 多岁了，但头脑非常清晰，我提出的一些理论问题，他根本不用翻书，

图 6-10　高伯龙培养的博士生韩松来博士学位论文答辩会后合影（高伯龙，右四；韩松来，右五。摄于 2010 年 12 月。国防科大光电科学与工程学院提供）

现场给你一步步推导，真是令人佩服。”跟随高院士时间久了，王国臣更加深了对高院士的认识，觉得高院士把握科研方向的能力特别强。早期坚持研制四频差动激光陀螺的事，王国臣早有耳闻，而力主研制旋转式惯性导航系统，则是王国臣亲身经历的。王国臣说：“最初国内很多专家不认可高院士的方案，但高院士在否定意见占上风的形势下坚持进行研究。后来国内不少原来持否定意见的专家逐渐转变了观念，现在研究旋转式惯导在国内成了热门。”①

韩松来在天津大学电子科学技术专业本科毕业后，考取了国防科大电子科学与工程学院的硕士研究生，2006 年毕业后即师从高伯龙攻读博士学位，2010 年获光学工程专业工学博士学位。跟随导师高伯龙学习的四年中，给韩松来留下的最深刻印象，就是高伯龙对科技前沿的动向非常敏锐，把握前沿的能力非常强，掌握新知识非常迅速。韩松来说：“高院士是国内激光陀螺领域最专的专家。但这个领域之外，只要与激光陀螺有关的东西、需要了解的东西，他学习掌握的特别快，而且能把握重点。比如

① 王国臣访谈，2012 年 11 月 21 日，长沙。资料存于采集工程数据库。

惯导不是他的专业领域，但他敏锐地感觉到旋转式惯导很有前途，就很快进行了深入研究。开始的时候，国内对旋转式惯导是一片反对之声。一般人面对如此大的阻力可能就放弃了，但高院士始终坚信自己的判断是正确的，力主进行这项研究。他带领他的学生历经数年艰难攻关，克服了很多困难，最终研制成功了。”①

韩松来的博士学位论文《GPS 和捷联惯导组合导航新方法及系统误差补偿方案研究》，即是有关这方面的研究。

① 韩松来访谈，2012 年 11 月 21 日，长沙。资料存于采集工程数据库。

第七章
科研历程探微

自主攻关与对外协作

平心而论，只要客观地历史地看问题，就会认同如下事实：国防科大乃至全国激光陀螺研究自高伯龙 1975 年的加入始步入发展正轨，走上了虽然充满坎坷但却持续前进、最终成功的道路。而且，就全国激光陀螺研制来说，高伯龙率领的国防科大激光陀螺研究团队，在 20 世纪 70 年代中期到 90 年代中期从零起步最为艰难的 20 余年间，用力最巨，耕耘最深，持续最久，从基本原理的研究、主攻方向的确定，到一项项工艺技术（尤其是镀膜）的突破，从原理样机、实验室样机、到工程样机的研制成功，扎扎实实一步步走来，可谓在难以想象的重重艰难险阻中，开辟出了一条中国自主研制激光陀螺的成功之路。尤其是具有中国自主知识产权的全内腔四频差动激光陀螺和全内腔绿（黄、橙）光 He−Ne 激光器的研制成功，具有里程碑的意义。无怪乎美国相关媒体敏感地认识到："中国全内腔 He−Ne 激光器的研制成功，意味着他们激光陀螺的应用已经为期不远了。"至此，激光陀螺理论问题和关键工艺技术已基本解决，障碍已基本扫除，而其在国防和国民经济建设的广泛应用，则已在人们眼前展现出广阔的前景。

在国防科大光电科学与工程学院介绍本院学科方向的一份材料中，对高伯龙和他所率领的团队有一段符合实际且可谓中肯的评价：“经过 20 多年的艰苦奋斗，以高伯龙教授为学术带头人的研究团队不仅走过了激光陀螺研究历程中最艰难的路段，取得了丰硕成果，而且建立了一支实力强劲的激光陀螺队伍，并由此衍生出了更多的科研方向，高伯龙教授也因此成为了国防科大国家重点学科‘光学工程’的创始人和学术带头人，成为国防科大乃至中国激光陀螺行业当之无愧的奠基者和领路人。”①

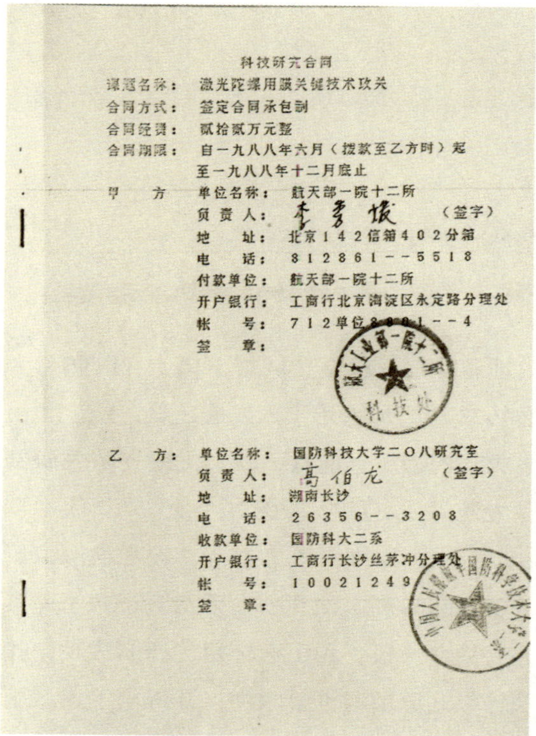

科技研究合同

课题名称：激光陀螺用膜关键技术攻关

合同方式：签定合同承包制

合同经费：贰拾贰万元整

合同期限：自一九八八年六月（拨款至乙方时）起
至一九八八年十二月底止

甲　方　单位名称：航天部一院十二所
负责人：[illegible]（签字）
地　址：北京142信箱402分箱
电　话：812861--5518
付款单位：航天部一院十二所
开户银行：工商行北京海淀区永定路分理处
帐　号：712单位8[illegible]1--4
签　章：

乙　方：单位名称：国防科技大学二O八研究室
负责人：高伯龙（签字）
地　址：湖南长沙
电　话：26356--3208
收款单位：国防科大二系
开户银行：工商行长沙丝茅冲分理处
帐　号：10021249[illegible]
签　章：

图 7–1　1988 年 208 研究室与航天部 12 所签订的协议（资料来源：国防科大光电科学与工程学院提供）

尽管国防科大经过多次体制编制调整，原应用物理系 208 环形激光器研究室已成为如今的光电科学与工程学院激光陀螺研究所，但“208”这一享誉全国激光陀螺研究领域的响当当的名头，将永载我国激光陀螺研究史册，而高伯龙的名字也将永远在这一史册中熠熠生辉。

但同时也应看到，高伯龙率领国防科大激光陀螺研制团队 20 年筚路蓝缕、胼手胝足，屡屡创造令人惊异的成果，但这并不意味着他们一直是单打独斗。20 世纪 70 年代与中国计量科学研究院、清华大学等单位的协作

① 科技档案：光电科学与工程学院主要研究方向科研发展史。存于国防科大光电科学与工程学院。

攻关前面已作介绍，而其后与外单位的协作虽内容、方式有所变化，且因协作对象的不同协作内容也不一样，但208研究室的激光陀螺研究一直是开放式的，而非闭门造车，对外协作一直未曾中断。据所收集到的208研究室的科技档案材料，208研究室在20余年的攻关历程中，先后与航天部12所、13所、8357所、三部，中国惯性技术学会，机械电子工业部44所等单位开展协作，还曾于1987年与航天部12所、北京航空学院第5研究室组成联合体，共同承担“光学陀螺——捷联惯导技术研究”课题。在上述对外协作中，与航天部12所的协作达12年之久，历年所签协议有10份之多，而且协作关系始终处于良好状态，堪称典范。

分析208研究室与协作单位签订的协议书或合同书，上述协作大致可分为两类。一类是发挥各自特长，联合开展光学陀螺的研制工作。如与12所1980年4月15日签订的协议书中，对双方承担的任务作了明确分工：“由国防科技大学完成正常条件下的激光陀螺模型样机的研制，第一阶段（1980年—1981年底）结束并经过鉴定后，由国防科大向12所无偿提供试验用的激光陀螺一个；由12所完成激光陀螺电子线路小型化和激光电源的研制工作，并向国防科大无偿提供电子线路二套、激光电源一套。”①

该协议书由高伯龙、12所张致敷等共同签名。此次协作在高伯龙写于1983年12月的《四频差动陀螺研制过程中所解决的主要理论和技术问题》一文中得到印证：“在研制过程中，……航天工业部12所，797会议后替我们制成统一地线的电路，以后派出相当数量技术人员和工人来长沙协作，在工程方面给我们许多帮助。苏州第一光学仪器厂朱勤工程师等在早期供给我们优质光学元件。广州机床研究所汤尚信工程师等提供环氧树脂真空封接技术。中国科学院声学研究所刘永怀助理研究员等提供优质电压陶瓷。”②

上面这段引用材料一方面说明208研究室在激光陀螺研制早期工艺技术方面的一些问题尚需对外开展协作得到解决，另一方面也说明在激光陀

---

① 科技档案：七机部一院12所与国防科技大学二系关于“研制激光陀螺”的协作议定书。存于国防科大光电科学与工程学院。

② 科技档案：四频差动陀螺研制过程中所解决的主要理论和技术问题。存地同①。

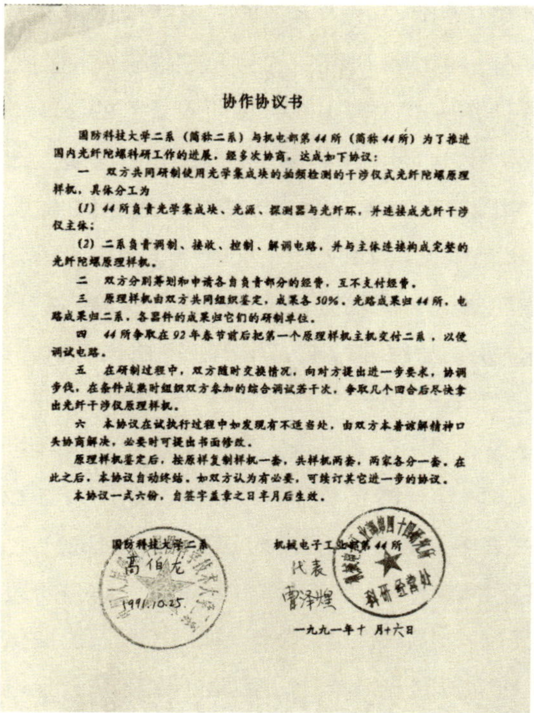
协作协议书

国防科技大学二系（简称二系）与机电部第44所（简称44所）为了推进国内光纤陀螺科研工作的进展，经多次协商，达成如下协议：

一　双方共同研制使用光学集成块的拍频检测的干涉仪式光纤陀螺原理样机，具体分工为

(1) 44所负责光学集成块、光源、探测器与光纤环，并连接成光纤干涉仪主体；

(2) 二系负责调制、接收、控制、解调电路，并与主体连接构成完整的光纤陀螺原理样机。

二　双方分别筹划和中请各自负责部分的经费，互不支付经费。

三　原理样机由双方共同组织鉴定，成果各50%。光路成果归44所，电路成果归二系，各器件的成果归它们的研制单位。

四　44所争取在92年春节前后把第一个原理样机主机交付二系，以便调试电路。

五　在研制过程中，双方随时交换情况，向对方提出进一步要求，协调步伐，在条件成熟时组织双方参加的综合调试若干次，争取几个回合后尽快拿出光纤干涉仪原理样机。

六　本协议在试执行过程中如发现有不适当处，由双方本着谅解精神口头协商解决，必要时可提出书面修改。

原理样机鉴定后，按原样复制样机一套，共样机两套，两家各分一套。在此之后，本协议自动终结。如双方认为有必要，可续订其它进一步的协议。

本协议一式六份，自签字盖章之日半月后生效。

国防科技大学二系　高伯龙　1991.10.25.

机械电子工业部第44所　代表　曹泽煌

一九九一年十月十六日

图7–2　1991年国防科大二系与机械电子工业部第44所签订的协议（资料来源：国防科大光电科学与工程学院提供）

螺研制获得进展、成果时，不忘协作单位和个人的贡献，体现出高伯龙实事求是的豁达胸襟。

又如与机械电子工业部44所于1991年10月16日签订的协议书中写明：“双方共同研制使用光学集成块的拍频检测的干涉仪式光纤陀螺原理样机，具体分工为：44所负责光学集成块、光源、探测器与光纤环，并连接成光纤干涉仪主体；二系（作者注：指208研究室隶属的应用物理系）负责调制、接收、控制、解调电路，并与主体连接构成完整的光纤陀螺原理样机。”①

该协议书由高伯龙和44所代表曹泽煌分别签名。此外，在208研究室写于1991年10月23日的《激光陀螺“八五”技术攻关实施方案》中，也有对外协作的内容：“微晶玻璃的性能是进一步提高与稳定陀螺性能的必要条件之一，拟进口少量国外微晶玻璃，并与国内有关单位协作研究如何进一步提高微晶玻璃的光学性能和降低膨胀系数。由于陀螺壳体以及调整、固定等元件的机械加工、设备改造的机械加工和部分膜片微观分析，一些附属设备的研制，专用集成电路的研制与加工等，需外协，经费预算中安排了70万元的外协费。”②

① 科技档案：国防科大二系与机械电子工业部第44所签订的协作协议书。存于国防科大光电科学与工程学院。

② 科技档案：激光陀螺“八五”技术攻关实施方案。存地同①。

第二类协作主要是外单位委托208研究室研制、提供激光陀螺或激光陀螺器件。从档案材料看，这类协作是208研究室对外协作中的主要内容。在与12所的协作中即多有这方面的情况。如关于研制激光陀螺1983年的补充协议中提出："国防科大二系结合工程研制进度要求，重点开展激光器件结构与新工艺研究，并按以达到的水平按计划提供给12所玻璃增益管。与此同时，国防科大二系积极开展石英增益管及固体增益管的研制工作，并在四季度向12所提供4支石英管。……国防科大二系1983年二季度以前镀水晶片40片、增透片40片，12所提供基片（其中包括稀土材料10片）。……本协议进度完成后，12所分两期付款（6月2万元，12月2万元）。"①

又如1986年签订的协议书中规定："国防科大208室为12所提供外阴极铟封增益管12支；为12所提供镀制成品，12所提供基片。其中包括水晶片、软膜增透片、硬膜增透片，分为6月底、10月底两批交付。……12所支付咨询费、协作费4万元。"②

在与其他单位的协作中也多有委托208研究室研制、提供激光陀螺或激光陀螺器件的情形。如与航天部三院8357所1988年11月7日所签协议中写到："为了加速激光陀螺的研制进程，航天部三院8357所同意于1988年底前向208研究室提供10万元经费，国防科大应用物理系208研究室同意在1989年4月底前，提供四套小型化激光陀螺开展捷联惯导系统外场试验用，并在双方协商的适当时间内，最迟不超过1993年，208研究室分两批，每批四套陀螺，提供改进后的小型激光陀螺仪供系统试验用。"③

此次协议的内容208研究室圆满完成。写于1990年11月25日的《内腔型四频差动激光陀螺小型化工程样机验收报告》中说："由国防科技大学208研究室提供的三套内腔型四频差动激光陀螺小型化工程样机、自动监测系统和惯性组合框架于1990年11月10日至11月24日在长沙经过实测

① 科技档案：七机部一院12所与国防科技大学二系关于"研制激光陀螺"八三年补充协议。存于国防科大光电科学与工程学院。

② 科技档案：航天工业部12所与国防科技大学二系关于"研制四频差动激光陀螺工程样机"1986年协议。存地同①。

③ 科技档案：航空航天工业部8357所与二系签订的协议。存地同①。

验收，验收报告对激光陀螺、激光陀螺自动检测、数据处理和监测系统、激光陀螺捷联惯导系统三轴正交惯性组合框架、加速计三轴正交组合框架均有很好评价。”①

另有一类对外协作带有完成指令性任务的性质，从严格意义上讲已不能称之为对外协作。如 1988 年 5 月 3 日、1991 年 8 月 15 日先后与“863”主题专家组签订《国家高技术“863”直属主题项目科技研究合同》②和《“863”主题项目研究课题预付款协议书》③。前者规定了 208 研究室 1988 年 5 月 1 日至当年 12 月 31 日须完成对内腔式四频差动激光陀螺工程样机、镀膜关键技术、二频机抖激光陀螺实验室样机、光纤陀螺实验室原理样机的概念性论证，并对论证内容提出要求，合同经费 5 万元。后者预付经费 30 万元，提出“应于 1991 年 10 月初准备三台激光陀螺样机以及激光陀螺关键技术攻关实施方案论证和评议报告，参加 10 月底“863”专家组组织的测试和评议。”中国惯性技术学会 1988 年也曾以“资助项目技术合同”的形式对 208 研究室提供激光陀螺关键技术攻关经费 40 万元。1988 年 11 月 28 日，高伯龙代表 208 研究室与中国惯性技术学会技术咨询服务部签订的这份合同中提出了要完成的主要任务：一是镀膜机改造，二是镀膜工艺改进，三是基片及膜层检测，并提出了技术指标④。

应当指出的是，尽管 208 研究室对外协作中有协作双方在工艺技术的一些方面互相帮助支持的情况，但总体而言，208 研究室始终处于主导地位。这首先由于高伯龙是国内激光陀螺理论研究最深厚、学术造诣最杰出者，并以其理论研究成果引领着国内激光陀螺研制的方向；其次是因为他所领导的 208 研究室在理论的指导下加强工艺技术研究创新和仪器设备建设（包括自己研制），逐渐后来居上，在工艺技术上尤其是镀膜居国内激

---

① 科技档案：内腔型四频差动激光陀螺小型化工程样机验收报告。存于国防科大光电科学与工程学院。

② 科技档案：国家高技术“863”直属主题项目科技研究合同、“863”主题项目研究课题预付款协议书。存于国防科大光电科学与工程学院。

③ 同①。

④ 科技档案：一九八八年度惯性技术应用、基础研究资助项目（课题）技术合同。存于国防科大光电科学与工程学院。

光陀螺研制单位最高水平，并承担着激光陀螺的研制任务。这在208研究室对外协作所签订的协议书等有关文件中多有体现。如1980年4月15日与12所签订的协议书中写到：“国防科技大学在理论、技术、工艺方面予以配合，充分利用第一阶段的成果和国防科技大学现有条件，如光学加工、镀膜、腔体工程设计等。”又如1982年2月11日与12所签订的补充协议书中写到：“国防科大二系对12所工程技术人员通过参加实际工作和提供各种学习机会加以培训，在激光陀螺理论、腔体工程等方面继续进行指导。并对12所玻璃灯工、制管工和镀膜工等分别对口培训，分别制定培训指标，按年度考核。由于历史原因与1980年以来双方协作的友好关系，国防科大二系对上述培训免于收费。”①

1986年3月7日与12所签订的协议书中写得更加具体：“国防科大208研究室丁金星工程师和灯工韩书忠师傅去北京为12所提供制管与铟封接技术咨询，韩师傅约去2—3个月（分两次进行）；丁工程师约去1个月左右，具体时间根据12所工作安排事先商定。”②

而中国计量科学研究院1984年鉴定、1985年获国家科技进步二等奖的用于测角的激光陀螺（在原理样机的基础上研制），也是在高伯龙指导下完成的③。这种在对外协作中的理论指导、工艺技术的传授输出，乃至提供激光陀螺用于捷联惯导系统试验，均为208研究室在对外协作中居于主导地位的体现。应该说明的是，这种主导地位，是高伯龙和208研究室全体科研人员扎扎实实从事激光陀螺研制并不断取得新进展和在我国激光陀螺研制领域所发挥的引领作用的客观体现，仅此而已。

208研究室的对外协作在本校也积极进行。这体现了高伯龙联合一切可以联合的力量，加快推进我国光学陀螺研制进程的使命感和急迫心情。208研究室存有一份未署日期、与本校三系303教研室签订的协议书草稿，里面提出“联合开展激光陀螺捷联惯导系统及其应用研究”，并制定

---

① 科技档案：七机部一院12所与国防科技大学二系关于“研制激光陀螺”的协作议定书。存于国防科大光电科学与工程学院。

② 科技档案：航天工业部12所与国防科技大学二系关于“研制四频差动激光陀螺工程样机”1986年协议。存地同①。

③ 科技档案：四频差动激光陀螺实验室样机国家级科学技术奖申报书。存地同①。

了近期、中长期目标。又如1991年7月20日与本系201教研室签订光纤陀螺联合项目协议，对联合研制组人员组成、经费及设备等问题作出安排，并明确联合组由项目负责人高伯龙统一领导①。高伯龙写于1983年12月的《四频差动陀螺研制过程中所解决的主要理论和技术问题》一文中，也有校内协作的内容："在研制过程中，本校汪浩授用电子计算机算了大量数据，增加了理论预估的准确性和范围。已于1978年1月离校的朱起鹤教授曾为筹划第一个实验室装置做了许多准备工作，参与许多讨论，以后又不断关心和协助。……207中心实验室谭深主任在检测方面长期协助，206研究室张广发副主任、202教研室邵连源同志、305教研室胡荣主任等在电路和微处理机上的协助，……对于这些领导、同志和单位，顺致谢意。"②

尽管前面提出"208研究室在对外协作中处于主导地位"这一观点，但并不意味着可以降低对外协作对208研究室成功研制激光陀螺所具有的重要意义。其一，对外协作在208研究室研制激光陀螺过程中尤其是早期，有效弥补了自身工艺技术的不足。尽管随着208研究室各项工艺技术（尤其是镀膜）攻关的成功和持续进步提高以及仪器设备等激光陀螺研制条件的不断改善，这种对外依赖的情况逐渐减少，但其作用始终不应低估。其二，这种对外协作尤其是将研制的激光陀螺提供给有关科研院所开展捷联惯导系统试验，使208研究室的激光陀螺研制始终与实际应用紧密结合，并根据实际应用的检验结果不断改进工艺技术，提高激光陀螺性能指标。这种紧密结合实际应用的研制方式，对促进208研究室激光陀螺研制具有根本意义。早在1984年11月，航天部8357所即使用208研究室研制并通过鉴定的实验室样机进行了单通道激光陀螺捷联惯导系统试验，获得成功，得到性能良好的评价。1990年研制出的内腔式四频差动激光陀螺小型化工程样机于当年11月交付航天部三院三部和8357所试用，主要性能指标获突破性进展，所进行的激光陀螺捷联惯导系统的单通道、三通道地面

① 科技档案：208研究室与三系航天控制教研室（303室）协议书。存于国防科大光电科学与工程学院。

② 科技档案：四频差动陀螺研制过程中所解决的主要理论和技术问题。存地同①。

试验以及静基座、动基座下系统的初始对准，均为国内首次。其三，对外协作是208研究室在研制激光陀螺的过程中获得更广泛支持的重要途径。无论是条件简陋、力量薄弱的早期，还是工艺技术、仪器设备、人员力量“羽翼渐丰”的后期，这种来自外界的各方面的支持都十分重要。

经费问题

细心的读者也许会发现，在上节关于208研究室对外协作的介绍中，常常有外协单位向208研究室提供经费支持的内容。从严格意义上说，至1994年研制成功全内腔四频差动激光陀螺和全内腔绿（黄、橙）光He-Ne激光器之前，208研究室的激光陀螺研制均属于基础研究，尽管其阶段性成果已用于捷联惯导试验或其他国防应用试验并取得良好的结果，但主要是测试验证激光陀螺的性能，距离实用还有很大距离，在小型化、各项性能指标的稳定性和工艺技术的改进等方面还需要大量艰苦攻关。而真正建立生产线，大批量生产实用的激光陀螺，则是2005年以后的事情了。因此，此前的激光陀螺研制工作基本上属于单向经费投入，无论是原材料消耗、必需的仪器设备的添置、工艺技术攻关，包括实验室用房在内的实验条件建设等等，均需大量投资。从某种意义上说，是否有基本的经费保障，是决定激光陀螺研制能否持续下去的重要条件之一。然而，至1992年以前，208研究室始终处于经费严重不足的状态。据有关材料记载，在此期间，208研究室每年的基本经费只有国防科大支持的10万元和航天部12所配套的大约3万元。有关208研究室在经费问题上面临的“窘境”，在档案材料中也多有反映。如那篇未曾公开发表的通讯中写到：“1985年后用4万元购买了新的镀膜机，改为电子枪蒸镀，这个款项对该室已经是尽力支付了。”[①] 丁金星在接受采访时回忆说：“有一段时间上边下拨的经费

① 档案：奋斗不息——访国防科技大学教授、中国工程院院士高伯龙。存于采集工程数据库。

里面没有激光陀螺这一块的了，多亏学校从别的项目经费里面给我们东拼西凑出来七八万元钱，把我们养活了，让我们得以支撑下去。”①

高伯龙1987年写给上级有关部门主要领导的一封信中也谈到经费问题：“经费上，学校给我们的钱是各个部分都在用，无法用来购置高价的镀膜机。尤其是近年军费猛降后，每年给我们仅约10万元，是无法得到高质量的镀膜机的。幸亏1986年学校在极困难的情况下决定给我们一笔60万元的镀膜机专款，否则我们已经申请结束任务了。有了这笔钱，我们可以大干了。但经费问题仍然是困难的。‘863’专家组决定1987年12月到1988年底资助我们40万元，其中四频内腔11万元、二频10万元、镀膜15万元、光纤陀螺4万元。这只是试投，如完成任务，今后将有更大量投资。这对我们是极大的支持，必将增加信心和加速进度，更好提高质量指标。”②

读者从这段文字中可以感受到在208研究室激光陀螺研制的一些关键时刻，经费问题已成为制约其是否能够继续的关键因素，而对学校和“863”专家组在经费上大力支持所受到的激励和对此的感激之情则显现在字里行间。

正是因为研制经费来之不易，高伯龙对208研究室经费的使用是慎之又慎。镀膜攻关期间，连必需的配件也舍不得买，主要靠维修解决镀膜机故障问题。对用科研经费请客吃饭或个人私用，高伯龙是绝对不允许的。今年53岁的江文杰1987年在外校本科毕业后考入国防科大，师从高伯龙攻读硕士学位，1990年毕业留校在208研究室工作。在江文杰的印象中，高教授对经费的节约已经达到了“吝啬”的程度，令人不可思议。江文杰在访谈中说：“做实验用的一个小的垫片、小的电子元件，有时候学生不小心弄丢了，就会被他责怪、批评。一次我们打印一份材料，有些印废的，他就收集起来，说可以当草稿纸用。他的这种节俭作风也影响到我们，我们也养成了把打印了一面的纸当作草稿纸再利用的习惯。”③

---

① 丁金星访谈，2013年2月27日，长沙。资料存于采集工程数据库。

② 档案：高伯龙给丁衡高的信。存地同①。

③ 江文杰访谈，2012年11月24日，长沙。存地同①。

20世纪七十年代初就参与国防科大激光陀螺研制工作的韩书忠在接受采访时说："那时经常加班到凌晨一两点，有时通宵干，春节也加班加点。按规定有加班费，但加班一个晚上只有几毛钱、几两粮票。到年底，条件好的教研室发这发那，208研究室穷啊，要啥没啥，什么也没有发。"①

作者1990年5月曾就208研究室建蓄水池节约科研用水的情况作过采访，撰写了一篇题为《208实验室每天节水20吨》的报道发表在《国防科大报》上。当时作者并未深切了解激光陀螺研制的艰难和艰辛，今天重读这篇短文则很有感慨。摘录如下："听说208实验室修建了一个蓄水池，每天节约水量十分可观，记者颇有兴趣地前去采访。在摆放着各种仪器略显挤迫的工作间里，丁金星高级工程师一边忙着手中的活计，一边向记者介绍情况。他说，实验室用水主要是镀膜机冷却用水，每天约需20至30吨。修水池前，这些水一次使用后都经下水道白白流走了。其实这些水完全可以重复使用一段时间。水池去年8月建成，耗资8000元。但从每天节水20吨和有利于工作的角度看，这笔钱花的值得。我校类似的用水大户还有一些，都可以根据实际情况制定节水措施。随后，记者又到了镀膜工作间。实验室副主任、博士生曾淳和一位女同志正忙碌地操作着。他们告诉记者，过去一停水就停工，而夏天停水是常事。但是镀膜机一开动，就要连续工作是七八个小时，中途突然停水，极易损坏设备。修建水池后，便不受停水影响。冷却水流入水池，再由水泵注入管道，重复使用。所以修建这个水池也是逼出来的。听他们这么一说，记者仿佛明白了什么。确实，勤俭节约并非单纯是人的主观意志，而是生产工作实践向人们提出的客观要求。208实验室按客观规律办事，既节约用水，又有利于工作。这样的事，我们何乐而不为呢？"②

正因为经费长期处于困窘状态，208研究室对承担外协任务持十分积极的态度，把来自外界的资助作为经费的重要来源。查阅208研究室与外单位签订的协议书，常有资助208研究室研制经费的条款。如1982年2月11日208研究室与12所签订的补充协议书的第五条："考虑到学校经费

① 韩书忠访谈，2012年12月5日，长沙。资料存于采集工程数据库。

② 王晓军：208实验室每天节水20吨。《国防科大报》，1990年5月，第308期。

不足与条件有限，国防科技大学二系今后将对部分开支较大的项目收适当费用。经双方协商，1982 年将对两项收费：1、考虑到玻璃灯工培训过程实际操作较多，大量地耗费氢、氧气和各种玻璃管料，尤其今后石英管料价格昂贵，所以收消耗费 1 万元；2、考虑到增益管改动多，研制费用大，废品率高，所以提供给 12 所合格品每支收费 3 千元，1982 年提供 10 支共 3 万元。”①

这类经费资助虽然数量有限，但对 208 研究室却也弥足珍贵。

关于经费问题，丁金星在接受采访时讲了一件颇有趣味的往事：“曾经有几年‘863’给的经费较少，一年仅 4 万元，但我们的进展还是挺多的。高教授在北京‘863’这个专题五年总结会上还做了报告。有人看到我们进展很快，不服气，对高教授说：‘“863”肯定给了你们很多钱，你们进展才会那么快。’问高教授‘863’到底给了多少经费，高教授就伸出四个手指，他们就猜是 400 万，并说要是给我们那么多钱，我们也能搞出来。高教授说是 4 万，在场的人莫不惊讶。”②

208 研究室科技档案中存有一份写于 1987 年的《激光陀螺捷联惯导系统研究》，而这一时间点正是 208 研究室决定购买成都南光机器厂仿雷堡镀膜机，开展镀膜攻关之际。从行文口吻和风格看，这份材料是向 863 专家组提交的论证汇报，出自高伯龙的手笔。其第三部分是“对开展激光陀螺仪和激光陀螺捷联式惯导系统的一些意见”，共三点。第一点力陈重视发展激光陀螺捷联惯导系统的理由，第二点强调解决镀膜等工艺技术对推进激光陀螺研究的重要性，第三点建议成立包括激光陀螺和捷联惯导研究的专门的研究所。但第二、三点均隐含经费问题。摘录如下：

1. 激光陀螺捷联式惯导系统是一种新型的惯导系统，国外正大力研究，准备用它来代替原有的机电陀螺平台系统的大部分，从发展上看，即使在高精度领域亦将有激烈竞争。当国外激光陀螺的大规模生

① 科技档案：七机部一院 12 所与国防科技大学二系关于“研制激光陀螺”的补充协议书。存于国防科大光电科学与工程学院。

② 丁金星访谈，2013 年 3 月 5 日，长沙。资料存于采集工程数据库。

产线建成后，90 年代将可清楚看出这一替换的规模和范围。我们的惯导还处在初起状态，不但没有捷联式，即使平台系统的质和量与国外相比差距亦很大。学习国外先进技术应有迎头赶上的勇气，不应该像国外那样把机电陀螺平台系统的精度发展得很高再发展捷联。目前即使不能把发展的重点放在捷联，至少应把捷联与平台同等分量看待，加以发展。

2. 我国激光陀螺的研制受国内科技水平、工艺条件的限制，进展缓慢。如果基本的物质条件，如镀膜设备和工艺，得不到根本性的改善，可以说，实用的激光陀螺是干不成功的，更谈不上高性能指标与持续进步了。国内科技、工业基础薄弱，项目的投资量和国外相比少得可怜，加上全国没有一个解决各项关键技术工艺的统一规划，就使一些老大难的问题迟迟无法解决。即使订了一些规划，也因只是少数人代表他们所在的部门带主观主义所为，没有征求有关单位和权威人士的意见，因此缺乏权威性与约束力，没有成效。建议专家组在全面调查的基础上，决定投资额，制定统一规划，逐个解决关键技术工艺问题，物色单位去认真解决。

3. 建议专家组对国内开展激光陀螺研究的实际情况进行切实的调查研究，在此基础上进行招标，采用承包制或择优委托制，将任务委托给有实力、有决心，认真解决各种关键问题的单位去进行研制，建议考虑成立捷联惯导研究所，内设激光陀螺和捷联惯导两大部分，使他们更能有机联系，这样可以把有限资金用在得当之处，实现中央'有限目标、突出重点'的方针。①

第二点中提出“建议专家组在全面调查的基础上，决定投资额，制定统一规划，逐个解决关键技术工艺问题，物色单位去认真解决”，第三点中提出“……这样可以把有限资金用在的当之处，实现中央‘有限目标、突出重点’的方针”，上述建议无疑是希望有关科研经费能投向真正发挥

① 科技档案：激光陀螺捷联惯导系统研究。存于国防科大光电科学与工程学院。

效益、取得研究成果的单位。说白了，就是希望“863”专家组加大对208研究室的经费支持，以加快激光陀螺研制进度。208研究室提出这样的建议是有充分依据的，因此是完全合理和符合实际情况的。该论证报告第一部分即写到：“我们有比较配套的设备和人员，系统地进行过原理的探索，富有攻关经验，善于抓住各个时期、各个环节的主要矛盾，用理论结合实践的方法不断取得进展。我们的理论力量很强，电子学、真空、薄膜光学、激光器制造、玻璃钻细长深孔、玻璃冷加工等都取得过重要进展，综合力量国内同行中被公认第一。……多年来我们狠抓过镀膜，6328埃增透膜的水平达到国内外的先进水平。但由于设备和技术力量的限制，没有能够在反射膜片上有大的进展。要解决这个问题首先得搞设备，我们改造H_{44}700－Ⅲ镀膜机，计划投资60万元，其中设备费35万元、科研费25万元，有15人参加该项工作，其中6人具有高级职称。预计1987年末初见成效，1990年最终完成。……国内认识到镀膜如此重要，长期进行认真攻关，近年又决心下如此大量人力物力去改造设备的只有我们一家。”①

相信这份论证报告得到了“863”专家组的重视，三年后208研究室的激光陀螺研制工作终于得到“863”专家组的认可和高度评价，并开始给予大量经费支持。有关情况将在下面具体介绍。

208研究室就进一步推进光学陀螺研究，还于1989年10月24日撰写了一份关于“八五”重点预研课题的建议，其中介绍了208研究室“七五”期间的科研进展情况和“八五”期间中希望承担的任务和预期实现的目标。“七五”期间科研进展包括：激光陀螺的应用、回复机械抖动单陀螺研制、开展磁镜交变偏频单陀螺研究、研制内腔式四频差动激光陀螺、镀膜攻关、推进光纤陀螺研究等。值得注意的是下面这段话：“以上是我们在光学陀螺研究中所做的工作。应该说明的是，由于种种原因，我校光学陀螺研究没被正式纳入‘七五’规划，上述科研的经费来源为校拨科研经费、科工委重大科研项目资助，及横向协作项目的收益。由于经费紧张，延缓了项目的进度。”②

---

① 科技档案：激光陀螺捷联惯导系统研究。存于国防科大光电科学与工程学院。

② 科技档案：关于“八五”重点预研课题的建议之一。存地同①。

这段文字说明了两点：一是尽管经费紧张，但 208 研究室从未懈怠科研工作，并按照国家需要和自身科研工作的计划积极主动地推进研究工作；二是经费紧张确实对研究工作产生了影响，延缓了进度。这也是他们提出在“八五”期间设立光学陀螺重点预研课题建议的目的，以争取获得更多的经费支持。

经费问题的基本解决，是“863”主题专家组于 1991 年 11 月 9 日至 13 日在国防科大召开“内腔式四频差动激光陀螺立项评议会”之后。此次评议对 208 研究室的激光陀螺研制工作给予高度评价，并建议“863”主题专家组将 208 研究室的激光陀螺研制作为“八五”重点关键技术攻关项目进行立项，给予经费支持。高伯龙所撰《回忆激光陀螺的研制》一文对此有如下记载：“1991 年，我们搞出了好几个准内腔陀螺。国家“863”高技术某专家组用了三天时间，观看三个准内腔陀螺的静态零漂和动态特性测试，认为它的性能全国领先，工程化前景很好，决定开始投资。1992 年至 1996 年‘八五’期间，共投入约 500 万元人民币，超过学校 20 年来对激光陀螺的总投资。此外，还投入了 70 万美元，引进了俄罗斯先进工艺技术，对光学加工和化学清洗环节进行了改造，它对 1995 年以后激光陀螺进一步工程化和转化为生产力起了很大的作用。”①

打造一流科研团队

与经费问题相比更为重要的是激光陀螺研制团队建设问题。是否拥有各项工艺技术的专门人才，是决定能否研制成功激光陀螺的关键因素。高伯龙从参加激光陀螺研制工作开始，尤其是 208 研究室组建后对此特别关注并着力予以解决。研制团队建设包括引进人才、充分发挥现有人员的作用、不断培训提高现有人员的水平等几个方面。208 研究室 1981 年 12 月

① 高伯龙：回忆激光陀螺的研制。存于采集工程数据库。

成立之初只有14个人，力量显然十分不足。高伯龙在运筹推进激光陀螺研制工作的同时，积极想办法加强研制团队建设。经过数年参与全国激光陀螺研究的协作，高伯龙对全国各单位激光陀螺技术力量情况已了如指掌，对从全国选调有关工艺技术人才已产生了明确人选。据丁金星回忆，208研究室成立之前，高伯龙就专门成立激光陀螺研究室一事曾专门向钱学森打了一个报告，希望解决若干具体问题。其中之一就是为了引进人才希望解决5个名额的军人指标。丁金星说："解决这5个名额的军人指标，就是为了调入长春光机所搞镀膜的王纪武和他的夫人，苏州第一光学仪器厂的朱勤和他的夫人。朱勤是搞光学加工的，磨水晶片全国水平最高。但他后来考上了清华大学的研究生，就没有调成。另一个就是西安航天部618所的叶凌风，他是搞机械抖动的。"① 高伯龙给钱学森的报告还提出了一个希望解决的问题，即丁金星爱人的工作问题。为什么专门提出解决丁金星爱人的工作问题？这与丁金星在208研究室研制团队中具有的重要作用有关，容后细说。

中国计量科学研究院20世纪70年代从事激光陀螺研究的戴润生也曾是高伯龙物色调入的对象。戴润生在接受采访时谈到这段经历："高老师比较注意网罗人才，我也差点调到国防科大去了。当时国防科大有两位同志来计量院协商我的调动一事，还到我家里去了。我表示愿意到国防科大工作。但后来计量院没有同意，就没有调成。"② 季家镕教授在接受采访时也谈到这方面的情况，他说："高教授为了搞激光陀螺，在国内招了一批人，把长春光机所的王纪武挖来了，还有618所的叶凌风。他对这些人才是十分重视的。我和王纪武后来还到长春光机所去商调廖向忠。廖是搞超级抛光的，水平很高。但后来由于一些原因没有调成。"③

高伯龙重视发挥现有人员作用方面，丁金星是个典型例子。关于丁金星的个人情况，前面已有简略介绍。丁金星在哈军工改制为哈尔滨工程学院后的1967年就开始参与激光研究工作，曾有两年多时间与上海激光所

---

① 丁金星访谈，2013年3月5日，长沙。资料存于采集工程数据库。

② 戴润生访谈，2013年3月20日，北京。存地同①。

③ 季家镕访谈，2012年12月5日，长沙。存地同①。

一起从事研究，但不是激光陀螺。1970 年学校南迁长沙后，他准备调回家乡工作，调令已经来了。但因为上级决定搞激光陀螺研究，要求凡是搞过激光的人不得调离，就这样丁金星没有走成。丁金星回忆当时情况时说：“我一直想让组织上解决我家属的工作问题，解决不了我就想回家乡工作。我会的技术比较多，比如我会开车，回老家后不怕没工作。高教授对我的这个问题很关心，在给钱学森副主任的报告里提出了这件事。但我这个人脾气不好，得罪的领导比较多。尽管钱学森副主任把高教授的报告批准下来了，但到学校具体办事的机关还是没给解决，不了了之。没办法，我就离开了激光教研室到学校汽车队去开了将近三年车。1975 年高教授到激光教研室后，来我家好几次，请我回去。因为我走了以后，就没有人会造激光器了。这一套东西使用起来谁也不如我。后来汽车队队长跟我说：‘老丁啊，你还是回去吧，不然把党票都搞没了。’最后我还是回来了。我一回来，实验平台就搭起来了，不出两个月原理样机就搞出来了。”①

当然，正如前面所阐述的，208 研究室四频差动激光陀螺的研制，从原理样机到工程样机都是在高伯龙的理论指导下进行的，但在工艺技术的具体实现上，丁金星发挥了重要作用。查阅 208 研究室有关科研档案，几乎大多数科研成果研制人员排名上，丁金星均紧随高伯龙之后，排在第二位。季家熔教授对此回忆说：“高教授对激光陀螺理论研究得非常深，在我们 208 研究室，理论问题不用操心，主要是解决工艺技术问题。在这方面，高教授很善于用人。我们研究室的丁师傅，小学文化，原来在部队修飞机，手非常巧，干陀螺组装的活儿，文凭高的博士也比不过他。把玻璃磨平，一粘就粘上去了，别人干不到他这个水平。高院士重用他、支持他。”②

在一份高伯龙 1985 年 1 月 3 日亲笔填写的关于四频差动激光陀螺实验室样机的《科研成果项目研究人员情况登记表》中，对丁金星有如下介绍和评价：“一、承担了哪些工作：①激光陀螺核心元件增益管的研制（主要负责人）；②激光陀螺的装配和测试，是主要装配者；③激光陀螺的设计，如

① 丁金星访谈，2013 年 3 月 5 日，长沙。资料存于采集工程数据库。

② 季家镕访谈，2012 年 12 月 5 日，长沙。存地同①。

增益管安装，以及如何加工；④参与各种重要攻关，如镀加衬层三层增透膜攻关，提高寿命攻关，以及环氧树脂实验；⑤培养外单位技术人员的主要承担者。承担主要外协任务。⑥其他重要工艺。二、完成情况及解决的关键技术问题：增益管作了十多代变革，达到国内外先进水平。1983 年 9 月装配的陀螺 1984 年 11 月在天津完成国内第一次激光陀螺捷联式惯导系统单通道试验的重大任务。陀螺安装，测试任务重，工作量大，该同志日夜工作，技术熟练，经验丰富，再加上其他技术面宽，办法多，是工艺总负责人，为目前不可替代的人。他根据工作需要，修理改装镀膜机的性能超过出厂后历史最高水平，并且热情地参加关键的增透膜攻关，在操作工艺方面起了重要作用，使成品率及质量达国内外先进水平。他配合五系搞环氧树脂实验，工作量大，已得较好配方，也是重要的物资。玻璃工韩书忠在他密切指导下，技术提高很快，现水平已相当高，做出重大贡献。航天部12所、航空部 618 所多年来有十多人，从我室学习回去工作，有些起很大作用。大部分人是跟丁学工艺。我室外协主要任务由丁金星、韩书忠承担。”①

在“教研室审查意见”一栏中，高伯龙写道：“该同志是项目的总工艺师，长期刻苦学习，夜以继日工作，技术熟练，作风严谨，对项目的完成做出重大贡献。所直接负责的增益管，在解决一系列关键的问题，包括工艺及结构原理之后，已达国内先进水平。所参与的增透膜攻关成功，达国内外先进水平。他还完成了许多重要的关键的任务。因此，是本项目的主要成员。”②

必须指出的是，四频差动激光陀螺研制在我国是完全创新性的科技攻关项目，没有任何现成经验可资借鉴。同时，208 研究室激光陀螺研制团队中相当一部分人员，在加入团队之前对激光陀螺知之不多，甚至毫不了解，学历层次也不高，是从零起步学习有关知识，掌握和提高工艺技术水平的。因此，在长期的科研实践中坚持学习探索，不断提高工艺技术水平，是 208 研究室科研团队开展激光陀螺研制的一大特点。208 研究室档案材料中存有一份 1991 年 10 月 20 日丁金星对直流稳频的建议手写稿，其中

① 科技档案：科研成果项目研究人员情况登记表。存于国防科大光电科学与工程学院。
② 同①。

写到:“现在的稳频原理先进，精度高，但不适合在有辉光的激光陀螺使用。可做技术储备，等研制出没有辉光的激光陀螺时使用。其原因是：①不去掉辉光不能正常工作。因此需研制辉光滤光片，花很多时间装光栏，这就增加了损耗，从而要增加电流，也影响了性能，更缩短使用寿命。②由于不能在调腔时使用，仅调朗流系数一项就要五次以上拿出超静间合光，又回超静间重新对准，这不但浪费了许多时间，更影响调腔精度。”下面另有一段别人所写文字:“对腔内光学元件的安装调整和固定机构进行了工程化，保证了调腔精度，提高了效率；重新设计光电接收器的安装、固定和光、电、磁屏蔽技术，提高了可靠性和抗干扰能力。”再下面又有一句另一人所写文字:“进行更高精度的激光陀螺途径探索（下一步工作设想中加这一句）。”[①] 这份手写稿的字迹并不十分工整，显然是激光陀螺研制期间团队成员即时交流关于工艺技术看法的一种方式。所以，高伯龙在接受采访时所说“工艺技术问题主要还是靠自己，自己磨炼出来的”[②]，确实符合实际情况。

在1986年《四频差动激光陀螺实验室样机国家级科学技术奖申报书》“主要完成人情况表”一栏中，对仅在浙江大学光仪系学习一年半（学制为一年半）、无技术职称的女职工史湘湘（排名并列第五）有如下介绍:“从始至终参加四频差动激光陀螺的最关键技术——多层介质膜的蒸镀工作，是主要技术骨干，所作主要贡献有：①参加增透膜攻关，透射率达国内先进水平，成品率80%以上，达到甚至超过国际先进水平，是研制差动陀螺实验室样机主要的技术关键之一。②蒸镀出反射率 R>99.80% 的高反膜，部分提供陀螺使用，缓和了国内其他单位不能提供优质膜片所带来的巨大困难。③蒸镀合光棱镜（含全反膜和半反膜）和激光陀螺研制中使用的其他膜片。”[③]

对仅有高中文化、无技术职称的女职工刘秀云（排名并列第五）的评价是:“自始至终参加了四频差动陀螺实验室样机电路方面的设计，调试

① 科技档案：丁金星高工对直流稳频的意见。存于国防科大光电科学与工程学院。
② 高伯龙访谈，2013年7月14日，长沙。资料存于采集工程数据库。
③ 科技档案：四频差动激光陀螺实验室样机国家级科学技术奖申报书。存地同①。

安装工作，是技术主力之一。所做贡献有：①针对当时电路的一些明显弱点，建议并承担吸收大学生产的锁相环技术，应用到陀螺电路中，提高了电路的抗干扰性和灵敏度。②积极参加从国内兄弟单位移植光电转换、放大整形、脉冲、数字相减电路的工作，以及自己的稳频电路，经过努力形成了统一的主电路部分，是一项创造性劳动，本人起了较重要作用。③在稳定的分流电源的移植中做了一些改进。④负责激光陀螺所需的电路调试安装，承担了主要工作量。”①

对毕业于水利工程学校（中专）、无技术职称的女职工栾允赏（排名并列第五）有如下介绍：“自始至终参加四频差动陀螺实验室样机的玻璃冷加工方面的工作，是该部分的主要技术人员。所做贡献有：①探索新工艺，做加工试点。如：增透片与增益管的光胶封接以去除环氧树脂放气的污染，减少了环路损耗，提高性能与延长寿命，是一项重要工艺，由于管头为薄壁，壁厚约只有 1.5—2mm，难度大，在国内未见先例，经努力取得成功，做出重要贡献。②对大量光学元件进行各种检测，业务纯熟，保证加工与选用光学元件的重量。③组织并直接参与研究大量较优的光学元件。”②

对仅有高中文化程度、战士出身、无技术职称的韩书忠（排名并列第五）同样有较高评价：“自始至终参与四频激光陀螺增益管的研制工作，在艰苦的工作条件下与科研组的各方面力量密切配合，解决了许多技术、工艺问题，保证了陀螺研制任务的顺利完成。① 1977 年底吹制成内阴极双阳极增益管，保证了初期散装激光陀螺的试验。② 1978 年底吹制出国内第一支内阴极双阳极低起辉电压增益管，其放电特性良好，陀螺性能也有提高。③经多次反复试验，吹制成铝内阴极石英增益管，难度高，是国内第一代石英铝内阴极增益管。④吹制成石英外阴极增益管，起辉电压低，性能良好。这种管装在实验室样机上通过了技术鉴定。⑤装成油玻璃真空系统，抽速快，真空度高，保证了陀螺增益管与普通激光器的实验室研制工

① 科技档案：四频差动激光陀螺实验室样机国家级科学技术奖申报书。存于国防科大光电科学与工程学院。

② 同①。

作顺利进行。”韩书忠还曾参与研制“小型钛泵”，获国防科工委科技进步奖[①]。

仅从以上几位学历层次不高的四频差动激光陀螺实验室样机主要研制人员所做的贡献和具有的水平来看，208研究室在高伯龙带领下，经过多年科研实践中的磨炼，已然成为国内激光陀螺工艺技术水平最高的研制团队。至于团队中其他曾经过大学学习、排名在前的主要研制人员，更是在研制过程中发挥了重要作用，恕不一一列举。

应当指出的是，在积极引进人才的同时，高伯龙严把团队新人员的进入关，不是谁想进来就能进得来的，一定要首先考察其能力水平及是否需要。他在接受中央电视台“人民子弟兵”专栏“走近高伯龙”专题片采访时说：“确实好大一批人想往我们这里塞，我一个个顶住了，都不要。我们必须认为有用的人才要，有才干的，经过各方面考核了解过的，我们才要。不是说随便派给我们。开始学校引起很大反响，有人说你高伯龙不服从党的领导。我说那好，你认为不服从党的领导，你可以撤我的职。但你既然要我干的话，这个事必须遵守这个手续，我不同意，你是不能进来的，我说这个关我是卡住的。”[②]

与团队建设有关的一个问题是高伯龙对团队成员的评价标准，这就是看你是否虚心好学、勤奋实干，是否具有实际工作能力和水平。这一评价标准，其实也正体现了高伯龙自己的工作作风，同时也是团队作风建设的重要导向，这是长期处于艰苦奋斗状态中的激光陀螺研制工作所必须具备的。韩书忠在访谈中说：“高教授并非一般人所传的脾气古怪，其实非常平易近人。但是有一点，他不喜欢对待工作吊儿郎当的人。你要是踏踏实实干工作，他就喜欢你，关心你，尽力帮助你解决实际困难。”[③] 实际上，假如畏惧艰苦，不能扎扎实实工作，这样的人也很难在208研究室立足。在高伯龙以身作则的榜样示范下，勤奋工作、艰苦奋斗已潜移默化成为208

---

① 科技档案：四频差动激光陀螺实验室样机国家级科学技术奖申报书。存于国防科大光电科学与工程学院。

② 中央电视台《人民子弟兵》专栏“走近高伯龙”专题片。存于采集工程数据库。

③ 韩书忠访谈，2012年12月5日，长沙。存地同②。

研究室的传统。

我国科学思想史专家朱亚宗教授在《中国工程技术的首创性瓶颈与出路》一文中指出："现代工程技术的首创性一方面需要精通科学理论与技术原理的复合型人才，另一方面又需要能在工艺环节上参与首创性的高素质技术工人与技师，这是中国人才方面的又一软肋。"① 以此观照高伯龙和他率领的激光陀螺研制团队，高伯龙当然名副其实地堪称"精通科学理论与技术原理的复合型人才"，而以丁金星为杰出代表的"高素质技术工人与技师"也在激光陀螺研制中发挥了重要作用，可以说在国防科大激光陀螺研制中，这一"软肋"在研制工程实践中日渐变得强健。正因为同时具备这两方面的杰出人才，才使得激光陀螺的研制成功成为可能。

208研究室从成立之初的十余人，到1993年发展到37人。更重要的是团队成员的科研水平和攻关能力得到大幅跃升。据208研究室1990年5月提交的《国防科技预研任务综合论证报告》中关于"现有条件"的介绍："在人才方面，经过十多年的研究工作，我校形成了一支知识结构、职称比例和年龄配备合理的专门研究队伍，……下设激光器制造、玻璃灯工、光学加工、光学镀膜、电子技术及微弱光电信号检测、磁光光学和机械加工等任务组，在光学陀螺专家高伯龙教授的主持下从理论到实验做了大量的工作。除此之外，作为军用光学博士点和硕士点，还培养了十多名研究生，这些研究生的论文均与激光陀螺的研制工作紧密结合，其中一些成果已直接服务于激光陀螺的研制，成为研究队伍的一支生力军。"②

而至目前，在208研究室20余年奋斗、积累的基础上，国防科大激光陀螺研制团队达到了更高层次。已经组建了一个科研能力突出的学术团队，搭建了硬件设施条件齐备的研发平台（科研建筑面积6000多平方米，设备资产过亿元），拥有了一支知识结构高低搭配合理的配套研发队伍，在与激光陀螺研发相关的各学科领域积累了丰富的经验，建设了精密机械加工与检测、精密光学加工与检测、特种化学清洗、极低损耗镀膜与检测、精密光学总成、激光陀螺性能测试与环境适应性研究、惯导系统装

① 朱亚宗：中国工程技术的首创性瓶颈与出路。《工程技术》，2013年第4期。

② 科技档案：国防科技预研任务综合论证报告。存于国防科大光电科学与工程学院。

配与标定等高水平研究环境，从而也奠定了在国内激光陀螺研究领域的领先地位。

实现一流工艺技术

立足于自己的研究探索，同时开展对外协作和学习，这是208研究室多年来提高工艺技术水平的主要途径。而1992年7至8月间的俄罗斯之行，则又打开了另一条提高工艺技术水平的途径，并在1995年以后的光学陀螺研究中发挥了重要作用。关于对俄引进一事，高伯龙在所撰《回忆激光陀螺的研制》一文中有所记载："上述两个项目鉴定后，'863'进一步支持我们。……1992年我和丁金星、叶凌风、龙兴武四人在'863'专家率领下，前往俄罗斯考察了一次，确定从那里引进光学加工和化学清洗的全套技术和设备，并由俄方培训我室人员，还有附带引进两台镀膜机和一些机床。1993年6月，曾明跟随'863'专家去签了正式合同。此后，龙

图7-3　赴俄罗斯考察时留影（高伯龙，左四；丁金星，左三。摄于1992年8月。资料来源：国防科大光电科学与工程学院提供）

兴武带领蒋安国、金世龙、李晓红、刘永茂、舒柏宏和翻译姚毅，前往俄罗斯进行技术培训。他们学习很认真，俄方说我方参训人员‘水平是非常高的’，是‘国际第一流加工的队伍’，（后一句话经常为“863”专家所引用）。1995年初，俄罗斯第一批设备运回了学校，随后10位俄罗斯专家也来帮助我们安装、调试设备，工作了好几个月。”①

高伯龙在访谈中对此次对俄引进十分肯定，他说：“那一次张爱萍给了钱，我是代表团首席专家。我们与俄方签了意向书。1993年签了合同，1994年派人去培训，1995年来了一批仪器设备。这次去的作用很大，是关键的。培训结束时是我去验收的。”②

参加培训的女职工刘永茂回忆说：“那时候出国机会不多，讲论资排辈，但高教授不这样。他说谁干这项工作就谁去。并不是说去走马观花看一下，玩去了。所以派出去的人都是真正干这方面工作的。学习回来以后水平有很大提升。其实，我们自己多年研究探索的一些工艺技术已经达到相当高的水平，只是在某些方面有差距。后来俄罗斯专家来学校调试设备，就感觉他们的一些技术还有不及我们的地方。过去我们在抛光上不行，主要是当时我们国家生产的抛光粉质量不高，但现在我们的技术指标已经超过俄罗斯了。”③

金世龙博士1994年进入208研究室工作，参加了培训，他也认为引进国外技术要在自己研究的基础上才能取得好的效果。金世龙说：“借鉴国外的经验，还是起作用的。但我们在学习俄罗斯工艺技术的基础上，又做了很多研究。为什么后来我们的水平超过他们，主要是我们有很多自己创新的地方。有些单位从零引进，引进整个生产线。我们不是这样，我们只引进其中几个环节的工艺技术。这样无论从节约经费还是实际效果上看，都是最有利的。”④

其实，高伯龙对此次引进俄罗斯的设备和技术曾有过十分细致的考

---

① 高伯龙：回忆激光陀螺的研制。存于采集工程数据库。

② 高伯龙访谈，2013年7月14日，长沙。存地同①。

③ 刘永茂访谈，2012年12月5日，长沙。存地同①。

④ 金世龙访谈，2012年11月24日，长沙。存地同①。

图 7-4　赴乌克兰考察时与乌方人员合影（高伯龙，右三；丁金星，右一。摄于 1992 年 8 月。国防科大光电科学与工程学院提供）

虑。他在与俄方签订引进合同的当年即 1993 年所写的《国防科技“863”重点实验室建设项目申请书》中论证分析了此次对俄关键仪器设备引进的必要性与风险：“镀膜是头号关键技术，但非常规的新技术在美国等为绝密。俄罗斯和我国一样，这些技术处在早期，离激光陀螺用膜的要求非常远，所以无法引进。经过调研，俄罗斯仿造德国的雷堡镀膜机主机部分不亚于德国，价格仅 2 万美元 / 台，远便宜于原雷堡机（约 40 万美元 / 台），质量远优于且便宜于国内仿造产品（约 30 万元 / 台）。我们引进两台是极合算的，大大增强了镀膜的设备力量。当配以自制的国际先进水平的监控系统后，更是雄踞国内，且有很强的出口竞争能力。从俄罗斯引进的还有超级抛光设备与技术；陀螺谐振腔的研磨设备和技术；化学清洗的设备和技术，包括片子清洗和陀螺毛细管的清洗和化学抛光；研磨、玻璃钻孔的机床；一些检测设备等。无疑，这些技术和设备的引进将使环形激光器研究室的陀螺研制技术登上新台阶，加速激光陀螺的进展。并且总的价格是便宜的。我们有疑虑的是：在第一批（也是主要的）已签合同中，我方付出 45.5 万美元，其中一半是三项技术转让费；这三项中，设备费少，技术转让费多，而技术转让是软的。我们不得不为它们承担风险，因为俄罗斯技术未必成熟，亦未必肯全部传授给我们，很容易吃亏。但是，由于设备价格不贵，特别是二台镀膜机非常便宜，如果按计划购到手，即使购买技术全失利亦完全可以补偿过来。”①

但从后来引进的实际情况看，这次设备引进和人员培训达到了我方预期。

从以上所引材料中可以看出，高伯龙对此次对俄引进是经过深思熟虑的，所引进的设备、技术项目均是针对我方实际需要作出的合理选择。同时，正是由于 208 研究室在长期激光陀螺研制实践中积累了大量的经验和扎实的工艺技术基础，使得引进的设备和技术与实际工作紧密对接，很快发挥作用，充分体现了“引进消化吸收再创新”的国家对外先进技术引进方针。这一点是对外引进能否取得最佳效益的关键。

在科研团队工艺技术水平不断提升的同时，208 研究室在光学加工、光学薄膜、电真空、磁光材料、机械加工、电子测试等方面为激光陀螺研制所必需的设备已初步配套，其中不少关键设备是自己动手研制或改造的。据 208 研究室 1993 年《国防科技“863”重点实验室建设项目申请书》所载，208 研究室至当年价值万元以上的主要仪器设备有：瞬态波形存储器 1 台、锁相放大器 2 台、无油超高真空系统 1 套、真空镀膜机 5 台、精密车

图 7–5 高伯龙（右二）验收俄方设备（摄于 1995 年。国防科大光电科学与工程学院提供）

① 科技档案：国防科技“863”重点实验室建设项目申请书。资料存于国防科大光电科学与工程学院。

床 1 台、激光平面干涉仪 2 台、激光全息平台 1 台等共 57 台（套）[①]。尤其是 1997 年以后，“通过大量的开发应用和拉生产线技术转让，激光陀螺项目收益巨大，不但早已归还了学校 20 多年的总投资，并且大大改善了实验室的装备（当然，总装备部对我们的投资也大大增加了）。今日技术装备的先进已经是昔日所不能望其项背了。几乎是想干什么陀螺就可以干什么。70 年代，甚至 90 年代中期干不成的二频机抖陀螺，1998 年后就干成了，并且是各种品种几乎都齐全，正在航天、航空方面开发应用。我们今后的主要任务就是开辟新方向，拓广学科范围。”[②]

拼搏奋斗的楷模

作为完全依靠自主创新进行的激光陀螺研制，是一项理论探索性极强、工艺技术极其复杂的系统工程，涉及工程组织实施、对外协作协调、工艺技术攻关、研制团队建设、研究条件改善等诸多方面，而仅就工艺技术攻关而言，就有镀膜、机械加工、电子技术、装配等各个方面，诸多繁难问题非短时所能解决。而从基本理论研究到原理样机、实验室样机、工程样机的研制，竟然旷日持久长达 20 余年。其间须经历多少艰难困苦，经受多少波折起伏，非此中人所能深切体悟。有宣传高伯龙和激光陀螺研究团队事迹者称之为“二十年磨一剑”，乃毫不夸张之词。据说，20 余年间，研制团队中一些人来了又走了，其中即有因觉得如此艰辛且距成功太过遥远而中途退出者。可以说，没有一种坚韧不拔的定力，没有一种锲而不舍的追求，没有一种甘于寂寞的境界，没有一种必将成功的信念，要在条件如此艰苦、时间如此漫长的攻关历程中坚持到成功的那一天，是难以想象的。采访 208 研究室的同志们时，有人把这种精神称之为“高伯龙精

① 科技档案：国防科技“863”重点实验室建设项目申请书。存于国防科大光电科学与工程学院。

② 高伯龙：回忆激光陀螺的研制。存于采集工程数据库。

神”。这说明高伯龙在整个激光陀螺研制过程中，既是理论探索的先行者、攻关方向的指引者、整个工程的领导者，更是团队精神力量的垂范者。

作为国防科技大学激光陀螺研制团队的领导者，高伯龙从来不是“甩手掌柜”。除了承担大量耗费心血的理论研究探索工作，具体实验研究特别是镀膜攻关同样亲力亲为，并把自己编在镀膜组，是加班加点最多的人，他的工作状态完全达到了忘我境界。这一点在208研究室采访中几乎人人谈及。

丁金星是208研究室“元老”之一，对此有着深刻印象：“在从实验室样机到工程样机的那十年间，工作非常艰辛，高教授每天都是工作到第二天凌晨才下班，干通宵也是经常的事。一次加班到凌晨两三点钟回家途中，因为解决了一个问题，我和高教授都很高兴，说话声音比较大，以致在附近教室里一位开夜车自习的学生以为天亮了，推开教室窗户大喊：‘起床了！’于是，我和高教授就过去看看。高教授对这位学生说：‘同学啊，你这样不行，晚上不休息，白天上课没精神，这是恶性循环。你一个人开20多个灯，这是浪费啊。’他劝学生回去睡觉，可自己却天天加夜班。”①

图7–6 高伯龙院士在科研中（摄于2001年。国防科大光电科学与工程学院提供）

丁金星还讲了一件今天看来颇有趣味的事：“那时学校规定加班到晚上12点以后有补助，加班一天给三毛钱、二两粮票。我们每个月如实向系里上报20天加班，一位领导对此表示不相信，认为每个月都有这么多天加班到这么晚，不可能。高教授知道后很生气，就不让

① 丁金星访谈，2013年3月5日，长沙。资料存于采集工程数据库。

再报领加班费，并说为了几毛钱不值得。从此，高教授再也不要加班费，发下来也不要。但我对此不服气，想采取个办法让人知道我们确实在加班。这之前晚上加班我比高教授先走，那以后我有意晚些走。高教授走了以后，我就给那位领导打电话，连续打了 20 多天。后来高教授就问我，说老丁你最近怎么磨磨蹭蹭的。看到我打电话，他就知道是怎么回事了。他说：‘老丁啊，我们不要干这个事，算了吧。’后来我就没再打电话。”①

图 7-7　高伯龙（坐者）与丁金星（左）、袁保伦研究科研工作（摄于 2012 年。国防科大光电科学与工程学院提供）

1983 年 10 月到 208 研究室工作任协理员的安希临与高伯龙共事 13 年。安希临对高伯龙工作中的拼命精神有深刻印象：“他是没日没夜地干，卖命地干，实干精神非常强。这一点你不得不佩服他。”②

女职工刘永茂回忆说：“高教授给我的印象就是他特别敬业。那时候经常加班，也没有什么好条件，夏天没有电扇、空调，他就穿件背心，一身是汗地工作。经常下午上班时间到了，他还没回家吃午饭。他作为领导那么吃苦耐劳，那么敬业，我们还有什么理由不好好干呢？这就是高伯龙精神。208 研究室的每个人都受到他的影响和激励，加班加点从来不计较什么，只要自己的任务完成了，或者解决了一个问题，就特别高兴，心情特

① 丁金星访谈，2013 年 3 月 5 日，长沙。资料存于采集工程数据库。

② 安希临访谈，2012 年 12 月 5 日，长沙。存地同①。

别释放。”①

午饭时间要推迟一两个小时或两三个小时，这是高伯龙在生活规律上异于常人的一点。初闻者无不觉得诧异，但对高伯龙来说这是因为工作需要而养成的习惯。1986 年 9 月进入 208 研究室工作至今的李晓红回忆说：“我是校子弟，从国防科工委中专电子工程专业毕业后就分到应用物理系，跟高教授一起工作，搞光学加工、光学抛光。高教授工作起来没有时间概念。有一段时间跟他用 DF 透反仪测膜片，他经常到下午一两点钟才回家吃中饭。刚开始的时候我特别不习惯，看时间到中午 12 点了，心想是不是该去吃饭了？但看高教授没有那个意思，我也就不好意思提出来，所以就一直跟他干着。后来跟他一起工作久了，也就习惯了。高教授工作起来是要告一个段落才能停下来，人才能离开，不能干到中间，人走了机器开在那里，这是不行的。如今高院士 80 多岁了，还是这个习惯。有时候我下午来上班，才见他老人家慢慢往家走，他还没吃午饭呢。”②

李晓红小时候就从大人口中知道高伯龙，因为高伯龙在大家眼中比较“另类”。比如天气还不太冷的时候，高伯龙就穿上了棉大衣，春天天气暖和了他还穿着。小时候她见过这个令她感到奇怪的人，到 208 研究室工作后才对上号。李晓红说：“因为高教授有严重的哮喘病，对冷空气特别敏感，他一犯病的话特别恐怖，喘气就喘不上来。”③丁金星多次见过高伯龙工作时哮喘发作的情景：“高教授发病的时候很吓人，脸憋得通红通红的，我赶紧给他倒一杯水，说你不能再干了。他就坐在那里，半个小时后，慢慢地气喘平了，又继续工作。高教授工作起来从不顾惜身体。”④

“奇人奇才”，是江文杰对高伯龙的突出印象。江文杰 1987 年在外校本科毕业后考入国防科大，师从高伯龙攻读硕士学位，1990 年毕业留在 208 研究室工作。江文杰说：“高教授之奇，一是理论物理水平的高深，凡是他的学生对此都有深刻感受。二是强烈的事业心和意志力，非常人可

---

① 刘永茂访谈，2012 年 12 月 5 日，长沙。资料存于采集工程数据库。

② 李晓红访谈，2012 年 11 月 24 日，长沙。存地同①。

③ 同①。

④ 丁金星访谈，2013 年 3 月 5 日，长沙。存地同①。

比。1991 年一次我到学校设备库领器材，激光陀螺项目的编号是‘71281’，‘71’代表这个项目立项的时间。学校器材处的人很惊讶，说‘你们这个项目怎么还在搞’？高教授 20 年扎在一个项目里，这在学校乃至全国都是很少有的。”①

江文杰参加了 1993 年四频差动激光陀螺工程样机的鉴定，对当时的情况记忆犹新：“鉴定的前半程还可以，但后面可能因为激光陀螺还不太稳定，出了一些问题。记得高教授回宾馆吃饭的时候，脸色惨白，感觉他整个人要倒下了。他说：‘我花了将近 20 年时间，花了国家那么多钱，搞成这样，我是有罪的。’我当时就感觉到高教授的责任心非常强，因鉴定的挫折陷入深深的自责，承受的压力非常大。但也正是高教授的执着，激光陀螺项目最终获得了成功。”②

而就是在 1993 年至 1994 年的“背水一战”中，高伯龙精神上承受着极大的压力，身体也付出了极大的代价。那篇未曾发表的通讯中写道：“这一年夜以继日的工作中，他明显憔悴，体重下降了 13 公斤。”③

与疾病长期抗争

为了完成繁重的激光陀螺研制任务，高伯龙一方面带病超负荷工作，一方面也想办法控制自青年时期即罹患的哮喘病。但除了服药，医院也束手无策。高伯龙在访谈中谈及这个问题时说：“医院认为我这病没有什么特效药，怎么治都没办法，一发病就喘得厉害，控制不了。算了，你要什么药就给你开什么药。开始开一个星期、两个星期的药量，后来干脆你要半年的、一年的，也开给你。反正你也省得跑医院，来了也没什么办法给你治。我对这病的态度是，不管了，工作要紧，每天就靠服药控制病情，管

---

① 江文杰访谈，2012 年 11 月 24 日，长沙。资料存于采集工程数据库。

② 同①。

③ 档案：奋斗不息——访国防科技大学教授、中国工程院院士高伯龙。存地同①。

它留不留后遗症，能工作就行。我干起工作来就是不要命。就吃氨茶碱、非那根。开始是一片麻黄素、一片非那根。后来发现我的血压很高，就把麻黄素停了。但非那根一直吃。说来奇怪，工作没耽误，病也慢慢好了。后来才知道，这与服用的一种激素有关系。原来这种激素服用后是不能马上停的，要慢慢停，不然症状会反弹。我是逐渐停止服用的，逐渐减量，到 80 年代末才完全停下来，服用了十多年。后来非那根也慢慢减掉了。前些年北京一家知名医院的专家知道了我的情况，对我说你吃了这么长时间，你治好了你的病，现在国际上治哮喘病的最新疗法就是这样。可惜你当时没有写成文章发表。你的创造比国外早了 20 年。"①

高伯龙无意间"误打误撞"治好了自己多年备受困扰的哮喘病，的确堪称奇迹。但其在医学上的意义，也许并非高伯龙关注的重点，因为他的初衷仅仅是为了坚持工作。而且就当时医学上的认知水平，这是要冒对身体有严重副作用的风险的。但从中也可使人悟出这样一个道理，人在困境中不得已采取的一些自救措施，也许正是解决问题的正确途径。

此外，因患胆囊息肉而初诊被疑癌变赴京治疗一事也当在此提及。此病最早是在湖南湘雅医学院第二附属医院发现的。初步诊断结果认为息肉有癌变征兆。而高伯龙赴京治疗是利用 1989 年 3 月作为全国政协委员参加全国"两会"之机，到 301 医院进行检查治疗。当年 6 月 22 日住进该医院，动手术则在当年 7 月 4 日②。因病状不明，结果难料，行前大有"风萧萧兮易水寒，壮士兮一去不复还"之感。曾淳在担任应用物理系主任时曾接受中央电视台"人民子弟兵"专栏"走近高伯龙"专题片的采访，他说："1989 年，高教授因为胆囊上面长了一个东西，要到北京做手术。当时还不知道这个东西是良性的，还是什么东西，所以他在临行前找了好多人交代工作。当时他对大家说，国家对我们这个项目投了很多钱，不管我怎么样，我们一定要对这个项目有个交代。言下之意就是有一点他这一去不知道还能不能回来的意思，给我们交代工作了，郑

---

① 高伯龙访谈，2013 年 7 月 14 日，长沙。资料存于采集工程数据库。

② 档案：高伯龙给高寿祖的信。存地同①。

重其事的。”①

3 月 16 日，高伯龙和湖南省参加全国“两会”的同志一同乘专机到达北京，次日晚即给 208 研究室协理员安希临和时任 208 研究室副主任的曾淳写了一封信，述说了当天在 301 医院检查身体的情况和还将进行的各项目的检查，以及对室里工作牵挂的心情②。所幸后来的检查结果证明其胆囊息肉为良性。当年 7 月初高伯龙接受胆囊切除手术后，即到兴城疗养院进行术后康复休养一个多月。在临近返回长沙前一个星期的 8 月 24 日，高伯龙给安希临和曾淳写了一封两千余字的长信。信中除介绍康复情况外，主要内容是就激光陀螺研制中的问题给予答复和指导。高伯龙在信中写道：“我特别感谢室里的同志在这两个月里做了许多工作，使完成任务的可能性大得多了。离开 301 医院时，医生嘱我到兴城第一周莫下水（作者注：兴城滨海，高伯龙喜游泳），第二周可先泡泡水，动一下，逐渐增加点运动量，我是严格执行。医生说三个月后可和正常人一样，完全恢复健康要半年以后。……回后立即参加工作没问题。我们力争今年完成三院任务，参加海南岛试验。”③

信中关于激光陀螺镀膜等方面技术问题的答复和指导及工作具体安排等内容共列出 13 项，不一一列举。从信中内容看，高伯龙手术后于兴城康复休养期间，与 208 研究室多有书信往还，可见高伯龙时时牵挂工作，并对激光陀螺研制遇到的问题进行了深入思考研究，并未因健康原因而稍有松懈。

图 7-8 高伯龙夫妇登岳麓山留影（摄于 2008 年。资料来源：国防科大光电科学与工程学院提供）

体育锻炼则是高伯龙与疾病抗争的另一种方式。高伯龙从青年时代即喜爱游泳，一直坚持到八十余岁。

① 中央电视台《人民子弟兵》专栏“走近高伯龙”专题片。存于采集工程数据库。
② 档案：高伯龙给安希临、曾淳的信，1989 年 3 月 17 日。存地同①。
③ 档案：高伯龙给安希临、曾淳的信，1989 年 8 月 24 日。存地同①。

还经常和同事、学生开展登山等户外活动。那时到学校游泳池游泳的师生经常能看到一位身材高瘦的老人，头戴泳帽在水中缓慢而稳健的泳姿，其身侧有人陪游保护。后因体力下降，考虑到安全问题而终止。此后，高伯龙仍坚持步行上班，无论寒暑，人们常常看到一位身穿旧式作训服步履蹒跚的长者行走在校园中，认识他的人无不投来尊敬的目光。

个性与品格

凡是与高伯龙有过较多接触的人，无不对他的鲜明个性留下深刻印象。这或许是研究高伯龙学术成就时绕不过去的话题。且引用多位访谈者的感受，使读者获得一个较为直观的了解。

朱起鹤院士说："高伯龙的性格非常直率、坦诚。他刚参加激光陀螺研究那会儿，当时公开材料里都是二频陀螺，国内有的单位也搞得挺好。但他对四频陀螺特别欣赏。所以有一次召开全国激光陀螺学术会议，他发言时话说得挺绝，他认为二频陀螺目前没有希望，只有搞四频陀螺，你们为什么死抱住不放呢？他有时候说话就是喜欢斩钉截铁。后来那家单位果然下马了。原因是单位领导认为要真正搞成还不知要搞多少年，也不一定能搞出来，干脆去搞别的项目。国防科大的条件比别的单位差得多，在一个小破屋子里搞，但最后还是国防科大搞成了。"①

杨士莪院士说："高院士的人品我觉得没有什么可挑剔的，非常好。但个性特强。在清华大学读书时就有体现。但如果他没有这样一种个性，也不可能达到今天这样一个程度。他一路走过来，不能说走的是顺风路，坎坎坷坷的。他这个人有时候说话比较直率，不大能中规中矩。但是你真正认真仔细考察起来，他没有什么坏心眼，不是想追求个人怎么样，而是追求事业，这两个有很大区别。包括你到他家里看看，很简朴，都是旧家

① 朱起鹤访谈，2013 年 3 月 18 日，北京。资料存于采集工程数据库。

具。而有的人家里布置得像宾馆。他不追求这些东西。他这个人是不大随和的，从来不会见风转舵，是很直性的一个人。”①

清华大学张书练教授说：“高老师之所以能坚持几十年搞激光陀螺，有多方面的原因，其中包括他的性格。如果你只是赶时髦，追求短期效果，为了晋升职称，那肯定是不会干这个的。因为一做陀螺说不定十年八年都出不来，自己就毁在里面了，还不如干点别的，简单一点的，写点文章，这样职称也解决了，外头名声也好听。高老师不是这样的人，他的性格里体现了一种执着追求的精神，就是要把国家、军队急需的激光陀螺搞上去。这当然也与他的实力、自信有关系，但与他的性格也是分不开的。从某种意义上说，他的这种性格成就了我们国家的激光陀螺事业。如今我们的学术界需要更多像高老师这种性格的人，来发展我国的科技事业。”②

丁金星说：“高教授说话太直了，比较尖锐，有时不分场合地当众批评人，很多人面子上挂不住，接受不了。但他是真正爱才惜才的，你有困难尽力帮你解决，人很正直。在一次全国惯导研讨会上，发生了捷联系统与平台系统之争。高教授做了个发言，比较尖锐。他说我是主张搞捷联系统的，你那个平台系统是不行的。他打了个比方：一个年轻小伙子坐火车从长沙到北京，坐 20 多个小时硬座没问题，第二天还能工作。而平台系统就像个老人，只能坐卧铺，坐硬座经不起折腾。把主张平台系统的人说得脸都红了。美国当时也才开始搞捷联系统，国内一些人接受不了新思想新技术，但高教授就敢于接受挑战。”③

季家熔说：“他讲话经常给人不留情面，经常得罪人，但有些事情他并没有说错。治学非常严谨，像他这样的人，在学校我没有见过第二个。一次北京一个单位请他参加博士论文答辩，像这种情况一般也就是走个形式，但他不是这样，提出好多问题，搞得人家很尴尬，说以后不要再请他了。一次他到洛阳参加一个国际会议，吃饭大桌开席。他说你们这是用公

---

① 杨士莪访谈，2013 年 3 月 31 日，长沙。资料存于采集工程数据库。

② 张书练访谈，2013 年 3 月 17 日，北京。存地同①。

③ 丁金星访谈，2013 年 3 月 5 日，长沙。存地同①。

家的钱大吃大喝，自己拿个小碗夹点菜到一边去吃，别人觉得他很古怪。会后发个唐三彩做纪念品，他退给组委会，认为不能把公家的钱变成自己的东西。组委会的人说这是仿造的，不值几个钱，觉得他很怪。工作上有人认为他很固执，其实他是坚持自己认为对的东西。他最反对弄虚作假，谁要弄虚作假他要骂个狗血淋头。”①

龙兴武说：“高教授的脾气比较倔，对任何事物，他看不惯，就直筒筒给捅出来，而且当着面，不管有多少人在旁边，不管有老的少的，有领导没领导，他都敢说，反正说得有些人面子上过不去。”②

周宁平说：“高院士治学严谨，工作方法也比较独特，做一件事一定要做到极致。比如他不是学计算机的，但 BASIC 语言和后来的 VB 语言谁也玩不过他。他编的程序非常好。比如为镀膜攻关成功发挥了重要作用的增透膜实时监控软件、单层膜反射实时监控软件、DF 透反仪增透膜分析软件、DF 透反仪双层吸收膜分析软件，都是高院士研制的。高院士在生活中从来不知道享受，生活极其简单俭朴，整天穿一件旧军装。我问他新军装为什么不穿一穿，但他就是从来不穿，只知道工作。他是我一生最敬佩的人。”③

冯莹说：“大家说他比较怪，可能是因为他对己对人要求都非常严格。尤其是在工作上，绝对不容许你马马虎虎。他对不正之风是毫不留情地批评，在一些场合对一些不好的事会给予严厉批评。”④

柳珑说：“作为学者，他比较较真。做人方面，他是一个真诚的人。为了国家教育事业，为了学校、学科发展，为了长沙市的建设，他不断地建言献策，包括在会议上发言，在报纸发表文章。只要是有关民生的事，他都尽可能地发表意见。他跟这些事情没有一点利益关系，纯粹是靠一个知识分子的良心，靠一个公民的责任感。”⑤

以上所引访谈内容，已具体刻画出高伯龙性格的诸多侧面。然而，敢

① 季家镕访谈，2012 年 12 月 5 日，长沙。资料存于采集工程数据库。

② 中央电视台《人民子弟兵》专栏“走近高伯龙”专题片。存地同①。

③ 周宁平访谈，2012 年 11 月 24 日，长沙。存地同①。

④ 冯莹访谈，2012 年 12 月 26 日，长沙。存地同①。

⑤ 柳珑访谈，2012 年 12 月 26 日，长沙。存地同①。

言、直言则是高伯龙个性的最鲜明体现。尽管历次政治运动已使他吃了不少苦头，但仍是秉性不改。在人际交往、会议发言时，绝不说客套话、假话、虚话，而是直率发表自己的意见。

图 7-9 高伯龙出席全国政协八届五次会议时留影（摄于 1997 年 3 月。资料来源：国防科大光电科学与工程学院提供）

体现之一即是高伯龙充分利用全国政协委员的身份，就所关注的国家建设发展和民生等问题积极建言献策。就收集到的资料，仅 1988 年高伯龙即单独或联名向全国政协和国家有关部门提交了三个提案。当年 6 月 9 日，国家广播电影电视部给高伯龙的答复中说："您提出的关于建议中央电视台增设'伟大祖国'节目的提案收悉，现答复如下：您的建议非常好，中央电视台已决定正式筹办'伟大祖国'节目，预计明年上半年将与观众见面。办节目的方针、形式、内容正在研究之中。广播电视作为最现代化的传播媒介，对青少年的成长负有特别重大的责任。我们将与教育部门加强协作，把电视教育与学校教育结合起来，为培养四有新人作出我们的努力。希望继续得到您的关心和支持。"①

同月 17 日，国家统计局给高伯龙等全国政协委员的答复中说："全国政协办公厅转来'建议有关部门每月公布生活费指数'的提案收到，经研究，现答复如下：提案中建议：有关部门每月在报纸上公布生活费指数及其计算方法，供大家了解与监督。这个意见，我们是赞成的。今后我们除加强物价统计方法的宣传，并认真听取各界群众对计算方法的意见外，同时，拟向有关领导部门建议，尽可能定期地公布生活费价格指数，以便增

① 档案：广播电影电视部对全国政协委员高伯龙提案的答复。存于采集工程数据库。

图 7-10　高伯龙在全国政协九届五次会议上发言（摄于 2002 年 3 月。资料来源：国防科大光电科学与工程学院提供）

强工作的透明度。欢迎您对我们的工作多提宝贵意见。”①

同年 12 月 2 日，全国政协办公厅给高伯龙等全国政协委员的答复中说：“你们提出的‘认真调研高校开展社会有偿服务的经验’的提案现答复如下：今年 10—11 月教育文化委员会和北京市政协高教组联合组成调查组，对北京十所高校的教育经费和教师待遇问题进行了调查。其中包括高校开展社会有偿服务、搞创收的问题。委员们认为：在高校开展社会服务的同时，获取一定报酬，用于补贴支持教育是可行的；但那种脱离本职，以冲击教学科研降低质量为代价，违背高校本质属性的单纯‘创收’则是决不可取的。委员们的意见，我们已转有关部门参考。”②

2008 年 10 月 10 日，高伯龙应邀参加长沙晚报于当晚召开的关于改善城市交通问题的“布衣座谈会”，并作主题发言，受到热烈欢迎。他在发言中详细阐述了他所主张的“有条件支持禁摩限电，无条件支持发展公共交通与自行车，强烈要求大力限制汽车尤其是私人小汽车”观点的理由和依据。他的发言还涉及城市扩建导致农田减少、地下水的保护和利用、环境保护、油气资源的高效利用等问题。他的发言受到热烈欢迎，与会者纷纷索要发言稿③。

2008 年 6 月 18 日，高伯龙在《科学时报》发表《论文厚度未必就是“国际第一流”标志》的短文，观点尖锐鲜明。他在这篇文章中写道：“全

① 档案：国家统计局对高伯龙等全国政协委员提案的答复。存于采集工程数据库。
② 档案：全国政协办公厅对高伯龙等委员提案的答复。存地同①。
③ 高伯龙：用科学发展观统帅咨询工作。存地同①。

国高等学校都要向国际第一流进军。什么叫国际第一流，我不大明白。近日阅读一些博士学位论文，感到页数越来越多，从10年前的一般不超过100页向200页迈进。这是不是向国际第一流进军的标志之一呢？我感到迷惑。于是翻阅了一些科技大师的名著。令我惊讶的是，他们的文章一般不长，文章中参考文献很少。爱因斯坦在1905年（即如今的‘物理年’）的相对论中提出质能关系式的德文文章共3页，1篇参考文献，并且字体很大；沃森·克里克1953年提出DNA双螺旋结构的英文文章约1页。这两篇文章，分别被公认为物理学划时代的著作和开创分子生物学新时代的著作，应该是国际第一流水平的代表作无疑。读后，我有很多感想：是否应该向他们学习呢？我们博士学位的论文能否压缩到50页左右呢？”①

2012年1月9日，高伯龙在《中国科学报》发表《对中国科技发展的思考和建议》的五千余字的长文。高伯龙在文章中指出：“辩证唯物主义是马克思主义的核心，其中唯物论比辩证法更重要。笔者长期从事工程科研工作，在实践中深深感到用辩证唯物主义指导的重要性。……有了辩证唯物主义的理论指导、科学民主和百家争鸣的精神，还需有正确的科技导向。科技工作应该为社会主义经济建设、国防建设服务，加深人类对自然的认识，利用自然规律为人类造福作出贡献，以实践作为检验真理的唯一标准。各种形式主义和搞形象工程的导向都是错误的。”②

文章中也多有极具针对性和中肯的观点，如作者指出：“发扬科学民主、提倡百家争鸣是科技发展的重要保障。只有这样，才能够保证科技朝着真正自由的方向发展，避免一家之言垄断，少走一些弯路。对报纸和期刊来说，不能仅仅因为观点不同就拒绝发表，但并不是说可以不顾质量。作者在相对论宇宙学方面旁观了几十年，感到反相对论人士中无知者居多，有些人连牛顿力学、电磁学、光学都没有搞清楚，逻辑上也存在很大问题，也有一些高学历、高职称甚至高头衔的人士混在其中，刊物若发表

① 高伯龙：论文厚度未必就是“国际第一流”标志。《科学时报》2008年6月18日。存于采集工程数据库。

② 高伯龙：对中国科技发展的思考和建议。《中国科学报》2012年1月9日。存地同①。

这类文章势必降低威信。”①

又如：“现在我们的科技往往跟随外国，文章中引用的参考文献，首先看国外的参考文献占多少。一个科研方向往往中国人说了不算，必须有外国人说了才算。一个成果如果不是跟着外国人干的，往往被否定。如果我们一直跟随外国人，又怎么能出原始创新呢？”②

再如：“100多年的诺贝尔奖历史中，得奖2次者只有两人：一个是居里夫人，得物理奖、化学奖各1次；一个是巴丁，得了2次物理奖，分别在半导体领域和低温时的超流动性现象。巴丁从事这个工作时，真正有用的已发表的文献很少，巴丁建议他的学生们不要花太多时间看文献，应该立足自己的工作。巴丁将自己的工作写成100多页的资料给学生阅读，起了重要的作用。后来，巴丁跟他的两位学生共同获得了低温超流的诺贝尔奖。巴丁的做法应该作为科技导向的重要启发。当然，适当的学术交流，虚心学习国外先进知识和经验，是大有好处，且非常必要的，但必须以自己的工作为主。正确的科技导向对我国今后的科技发展将起到最为直接和极其重要的作用。”③

上述观点虽然尖锐，但却是高伯龙从自己数十年科学研究和人才培养实践中得来的真知灼见，亦可谓经验总结。

对高层次人才培养工作中的一些具体问题，高伯龙也公开发表自己的不同意见。他作为学校学位委员会委员，在2012年6月20日召开的学校学位委员会会议上做了发言，明确表达了他对博士学位论文采取“盲评”评审方式的反对态度。当月26日他又给学院学位分委员会及博士生导师写了一封信，再次提出了他的观点。他在信中写道：“6月20日，我在校学位委员会会议的末尾，就教育改革取消盲评作了一次发言，认为世界文明国家中没有哪一个学校有盲评制度，相反，英、美两国的论文评阅人和答辩委员一般由三人组成，包括导师和校内外各一人，英国利兹大学答辩

① 高伯龙：对中国科技发展的思考和建议。《中国科学报》2012年1月9日。存于采集工程数据库。

② 同①。

③ 同①。

委员会主席由三人中的校外教授担任，美国有些大学的主席由导师担任。他们的教授非常爱惜自己的学术名声，学生除了爱护教授的学术名声，还重视自己的早节。盲评是不相信导师、不相信学生的做法。”①

而早在1981年，高伯龙就曾对学校首届硕士研究生招生问题在校学术委员会会议上发表不同意见，虽时居少数，但仍据理坚持，而事后证明高伯龙的意见是正确的。他在发表于2009年9月1日《国防科大报》的文章《老老实实做事，清清白白做人——悼念原国防科技大学校长张良起教授》中，谈到了当时的情况。这篇文章是高伯龙为表达对张良起教授的怀念和崇敬之情而写的，文中生动记叙了张良起教授“老老实实做事，清清白白做人”的事迹和精神。关于研究生招生问题争论的追忆，其实也是为了体现张良起教授虚怀若谷、实事求是的坦荡胸襟。高伯龙在文中写道：“1981年在第一届97名硕士研究生招生的问题上，为扩大生源，张良起等委员主张可以录取一些第一志愿报考名校未被录取而第二志愿填我校的考生。他准备录取一名投考清华大学自控专业未被录取而考分高出我校录取分数线很多的学生。我提出反对意见，认为清华的考题与我校不一样，分数不能比，而且一开先例，就自降身份，甘当国内二、三流大学，不合适。双方剧烈争辩，我舌战群儒，但最后仍以少数服从多数而落败。一年多以后，当时教务处副处长王亚寒宣布97人中该生能力特差，决定让他退学。大约三年多以后即张良起任校长一年以后，他在校学术委员会扩大会议上重提此事，认为当时真理在少数人手上，今后学校不再录取非第一志愿的研究生。”②

然而，敢言、直言只是高伯龙个性的外在表现。若再深加考究，可知其率性源于单纯，其耿直源于质朴，其坚韧源于自信，其严格源于求实，其无畏源于无私。一言以蔽之，高伯龙之所以达致至纯至诚之境界，源于其凡事毫无个人打算而矢志献身科学事业和民族振兴的人生追求。

---

① 档案：高伯龙致光电科学与工程学院学位分委员会委员及博士生导师的建议。存于采集工程数据库。

② 高伯龙：老老实实做事，清清白白做人——悼念原国防科技大学校长张良起教授。《国防科大报》，2009年9月1日。

其实，高伯龙的个性和品格还有另外令人钦佩和景仰的方面。2012 年 4 月 17 日出版的第 1105 期《国防科大报》刊登了一篇文章，题为《品德的力量》。该文记述了作者王华与高伯龙院士的一次交往，并由此生发了对高伯龙院士的由衷敬佩之情。现将此文摘录于此：

不久前，有了和你近距离接触的机会。系里要引进一名青年学术骨干，初步人选确定为马博士。有天快下班时，负责此事的倪老师找到我说，马博士的导师和你是大学同学，要我陪他去找找你，请你帮忙引荐引荐，一来便于领导决策，二来大概能增加此事成功的可能性。于是跟你联系，你还在办公室，同意我们过去。

到了你的办公室，你立即放下手头的工作，耐心听我们介绍情况。听完介绍，你打开了话匣子，谈起了和你同学的交往，家长里短，零零碎碎，说明你很熟悉对方的学识人品。你谈了这个研究领域的情况，知道得比我们还要详细清楚，肯定了我们引进需要的专门人才的做法。你谈得随和散漫，但紧扣主题，思路清晰，我们也听得轻松愉快，真是望之俨然，即之也温，听其言也柔。

最后，你看着我们说，需要我干什么呢？我们说，口说无凭，能不能请你写封推荐信。你说，可以，不过现在不行，我晚上给你们写吧。我们说，谢谢你，我们明天过来取。你说，学生的情况我不知道，我只写我了解的情况，提提参考意见，最终的结果还要综合考虑。我们说，那当然。

没想第二天刚上班，你就亲自给我们送过来了。倪老师跳起来，我也跳起来。接过你写的推荐信，满满一大篇，一笔一画，写得工工整整，没说更多的话语，你转身离开。

望着你的背影，我的心底掀起了巨大的波澜。对你来讲，也许这是一件微不足道的小事，但品德向来都不是表演在舞台上，而是体现在细微处，在不起眼的地方，那不经意的流露。

爱因斯坦曾说，第一流人物对于时代和历史进程的意义，在道德品质方面，也许比单纯的才智成就方面还要大，即使是后者，它们取决于品格的程度，也许超过通常所认为的那样。

信哉斯言。技术可以被超越，被淘汰，甚至被颠覆。唯独品德的力量催人奋进，历久弥新。

我真诚地把我的尊敬给你，高伯龙院士。①

高伯龙对新闻媒体宣传报道他的态度，也体现出他的性格特点。早在20世纪70年代后期DF透反仪研制成功后，高伯龙以及他所从事的激光陀螺研制工作即受到新闻媒体的关注，并陆续给予宣传报道。尤其是90年代中期激光陀螺研制取得重大成果，高伯龙本人也获得诸多重大奖励，人民日报、中央电视台等各大新闻媒体均给予了突出宣传。与高伯龙中断联系多年的校友，以及广西家乡的高氏族人，都是通过新闻媒体的报道才得知高伯龙的近况，并深为高伯龙取得的成就而自豪。但高伯龙对新闻媒体的宣传是十分冷静的。刊载于《上海中学1948届理科乙班毕业60周年纪念册》第三部分"同窗情深"中的一篇短文《高伯龙与级友交往中平易近人》透露了高伯龙对新闻媒体宣传报道他的真实想法。这篇短文中写道：

当中央电视台及人民日报等传播他在我国激光陀螺研究中的突出成就，有同学去信询问他得奖的有关事项时，他回信说："新闻媒介有些提法实在不敢当，特别是其中有夸大的成分。""其实，称号的获得，首先是各级领导长期支持和许多同事在艰苦条件下奋斗的结果，对我个人则是增加了责任。②

而在该纪念册第五部分"人生感悟"中，更有高伯龙自己撰写的一篇文字，题为《有一点成绩，但不能估计过高》。高伯龙在文中写道：

新闻报道主要是形势的需要，对于个人来说应该保持清醒的头

① 王华：品德的力量。《国防科大报》，2012年4月，第1105期。

② 高伯龙与级友交往中平易近人。《上海中学1948年理科乙班毕业60周年纪念测》，第32页。

> 脑。我自问数十年来确实是在尽力工作，作风正派，也有一点成绩，但不能估计过高。新闻媒介有些提法，实在不敢当，特别是其中有夸大的成分。我现在工作仍处紧张困难时期，用我平常的话来说，就是仍在为生存而斗争。所以，要我写点什么在级友通讯中报道，我是不敢写也不会写。级友通讯随便提一下，有那么回事就成了。……在当学生时，有许多理想和希望，有些可能属幼稚幻想，现在几乎都全部破灭。青壮年时相当坎坷，快50岁时才回到现实生活中来，我现在的‘模式’会令同学和早年的同事大吃一惊。自己感到惭愧，唯一能安慰的是，没有做过亏心事，到底还干了一些事，对人民和社会能作交代，虽然还很不够。①

其实，这篇简短的文字可以看作高伯龙对自己人生经历和心路历程的极简练的概括。其中所反映出的高伯龙对待荣誉谦逊和淡然的态度，却不禁令人肃然起敬。

---

① 高伯龙：有一点成绩，但不能估计过高。《上海中学1948年理科乙班毕业60周年纪念测》，第52页。

结 语

正如本研究报告“导言”所说:“像高伯龙这样杰出的科学家，有着曲折的求学经历和坎坷的人生历程，所以很难依照固定模式加以复制。但探求其学术成长历程，深入分析其成功的原因，必然会给人们以有益的启示。”而当此我们基本完成高伯龙院士的学术成长资料采集工作，并完成研究报告初稿撰写任务之际，虽然不敢说完全达到了“导言”中所说的目标和初衷，但一年来在追寻高伯龙院士 80 余年人生奋斗经历的过程中，我们确也得到诸多启示或者说深刻印象。

比如高伯龙自小对科技、历史、人文等各方面知识的浓厚兴趣，对学习成才、立志成为科学家志向的执着追求，可以看作他最终成为杰出科学家的最初心理动因或者说主观条件。他的人生志向的确立，当然离不开家庭、亲人的影响和所受到的学校教育。他有一位博才多学、讲求实干的父亲。尽管父亲在高伯龙读初中时即因病去世，但却给高伯龙的品性、人格以至关重要的深刻影响。高伯龙有幸先后入读了两所当时的顶尖中学，严格的基础知识学习、训练，打牢了他的知识基础，尤其是他尤感兴趣的数理知识基础。而考入中国顶尖学府清华大学物理系，则更成为他向实现成为科学家理想迈进的重要机遇。受教于诸多名师，全身心投入学习之中，在学习氛围浓厚、要求严格的清华园，高伯龙如鱼得水，求知若渴，学业日进。充分利用图书馆自学钻研，是他课余生活的主要内容。而勤奋和刻苦，也是他打下更为深厚的数理知识功底，并成为同届学生之学业翘楚的重要原因。上述情形在第一、二章中均有较为详尽的介绍。与诸多学术大师有留学海外的经历不同，高伯龙可以说是完全由中国自己培养出来的一流科学家。当然，无论是唯物辩证法内因和外因关系的理论，还是从高伯龙学习经历的实际情形来看，都充分说明内在的学习兴趣和动力是成才的最重要条件。不论环境、条件之有利与否，唯有始终保持对学习的浓厚兴趣和坚持不懈的毅力，始终心无旁骛地进行自主性的深入学习钻研，达致古人所云“为伊消得人憔悴，衣带渐宽终不悔”之境界，才有可能奠定在科学研究中有大作为、大贡献的坚实基础。

比如高伯龙深厚的理论功底，使他成为我国激光陀螺研制领域的理论奠基者、事业开拓者，于我国激光陀螺研制的成功功莫大焉。这一点已成为我国激光陀螺领域的共识。如前所言，高伯龙在各级学校学习期间，即以数学、物理成绩优异而称誉同辈。然而，高伯龙的学习钻研并非仅止于学校教育阶段，参加工作后仍孜孜不倦地深入钻研，及至晚年尤精研深思不辍，在理论物理方面已堪称“炉火纯青”。这在第三章及其后各章均有所体现。正因为高伯龙深厚的理论物理造诣，使他一旦投身激光陀螺研究，便很快成为该领域理论和科研方向的引领者，打破研制工作多年徘徊停滞局面的不可替代的关键之人。因此，理论功底深厚与否，能否洞悉研究对象的所以然，与科研之成败的关系，当然会引起人们的深入思考，并进而引发对我们现今各级学校教育内容、方式乃至指导思想的诸多反思。是急功近利地追求升学率，盲目扩大学校规模，满足一般性的教学效果，还是着眼创新型人才培养这一事关提高我国科技创新水平尤其是原始创新能力的根本性基础性工作，做出深谋远虑的总体规划布局、深入推进教育教学改革？而其中尤要注重遵循创新型人才成长的客观规律，避免一厢情愿、适得其反的做法。深入研究高伯龙不懈奋斗而获得成功的经历，或许可以得到诸多极具价值的有益启示。

比如高伯龙在科研过程中，曾多次遭逢科研发展方向之争，且屡屡居于少数者地位，但他始终坚持自己经过深入理论研究，并结合国情得出的正确主张。如第五章中提到的“四频”与“二频”之争、“旋转式惯导”与“捷联式惯导”之争。这些争论并非一般性的学术争鸣，而是事关这些领域科技发展主攻方向的确定，涉及资金投向、资源配置等诸多决策性问题。尽管一时处于少数者地位，不获认可，但高伯龙决不轻言放弃，而最终结果证明高伯龙是正确的。在我们感叹高伯龙的这些经历如此神奇地一再印证“真理往往掌握在少数人手中”这一历史发展规律的同时，也不禁想问一句：原因何在？或许就在于高伯龙所具有的深厚理论功底使他站在理论的制高点上，得以俯视、洞察这些领域的科技发展大势，并得出正确的结论。同时也由于高伯龙执着坚韧的品性，不为一时的巨大压力而放弃退缩。这又引申出一个问题，即尽管明知自己居于正确的一方，但能否执着坚持，不为压力所动摇，继续在困难的条件下坚持研究实验，则是科学家必须具备的对真理执着坚持的品格。假若在巨大的压力面前噤声，在“曲高和寡”的逆境中退却，或被动等待“真相大白”的那一天，甚至屈从“主流”意见，放弃自己的主张，则必定迟滞科技发展的进程，错失赶超世界先进水平的时机。具有坚持正确主张的坚定态度和执着信念，或许也是高伯龙成功的重要因素之一。

比如高伯龙对理论问题从来都是立足于自己独立思考研究，从不迷信盲从国外的结论。这一点尤为难能可贵。在四频差动激光陀螺研制中，这一点表现的最为鲜明。前所提及的“四频”与“二频”之争，反对者依据的其实主要就是美国公司下马“四频”研究的信息。但高伯龙经过深入研究，得出美国之所以下马“四频”乃是犯了原理上的错误，并非此路不通。而美国公司后来又重新上马“四频”，也说明高伯龙观点的正确。在反对声中，高伯龙毫不动摇，坚定地率领国防科大研制团队在困难的条件下坚持四频差动激光陀螺的研究，终于取得实验室样机、工程样机，并进入批量生产的一系列重大成果。所研制的全内腔四频差动激光陀螺具有完全自主知识产权，有力证明中国人的聪明才智毫不输于外国人。而且在研制激光陀螺的过程中，高伯龙率领团队，包括他的研究生，白手起家，研制出一系列国外严格禁运的相关仪器设备，为成功研制激光陀螺提供了有利的条件和支撑。这些同样是重大的成果。不迷信盲从国外的结论，不畏国外的技术封锁、设备禁运等种种不利情况，硬是凭借自己的智慧和力量，走出一条独立自主研发激光陀螺的路子，这在今天也仍然给予我们深刻启示，并仍然是当今中国科技发展的主要途径。

比如高伯龙在激光陀螺研制工作中，得到时任国防科工委副主任的钱学森的大力支持，确保了研制工作更加顺利地进行。钱学森的支持是多方面的，但最重要的具体体现是将激光陀螺研制项目从原教研室独立出来，另行组建208环形激光器研究室，由高伯龙担任主任。至此，高伯龙才真正成为自主把握科研方向、解决团队建设等一系列问题的决策者和掌舵人。对于在历次政治运动中饱受磨难，“文化大革命”后热切地想干一番事业的高伯龙，钱学森对他的支持堪称弥足珍贵和至关重要。208研究室的成立过程，其实也印证了学者李屏南在《人物评价论》一书中所做的分析：“人们常说，一个人要成功，需要三个字：德、才、机，又说‘四化’之外还要‘一句话’。这虽然包含有牢骚之意，但确实反映了人才成功的普遍规律——在必然条件充分的情况下，还需要偶然条件，这就是机遇、机会。”① 可以这样说，假若没有钱学森的鼎力支持，没有高伯龙担任主任的208研究室的成立，我国激光陀螺的研制成功可能还要经历更多曲折。从这个意义上看，尽管时间已经过去了30多年，但如何正确看待知识分子，如何充分发挥他们的聪明才智，如何把他们放在合适的岗位和平台上施展才华才干并作出应有的贡献，仍然值得深思和重视。

以上几点“比如”，并不足以全面概括高伯龙之所以成功的原因。若再细致梳理分析，还可得出更多成功因素。比如他的严于律己，比如他的严谨治学，比如他的淡泊名利，比如他的坚韧性格，等等。本传记撰稿人在采访高伯龙时，曾就事先拟出的近十条其成功因素征询他本人的意见，高伯龙闻之笑言：“哪有那么多啊。”确实，从撰稿者的角度，当然力求对他的成功因素作出完备周详的分析归纳。而高伯龙本人对此却十分淡然。他的这种忘我、谦虚的精神境界，已在本书有关章节中体现。因此，撰稿者亦不必在此赘言，读者也自会从高伯龙成长、成才、成功的不平凡经历中，对他之所以成为为国家和国防建设作出突出贡献的一流科学家，获得自己的理解，得出自己的答案。

---

① 李屏南：《人物评价论》。岳麓书社，2000年1月，第88页。

附录一　高伯龙年表

1928 年

6 月 29 日，出生于广西南宁。父高元勋，母龙瑞霞。在家排行第一，长子。后有弟妹三人：弟高仲龙、大妹高叔龙、小妹高季龙。时父亲在南宁任中学教师。

1929 年

自 1926 年春至是年，父高元勋任广西省立工程专门学校校长（1927 年，该校与技术学校合并，改称广西交通专门学校，仍以高元勋为校长。1928 年校址由南宁迁至柳州。一年后因政局变乱停办）。

1930 年

广西省政府在柳州沙塘创办垦殖水利试办区，父高元勋受命负责建设施工及垦务工作。高伯龙随母亲及亚姨龙瑞英居广西梧州。

1933 年

入梧州当地小学读初小一年级。

1934 年

随外婆外祖父等在南宁生活，入读南宁第二小学初小二年级至三年级上学期。外祖父老家在广西川梧，时在南宁经商。

11 月，父亲随“广西三杰”之一的黄昭竑到浙江工作，任浙江省建设厅秘书及科长。

1936 年

年初，母亲携子女从广西梧州乘船至广州，再经香港、上海辗转至杭州与父亲会合。

9 月，入杭州天长小学，读三年级下学期。

1937 年

1 月，父亲调至湖北工作。全家迁至武昌居住。

2 月，入武昌 11 小学读初小四年级上学期。

7 月，“卢沟桥事变”爆发后，随母亲返回广西梧州。

9 月，入梧州中山小学，跳级一学期读高小一年级上学期。

10 月，因日机空袭，随母亲避居老家岑溪。入岑溪谢孟乡小学，跳级一学期读高小一年级下学期。

是年，父亲调回浙江工作。

1938 年

9 月，入广西岑溪县立小学念高小二年级下期。

同月，父亲从浙江辞职回广西，全家迁居宜山市。

10 月，入宜山市小学，读高小二年级下学期至毕业，并考取宜山中学。

1939 年

是年，因高伯龙读中学年龄偏小，父亲让高伯龙休学在家自修。高伯龙阅读了商务印书馆出版的《小学生文库》中的各类书籍，其中包括政治人物、历史人物、科学家的传记，以及科普读物和中外文学名著，对高伯龙产生重要影响。曾做过一些小实验。其间父亲对高伯龙的算术进行严格训练，由此形成高伯龙在这方面的兴趣，并初步立下当科学家的理想。

1940 年

9 月，考入其时西南大后方中学名校桂林汉民中学，在初 13 班学习，母亲送其入读，寄宿。入学月余，父亲因伤寒病骤然去世，家庭经济情况日形拮据。

三年初中学习期间，学业优异，尤以数学、物理、英文见长。

1943 年

9 月，考入汉民中学高中，在高 13 班学习。因数理化成绩出类拔萃，渐受老师重视，师生对高伯龙已有“聪明”“头脑严密”，甚至“天才”等称誉。高伯龙更确信自己将来一定能实现当科学家的理想。

11 月，被迫集体加入“三青团”。

1944 年

9 月，因日军发动“豫湘桂战役”，桂林危急，高中二年级开学仅两个月，学校即撤至百寿，师生自搭竹棚上课。

10 月，百寿亦危，再撤往贵州榕江。

11 月，传闻日军已进至距榕江 10 余公里的独山，形势更危，学校希望学生自找出路避险。目睹日军步步进逼，高伯龙经反复思考，决定从军抗日。

12 月，与部分同学步行前往四川入营，一路艰辛备尝。

1945 年

1 月，正式入伍，编在青年军 202 师 605 团 1 营 2 连，任上等兵。部队驻扎在四川綦江县石角镇。入伍后，目睹军中腐败盛行，部队又未开赴前线作战，心情苦闷。

8 月，日本宣布战败投降。青年军中的知识青年纷纷要求复员，重回学校读书。高伯龙开始复习功课，为继续学业积极准备。

1946 年

6 月，从青年军复员。

7 月，与同入青年军的汉民中学同学周孝其（1949 年考入清华大学机械系）、张宏熙（1948 年考入清华大学）等入青年军设在江苏镇江中学的补习班学习。

9 月，进入江苏省立上海中学高中二年级就读。很快即以数学、物理成绩优异为师生瞩目，尤为物理教师杨逢挺赏识。

1947 年

2 月，由于经济困难，经同班同学介绍考取叔蘋奖学金（全费）。

6 月，以同等学力考取清华大学物理系，并希望将来有留学的机会。

9 月，入清华大学物理系就读，周光召、杨士莪为同班同学。入学不久，时在清华大学机械系读书的汉民中学同学、地下党员赵葆元即向高伯龙介绍清华大学情况和斗争形势，送给高伯龙进步书刊，并邀请高伯龙参加“莽原”壁报社工作。

1948 年

2 月，赵葆元介绍高伯龙到学联为团结中学生而开办的寒假补习班任教，并经赵葆元介绍参加党的外围组织民主青年联盟。其后参与发动罢课游行等工作。

10 月，赵葆元撤退到解放区后，党组织派罗劲柏与高伯龙联系，动员高伯龙入党。因考虑到学业与参加政治活动在时间精力上的矛盾，经过激烈思想斗争，高伯龙决定专心于学业，未提出入党申请。

1949 年

1 月 31 日，北平和平解放。为专心读书，不久退出地下盟。大二下学期当选班会总干事（班长），工作积极。后亦辞去。参加解放军入城宣传，上政治课及参加小组讨论，参加抗美援朝宣传等活动。

1951 年

7 月，清华大学物理系毕业，毕业论文为 X 射线方面。被评为学业优秀学生。

8 月，分配到科学院应用物理研究所任研究实习员，专业为半导体理论。

1952 年

参加知识分子思想改造运动，因所谓“个人英雄主义”受到批评教育。

1953 年

要求调到近代物理研究所工作，未获批准。

1954 年

9 月，调到“哈军工”工作，在物理教授会任物理教员，讲授普通物理，并兼习题课与实验课。

1955 年

春季学期担任三系讲课。

秋季学期担任全校原子武器讲课。

为物理教授会青年教师进修班讲课（1955—1961），是进修班主要负责人。除普通物理外，还讲授量子力学、统计物理等课程。其他教授会的教员也来听讲。

是年，因历史问题被审查。

1956 年

1 月，被学院批准薪金等级由助教晋升为教员，讲授普通物理。

6 月，任主任教员。

8 月，学院审干小组作出“历史问题已交代清楚”的结论。

12 月，经“哈军工”院务委员会第四次会议研究，并经陈赓院长批准，高伯龙的学衔晋升为讲师，薪金等级为七级。

是年，考取中科院高能物理研究所的研究生，未获学校批准就读。

1957 年

在“反右”运动中受到批判冲击，学校有关领导认为高的言论是人民内部矛盾。因受保护，未被划为“右派”。

1958 年

年初，在“红专”辩论运动中被冠以“高伯龙路线”，树为全校“白专”典型重点批判。

参加多种科研工作，写过数篇研究报告。在《自然辩证法研究通讯》杂志当年第二期发表由高伯龙主笔，以岳宗五、胡昌国、高伯龙署名的理论物理论文《与钱学森商榷质能关系式的含义》。

冬，下放农村劳动改造。

1959 年

4 月，在全体下放干部心得交流会上发言。

1960 年

讲授理论物理，包括热力学统计物理、电动力学、量子力学等，兼习题课。编撰《理论物理讲义》上下册，学校出版（1962 年再版）。

1962 年

3 月，“哈军工”教务部党委对高伯龙作出思想和科学水平等方面的鉴定，并报请哈军工党委晋升高伯龙为副教授，获得批准。

8 月，与曾遂珍在哈尔滨结婚。曾遂珍（1930 年生），湖南永兴人，南京师范学院毕业，中学教师。

9 月，赴外地治病休养约一年。

1963 年

10 月，鉴于高伯龙“政治上有进步，业务水平较突出”，物理教研室党支部扩大会研究，高伯龙可晋升为高教六级，上报学校获得批准。

同月，长子高一东出生。

1964 年

8 月，妻子曾遂珍被批准随军。在哈尔滨第 21 中学任教。

1965 年

11 月，女儿高一华出生。

1966 年

“文化大革命”期间，被隔离审查，并从事清洁工、装卸工等劳动。

1968 年

3 月，在所谓“清理阶级队伍”运动中，高伯龙被以所谓“反江青”罪名，列入遣送北大荒劳动改造名单。为不牵连妻儿，打算与妻子离婚。后因珍宝岛事件，中苏关系紧张，黑龙江省向外疏散单位和人员，该遣送计划中止执行。

1969 年

被从宽处理，从敌我矛盾“转化”为人民内部矛盾，定性为犯有严重错误，接受群众监督。

1970 年

6 月，国务院、中央军委发出电报，命令哈尔滨工程学院内迁长沙，改名长沙工学院，归广州军区领导。

7 月，学院开始搬迁。高伯龙全家随校南迁长沙。并在随后数年间带病坚持参加学院校舍建设劳动。

1971 年

1 月，次子高一强出生。

1972 年

4 月 8 日，学院举行开学典礼。这是在“文化大革命”期间招收的第一期短学制学员，共 306 名。高伯龙重登讲台，从事物理教学工作，并带领学生到工厂实习。

1974 年

上半年，讲授普通物理课程。

8 月，参加激光多普勒测速器研制，取得明显进展，所写《激光 Doppler 测速器一般介绍》等四篇论文对该研制项目起了理论指导作用。该项工作继续至 1975 年 4 月。

1975 年

7 月，为湖南湘潭纺织印染厂试制光电整纬机技术革新项目做过数理分析，并作为该机的设计依据，对试制工作的完成起过重要作用。

同月，参加激光陀螺研制工作，开始激光陀螺理论研究，并着手研制测量镀膜质量的关键仪器——DF 透反仪。

11 月，抱病参加激光陀螺长沙会议，并向与会者作激光陀螺专题学术报告，介绍国外研究进展情况和激光陀螺基本原理及有关工艺技术问题，会后应邀同与会者座谈交流。自长沙会议后，开始确立在我国激光陀螺研制领域的理论权威地位。

1976 年

1 月，受邀赴京在中国计量科学研究院讲学。

4 月，国防科大、清华大学、中国计量科学研究院三家单位在京联合研制四频差动激光陀螺样机。

5 月，在讲学的基础上，经充实完善，撰成《环形激光讲义》(又名《激光陀螺的物理性能》)一书，由中国计量科学研究院印发单行本，流传全国各激光陀螺研制单位，至今仍是学习、研究激光陀螺的理论经典著作。

8 月，因唐山大地震等原因，联合研制工作自动结束。自此开始潜心激光陀螺基础工艺研究，特别是镀膜研究。

DF 透反仪获国防科工委科技成果一等奖。

1978 年

1 月，国防科技大学外腔式四频差动激光陀螺发光。

4 月，测出陀螺信号。

5 月，测了零漂。

6 月，测了地球自转。

7 至 8 月间，作了一系列单项实验并上升到理论高度。

9 月，研制出第二代原理样机，基本消除了第一代样机的误差因素，性能出现飞跃。

10 月，DF 透反仪获湖南省科学大会奖励。

11 月，用原理样机多次成功测量长沙地区地球自转角速度的垂直分量为 7.09 度 / 小时，精度优于 0.5 度 / 小时。

同月，在《工学学报》当年第四期发表两篇学术论文《DF 透反仪(含附录)》《镀增透膜的一些原理问题》。

12 月，赴京接受时任国防科工委副主任钱学森的接见，激光陀螺研制工作受到钱学森的支持和勉励。并由钱学森推荐参访航天部 13 所、12 所，应邀在 12 所作激光陀螺学术报告，并由此开启与 12 所多年的良好合作。

1979 年

1 月，研制出第三代原理样机。

同月，经国防科技大学临时党委同意，并报国防科工委党委批准，高伯龙参军。

同月，被评为学院先进工作者。

3 月，在《工学学报》“激光技术专刊”发表《激光陀螺的现状与展望》《外腔式四频差动陀螺的研制》《抖动偏频过锁区的理论分析》《碰撞式抖动台》《陀螺数据的数学处理》等 5 篇学术论文。

同月，在《工学学报》当年增刊发表学术论文《激光陀螺的近似解析解》。

7 月，参加在北京航空航天大学召开的全国惯导与激光陀螺会议，当选会议领导小组副组长、激光陀螺分会议主席。会议确认了国防科大四频差动激光陀螺原理样机的领先地位。

8 月，经学校报请国防科委批准，高伯龙晋升为教授。

9 月 3 日，学校成立学术委员会。高伯龙当选为委员。

11 月，国防科工委批准高伯龙由高教六级晋升为高教五级。

是年，为研究生开出“激光物理”“激光陀螺”等课程。

1980 年

2 月，国防科技大学应用物理系 204 教研室党支部经研究，根据高伯龙一年来的贡献和模范事迹，建议党委树高伯龙为标兵，并记二等功。

同月，国防科技大学政治部作出“高伯龙同志的问题改正决定”，对 1958 年初军事工程学院进行“红专辩论”时，全院以“高伯龙路线”为对立面对其作重点批判的错误提法和做法予以改正，恢复名誉，消除影响，清理档案，凡因上述问题形成的材料，按中央组织部的规定予以处理。

3 月，国防科技大学临时党委同意高伯龙评为先进个人标兵，并记三等功。

同月，在《国防科技大学学报》当年第一期发表学术论文《辉光放电的负阻振荡噪声》。

5 月，四频差动激光陀螺实验室样机获国防科工委科技进步一等奖。

7 月，DF 透反仪获 1980 年湖南省重大科技成果一等奖。

12 月，应航天部 12 所邀请，四频差动激光陀螺实验室样机在该所展出表演一个月。钱学森观看了表演并给予勉励和支持。

同月，在《国防科技大学学报》当年第四期发表学术论文《朗缪尔流动的零漂效应》。

1981 年

4 月，钱学森到校宣布张爱萍关于“支持高伯龙的科研，为了给他工作条件，建议成立激光研究室”的批件。

9 月，参加我国激光陀螺苏州会议，任会议主席。《水晶片的几个光学性能（一）》《水晶片的几个光学性能（二）》《四频差动激光陀螺的第二类闭锁效应》等重要论文在会议上交流，前两篇论文因保密原因未在刊物公开发表过。

同月，苏州会议结束即赶赴北京为国防科工委全体干部作激光陀螺学术报告。

同月，在《国防科技大学学报》当年第三期发表学术论文《加衬三层增透膜》。

10 月，经学校批准，从应用物理系 204 教研室分建环形激光器研究室（即 208 研究室）。应用物理系党委提出任命高伯龙为该研究室主任的意见。

11 月，国务院批准国防科大第一批授予博士、硕士学位的学科和专业。军用光学自动控制理论及应用专业获硕士学位授予权，导师为高伯龙。

1982 年

2 月，国防科技大学党委决定，任命应用物理系教授高伯龙为该系环形激光器研究室主任。

3 月 12 日，学校学位评定委员会成立。高伯龙当选为委员。

5 月，在《国防科技大学学报》当年第一期发表论文《四频差动激光陀螺的第二类闭锁效应》。

招收军用光学专业第一批硕士研究生徐迟兵、曾淳、贾晓麟。

1983 年

8 月，学术论文《激光陀螺的光栏效应（一）》被收入《国防科技大学论文报告资料》。

是年，任湖南省第六届政协常委（至 1987 年）。

1984 年

1 月，四频差动激光陀螺实验室样机获国防科工委科技进步一等奖。

同月，国务院学位委员会发出《关于下达第二批博士和硕士学位授予单位的通知》。国防科大有 11 个专业（学科）获博士、硕士学位授予权。军用光学专业获博士学位授予权，导师为高伯龙。

同月，专著《激光陀螺》由国防科技大学出版社出版（由应邀在《惯性仪表》杂志发表的系列讲座结集而成）。

8 月，参加激光陀螺青岛会议，任会议主席，其论文《激光陀螺的光栏效应（一）》会议交流。

同月，论文《微小热膨胀系数的光学测量》被收入《国防科技大学论文报告资料》。

9 至 10 月，参加学校激光考察团赴美考察激光技术约 20 天。

10 月 15 日，学校成立科学技术委员会，高伯龙为副主任委员。

10 月，首批硕士研究生曾淳、徐迟兵、贾晓麟通过毕业论文答辩，获军用光学专业工学硕士学位。曾淳的论文《高精度自动椭偏仪及磁光效应的测量》、贾晓麟的论文《环形激光器中的多模耦合效应》受到中科院朱起鹤教授的高度评价。

招收博士研究生。

DF 透反仪技术转让给地方企业，经济效益显著。

1985 年

1 月，国防科工委政治部决定高伯龙由高教五级晋升为高教四级。

同月，由于“军民共建精神文明”成绩显著，荣立二等功。

2 月，担任国务院学位委员会第二届学科评议组成员（至 1992 年）。

9 月，获解放军三总部颁发“从事国防教育 30 年”奖章。

12 月，中共中央委员、国防科工委政委伍绍祖视察国防科大期间，参观激光陀螺研制项目，高伯龙介绍研制进展情况。

激光陀螺性能样机通过国防科工委组织的专家鉴定。

1986 年

3 月，硕士研究生袁晓东、蒋志平通过毕业论文答辩，获军用光学专业工学硕士学位。

上半年，向航天部三院提供三个外形缩小了的外腔型整体化四频激光陀螺样机，被三院制作成一台捷联式惯性导航系统，三轴摇摆台上试验性能良好。

1987 年

1 月，受聘担任国家高技术“863”-409-3 专题专家组成员。

5 月，担任中国惯性技术学会第一届理事。

同月，四频差动激光陀螺实验室样机获 1987 年国防科工委科技进步一等奖。

同月，硕士研究生秦石乔通过毕业论文答辩，获军用光学专业工学硕士学位。

12 月，DF 透反仪获国家科学技术委员会颁发的四等国家发明奖发明者证书（第一发明人）。

1988 年

4 月，被聘为国家高技术“863”-409-4 专题专家论证组成员。

6 月，硕士研究生陈哲通过毕业论文答辩，获军用光学专业工学硕士学位。

7 月，国防科工委批准高伯龙由现役军官改为文职干部。

8 月，因 30 多年教学与科研成绩显著，荣立二等功。

同月，论文《混合物薄膜折射率与膜孔洞率关系研究》被收入《国防科技大学论文报告资料》。

10 月，国防科工委党委常委研究，同意高伯龙退休时间延长三年。

同月，获国防科工委颁发的“献身国防科技事业”荣誉奖章。

11 月 28 日，中科院院长周光召、中顾委委员于光远考察国防科大期间，听取高伯龙介绍激光陀螺研制情况，并参观科研成果。

任第七届全国政协委员（至 1992 年）。

1989 年

7 月，硕士研究生舒柏宏、杨辉、赵翔通过毕业论文答辩，获军用光学专业工学硕士学位。

同月，赴北京 301 医院作胆囊手术。

9 月，获国防科大优秀研究生导师奖。

同月，国防科工委政治部批准高伯龙专业技术等级由四级三档调整为三级四档。

10 月，国防科工委政治部批准高伯龙专业技术等级由三级四档调整为三级三档。

12 月，硕士研究生李介明通过毕业论文答辩，获军用光学专业工学硕士学位。

在 *Proceeding of International Symposium* 发表论文“Some useful applications of the equipment（DFTR–METER）OPTICAL COATINGS”。

1990 年

5 月，硕士研究生冯莹、莫卫东通过毕业论文答辩，获军用光学专业工学硕士学位。

6 月 26 日出版的第 310 期《国防科大报》发表高伯龙教授事迹通讯《“糊涂人”的精细与忠诚》。

9 月，专业技术等级调整为三级二档。

同月，获国防科技大学优秀研究生导师奖。

10 月，研制完成准内腔式小型化工程样机，重量、体积和各项性能指标都已达到工程使用要求，并正式交付有关单位使用。

12 月，在全国高等学校科技工作会议上，荣获国家教委与国家科委联合授予的“全国高等学校科技工作先进个人”称号。

1991 年

1 月，担任中国惯性技术学会第二届名誉理事。

4 月，获国防科工委颁发的“国家高科技先进个人”奖，所负责的“863”-409 专家组被国防科工委授予“先进集体”称号。

3 月，接受湖南电视台记者采访。

5 月，被国防科工委评为“七五”期间“863”计划先进工作者。表彰通知附高伯龙先进事迹：主持并亲自参加了激光陀螺高反射膜和增透膜的研制工作，提出了四频差动激光陀螺方案，达到国际先进水平，并参加编写了激光和光纤陀螺可行性和概念性论证报告，为我国激光陀螺研制工作作出了贡献。

6 月，硕士研究生卢发初、周磊通过毕业论文答辩，获军用光学专业工学硕士学位。

7 月起，被批准享受政府特殊津贴。

9 月，获国防科技大学优秀研究生导师奖。

同月，在《物理》当年第 9 期发表论文《美国 SDI 的进展和一些关键技术》。

同月，国防科工委同意高伯龙再延长三年退休。

同月，总政治部批准高伯龙文职干部级别为三级。

11 月，“863”主题专家组在国防科大召开“内腔式四频差动激光陀螺立项评议会”，对 208 研究室激光陀螺研制工作给予高度评价，并建议立项，给予经费支持。

在京与清华大学物理系同学聚会。

1992 年

4 月，担任国务院学位委员会第三届学科评议组成员。

7 至 8 月，参加国家高技术“863”激光考察团赴俄罗斯、乌克兰考察激光陀螺技术约 18 天，签订引进激光陀螺关键技术及设备的合作意向书。

9 月，总政治部批准高伯龙文职干部级别评定为一级。

10 月，国防科工委政治部批准高伯龙专业技术等级由三级二档调整为三级增一档。

12 月，硕士研究生孙维锦通过毕业论文答辩，获军用光学专业工学硕士学位。

激光陀螺攻关取得显著进展，体积显著缩小，电源从 10 余公斤降至 1 公斤多，并通过冲击振动关。

1993 年

3 月，参加国家高技术“863”主题专家组工作会议。

同月，参加全国政协八届一次会议。

6 月，硕士研究生胡云慧、荣秀芳、杨建坤通过毕业论文答辩，获军用光学专业工学硕士学位。

10 月，国防科工委政治部批准高伯龙专业技术级别升为技术三级五档。

12 月，国防科工委政治部批准高伯龙专业技术级别由三级五档调整为二级四档。

同月，博士研究生秦石乔、龙兴武通过毕业论文答辩，获军用光学专业工学博士学位。

1994 年

6 月，硕士研究生蒋跃、曾学文、张斌通过毕业论文答辩，获军用光学专业工学硕士学位。

9 月，第二次获得国防科工委颁发的“国家高科技先进个人”“先进集体”奖。

同月，获国防科大优秀研究生导师奖。

同月，国防科工委政治部批准高伯龙再延长退休时间两年。

10 月，全内腔绿（黄、橙）光 He-Ne 激光器通过鉴定，使我国成为继美国、德国之后第三个掌握这种制造技术的国家。

11 月，全内腔四频差动激光陀螺工程样机通过鉴定。

12 月，赴莫斯科验收培训人员的质量，续签下期协定。

1995 年

1 月，硕士研究生刘照世、吴军辉通过毕业论文答辩，获军用光学专业工学硕士学位。

5 月，高功率稳频激光管获国家专利。

12 月 4 日，中国工程院常务副院长朱高峰考察国防科大科研工作期间，听取高伯龙介绍激光陀螺研制工作情况，并参观科研成果。

12 月，在《光学学报》15 卷 12 期发表论文《全内腔绿（黄、橙）光 He-Ne 激光器》。

因年龄原因，离开 208 研究室主任岗位。

全内腔四频差动激光陀螺工程化样机、全内腔绿（黄、橙）光氦 He-Ne 光器分获国防科工委科技进步一等奖。

验收从俄罗斯引进的设备。

妻子曾遂珍从长沙市七中退休。

1996 年

3 月，参加全国政协八届四次会议。

6 月，荣获首届中国人民解放军专业技术重大贡献奖，并赴京领奖。

7 月，硕士研究生刘晓元通过毕业论文答辩，获军用光学专业工学硕士学位。

11 月，所指导的博士研究生冯莹获 1996 年度光华奖学金。

12 月 11 日，国防科工委在京举行宣传高伯龙教授新闻协调会。人民日报、解放军报、光明日报、科技日报、中国青年报、中央电视台、中央人民广播电台等 14 家新闻媒体的副总编、主编等参加会议。

同月 17 日，湖南省科协召开首批“湖南科技之星”表彰大会，高伯龙荣膺“湖南科技之星”称号，并获颁荣誉证书和奖牌。

同月19日出版的第478期《国防科大报》发表评论员文章《学习高伯龙 服务第一线》。

同月，当选国防科大第六届学位评定委员会委员。

同月，博士研究生肖贵遐通过毕业论文答辩，获军用光学专业工学博士学位。

全内腔绿（黄、橙）光He-Ne激光器获国家科技进步二等奖。

1997年

6月，博士研究生罗晖通过毕业论文答辩，获军用光学专业工学博士学位。

8月，国防科工委政治部同意高伯龙再延长退休时间一年。

11月，当选为中国工程院机械与运载工程学部院士。

12月8日，学校召开新当选院士座谈会，对高伯龙、赵伊君、陈火旺当选院士表示热烈祝贺。

同月11日出版的508期《国防科大报》发表高伯龙事迹长篇通讯《昂首阔步青云志》和评论员文章《用理想和勤奋铺就成才之路》。

同月，获首届全国优秀科技工作者称号。

同月，总政治部批准高伯龙专业技术等级由二级调整为一级。

1998年

3月，参加全国政协九届一次会议。

同月，在京与上海中学同学聚会。

4月，迟浩田视察学校期间，参观激光陀螺研制项目，高伯龙汇报有关情况。

9月，总政治部批准高伯龙文职级别由一级晋升为特级。

同月，《激光陀螺演示》被国防科大档案馆收藏。

11月，参加两院院士理论研究班学习。

12月，博士研究生冯莹通过毕业论文答辩，获光学工程专业工学博士学位。

1999 年

5 月，全内腔绿（黄、橙）光 He–Ne 激光器参加全国创新成果博览会。

6 月，迟浩田在组建新的国防科学技术大学大会上宣布中央军委命令，并视察学校，期间登门看望高伯龙。

9 月 14 日，中组部组织的国家高级专家团来校参观，听取高伯龙率领团队艰苦攻关事迹汇报，参观有关科研成果。

同月，全内腔绿（黄、橙）光 He–Ne 激光器参加在北京展览馆举办的“光辉历程——中华人民共和国 50 周年成就展”。

同月，总政治部批准高伯龙暂缓退休。

在《光学学报》19 卷 5 期、7 期先后发表论文《光波导的自洽场计算Ⅰ. 扩散型平面波导》《光波导的自洽场计算Ⅱ. 通道光波导》

参加全国政协委员考察团赴云南等地考察。

参加中国工程院院士选举大会。

在哈尔滨与清华同学聚会。

2000 年

12 月，博士研究生梁永辉通过毕业论文答辩，获光学工程专业工学博士学位。

同月，光学陀螺实验室通过学校“211 工程”建设验收小组的验收。

开始旋转惯导系统研究，开全国研究旋转惯导系统之先河。并带领柳珑等开展激光医学研究长达数年。

参加两院院士考察团赴海南考察。

2001 年

3 月，参加全国政协九届四次会议。

4 月，高伯龙指导的博士研究生冯莹的博士学位论文被评为湖南省优秀博士学位论文。

8 月，教学成果《发挥理科优势，紧跟国防科技前沿，创建高水平光电工程学科》获 2001 年军队级教学成果一等奖（排名第二）。

9 月 7 日，出席学校庆祝教师节大会，在主席台前排就座。

10 月，赴国防科研试验基地调研。

11 月，推荐一位资深两院院士的文章《美国吸引中国学生留学的真实意图》在当月 6 日《国防科大报》第 653 期发表，并在当月 13 日《国防科大报》第 654 期发表《读老前辈的文章有感》一文。

12 月，教学成果《发挥理科优势，紧跟国防科技前沿，创建高水平光电工程学科》获国家级教学成果二等奖。

2002 年

3 月，参加全国政协九届五次会议。

6 月，参加学校 2002 本科教学计划和研究生培养方案报告会。

2003 年

1 月，参加学校春节茶话会。

12 月，参加在江苏无锡召开的“光学陀螺系列丛书”编委会工作会议。

给全校学生开设激光陀螺讲座。

2004 年

6 月，参加中国工程院成立 10 周年大会。

9 月，应邀赴酒泉卫星发射中心参观。

2005 年

1 月，当选为学校第八届学位评定委员会委员。

6 月，硕士研究生张梅通过论文答辩，获光学工程专业工学硕士学位。

7 月，参加学校第八届学位评定委员会第三次会议。

12 月，张雪飞通过论文答辩，获光学工程专业工学硕士学位。

2006 年

12 月，成功申请和承担了总装预研项目，开始旋转导航系统以及与之相适应的激光陀螺研究的研究。

2007 年

1 月，参加学校第八届学位评定委员会第七次会议。

4 月，参观中南大学科研工作。

7 月，参加学校第八届学位评定委员会第九次会议。

9 月，参加学校第八届学位评定委员会第十次会议。

12 月，博士研究生袁保伦通过毕业论文答辩，获光学工程专业工学博士学位。

同月，参加学校第八届学位评定委员会第十一次会议。

研制出空间四频激光陀螺（正三角形），性能比平面四频激光陀螺大幅提高。

2008 年

2 月 4 日，参加中国工程院院士陈火旺逝世告别仪式。

同月，博士研究生李广柱通过毕业论文答辩，获光学工程专业工学博士学位。

同月，参加学校第八届学位评定委员会第十三次会议。

同月，庆贺 80 岁生日，与老伴、学生等同游岳麓山。

10 月 6 日，参加学校第八届学位评定委员会第十四次会议。

同月 10 日，在长沙晚报召集的布衣座谈会上主题发言。发言主要内容：有条件支持禁摩限电；无条件支持发展公交与自行车；强烈要求大力限制汽车尤其是私人小汽车。受到与会者热烈欢迎。

12 月 5 日，在《科学时报》发表文章《对宇宙起源的一点看法》。

同月 19 日，参加学校第八届学位评定委员会第十五次会议。

同月，国防科大向高伯龙等从教 30 年以上的 47 名教员颁发荣誉证书。

撰写文章《用科学发展观统帅咨询工作》，被收入《中国工程院成立

15 周年论文集》。

2009 年

1 月 1 日，在《科学时报》发表文章《民主风格令人钦佩》。

3 月 2 日，出席国防科大光电科学与工程学院学科发展战略研讨会。

同月 31 日，参加学校第九届学位评定委员会第一次会议。

6 月 26 日，参加学校第九届学位评定委员会第二次会议。

9 月 1 日，在第 987 期《国防科大报》上发表文章《老老实实做事 清清白白做人——悼念原国防科技大学校长张良起教授》。

9 月 24 日，参加学校第九届学位评定委员会第三次会议。

2010 年

1 月9日，在《中国科学报》发表文章《对中国科技发展的思考和建议》。

3 月 9 日，应国防科大航天与材料工程学院于起峰院士邀请，率师生参观其实验室。

3 月 23 日，参加学校第九届学位评定委员会第五次会议。

同月，在京与上海中学同学聚会。

同月，参观于起峰院士新实验室。

4 月，为青海玉树地震灾区捐款 5000 元。

5 月，在《中国科学：技术 E 辑》发表学术论文 New Interpretation of Laser Gyro Drifts。

6 月 24 日，在《科学时报》发表文章《论文厚度未必就是“国际第一流”标志》。

12 月，博士研究生饶谷音、杨建强、王国臣、韩松来通过毕业论文答辩，获光学工程专业工学博士学位。

研制出首套空间四频激光陀螺双轴旋转惯导系统，取得高精度静态导航数据。

关注广义相对论问题，撰写 7000 余字论文《奇点质疑和反相对论的错误》。

2011年

4月2日，参加学校第九届学位评定委员会第九次会议。

同月，携夫人曾遂珍赴京参加母校清华大学百年校庆活动。

6月28日，参加学校第九届学位评定委员会第十次会议。

7月5日，接受《科学时报》记者采访。

7月26日，在《科学时报》发表《王老的敬业精神使我永志不忘——追忆与王大珩先生的最后一次接触》一文。

8月5日，在《科学时报》发表文章《动车撞车的背后的要害是大干快上》。

同月23日出版的第1078期《国防科大报》刊登长篇通讯《摘取高科技皇冠上的明珠——国防科技大学自主创新团队风采录》，其中介绍了高伯龙率领团队研制激光陀螺的事迹。

9月1日出版的第1079期《国防科大报》刊登在京举行的国防科技大学自主创新团队先进事迹报告会发言摘要，其中介绍了高伯龙艰苦奋斗20余年研制激光陀螺的事迹。

同月29日，参加学校第九届学位评定委员会第七次会议。

同月，所承担的总装“十一五”预研项目通过项目测试。

同月，博士研究生张梅通过毕业论文答辩，获光学工程专业工学博士学位。

12月，成功申请了总装备部两项、海军装备部一项重大项目（空间四频激光陀螺及旋转惯导系统）。

学校和学院庆祝高伯龙从教60周年。

2012年

1月9日，在《中国科学报》发表《对中国科技发展的思考和建议》5000字长文，就“指导思想、科学民主、原始创新、以我为主”等详细阐述自己的观点。

6月20日，参加学校第九届学位评定委员会第十四次会议，并就进一步完善学位论文评阅制度、加强学位论文质量监控发表意见。

同月，博士研究生张文通过毕业论文答辩，获光学工程专业工学博士学位。

开展广义相对论研究，向国家有关部门申请得到卫星定位的大量相关数据并进行分析处理，以检验光速不变性。

2013 年

9 月，国防科大通报表彰高伯龙（从教 60 年）等从教 30 年以上的 158 名教员。

继续进行广义相对论研究，开始考虑直接在同步卫星上开展相关实验。

附录二 高伯龙主要论著目录

[1] 岳宗五，胡昌国，高伯龙. 与钱学森先生商榷质能关系式的含义. 自然辩证法研究通讯，1958，02：6-10.

[2] 高伯龙. 激光陀螺的物理性能上下册（又名“环形激光讲义”）. 中国计量科学研究院刊印，1976.

[3] 高伯龙. DF透反仪（含附录）. 工学学报，1978，04：1-24.

[4] 高伯龙. 镀增透膜的一些原理问题. 工学学报，1978，04：43-51.

[5] 高伯龙. 激光陀螺的近似解析解. 工学学报，1979（增刊）：1-37.

[6] 激光教研室. 激光陀螺的现状与展望. 工学学报，1979，01：1-18.

[7] 激光教研室四频差动陀螺组. 外腔式四频差动激光陀螺的研制. 工学学报，1979，01：19-45.

[8] 高伯龙. 抖动偏频过锁区的理论分析. 工学学报，1979，01：47-64.

[9] 高伯龙. 碰撞式抖动台. 工学学报，1979，01：65-90.

[10] 高伯龙，王关根. 陀螺数据的数学处理. 工学学报，1979，01：91-106.

[11] 高伯龙，姜亚南. 朗缪尔流动的零漂效应. 国防科技大学学报，1980，04：33-50.

[12] 高伯龙，陈第安. 辉光放电的负阻振荡噪声. 国防科技大学学报，1980，01：1-19.

[13] 高伯龙，丁金星，董淑贞，史湘湘. 加衬层的三层增透膜. 工学学

报，1981，03：47－70.
[14] 高伯龙. 水晶片的几个光学性能（一）. 苏州全国激光陀螺会议1981.09，国防科技大学学报，1982，01：59－72.
[15] 高伯龙. 水晶片的几个光学性能（二）. 苏州全国激光陀螺会议，1981.09.
[16] 高伯龙. 四频差动陀螺的第二类闭锁效应. 苏州全国激光陀螺会议，1981.09.
[17] 高伯龙. 激光陀螺. 1981.04.
[18] 高伯龙. 四频差动陀螺的第二类闭锁效应. 国防科技大学学报，1982，01：37－57.
[19] 高伯龙. 激光陀螺的光栏效应（一）. 国防科技大学论文报告资料，1983.08，青岛激光陀螺会议，1984.
[20] 高伯龙，李树棠. 激光陀螺. 国防科学技术大学出版社，1984.
[21] 208 研究室. 微小热膨胀系数的光学测量. 国防科技大学论文报告资料，1984.08.
[22] 陈哲，高伯龙，石秀瑜，王纪武. 混合物薄膜折射率与膜孔洞率关系研究. 国防科技大学论文报告资料，1988.08.
[23] 高伯龙. 美国 SDI 的进展和一些关键技术. 物理，1991，09：537－541.
[24] 高伯龙，丁金星，龙兴武，曾明，周宁平. 全内腔绿（黄、橙）光 He－Ne 激光器. 光学学报，1995，15（12）：1617－1621.
[25] 高伯龙，丁金星，曾明，袁晓东，韩书忠. 高功率稳频激光管. 中国专利：CN107934A1，1995.05.28.
[26] 高伯龙. 激光陀螺演示. 国防科技大学档案馆，1998.09.30.
[27] 高伯龙、金世龙. 光波导的自洽场计算Ⅰ. 扩散型平面波导. 光学学报，1999，19（5）：626－632.
[28] 高伯龙、金世龙. 光波导的自洽场计算Ⅱ. 通道光波导. 光学学报，1999，19（7）：900－908.
[29] 高伯龙，张梅，张文. New interpretation of laser gyro drifts.Sci China Ser E－Tech Sci，2010，53（05）：1168－1175.

参考文献

专著、论文

[1] 岑溪高族理事会、岑溪高氏族谱第六次编修委员会. 高氏族谱. 2007.

[2] 陈旭相，主编. 岑溪市志. 广西人民出版社，1996.

[3] 李绍雄. 广西教育史料. 1946.

[4] 曹晓红，主编. 天长故事. 2007.

[5] 高伯龙. 中国工程院院士自述. 上海教育出版社，1998.

[6] 魏华龄、严申榜，主编. 任中敏与汉民中学. 漓江出版社，1995.

[7] 钱重耀、许佛曾，主编. 情系上中，萦念师长. 2005.

[8] 钱重耀、许佛曾，主编. 情系上中，感恩师长. 2010.

[9] 清华大学校史研究室. 清华大学史料选编（第四卷）. 清华大学出版社，1994.

[10] 贺崇铃，主编. 清华人物志（第三辑）. 清华大学出版社，1995.

[11] 李传信，主编. 清华人物志（第四辑）. 清华大学出版社，1996.

[12] 朱邦芬编. 清华物理八十年. 清华大学出版社，2006.

[13] 贺美英、王浒，主编. 峥嵘岁月. 清华大学出版社，2008.

[14] 孙哲，等，主编. 春风化雨——百名校友忆清华. 清华大学出版社，2011.

[15] 郑小惠，等，主编. 清华记忆. 清华大学出版社，2011.

[16] 毛泽东书信选集. 人民出版社，1984.

[17] 中国人民解放军国防科学技术工业委员会历史资料丛书·国防科学技术大学卷. 1995.
[18] 王延锋. “质能量”概念引起的争议及其背景分析. 中国科技史杂志，2010，31（3）.
[19] 滕叙兖. 哈军工传. 湖南科学技术出版社，2006.
[20] 任学文. 永远的“哈军工”. 国防科技大学出版社，2003.
[21] 朱亚宗. 中国工程技术的首创性瓶颈与出路——兼论大科学与小科学的辩证关系. 工程技术，2013（4）.
[22] 陈启智，主编. 国防科技大学，国防工业出版社，1993.
[23] 温熙森、黄献中，总编辑. 国防科技大学校史（续编 1993–2003）. 国防科技大学出版社，2003.
[24] 温熙森，主编. 国防科技大学研究生院院史（1984—1994）.
[25] 李屏南. 人物评价论. 岳麓书社，2000.
[26] 高伯龙. 论文厚度未必就是“国际第一流”的标志. 科学时报，2008–06–18.
[27] 高伯龙. 中国科技发展的思考和建议. 中国科学报，2012–01–09.
[28] 高伯龙. 老老实实做事，清清白白做人——悼念原国防科技大学校长张良起教授. 国防科大报，2009–09–01.
[29] 邓鸿林. 国内外绿光 He–Ne 激光器现状. 激光集锦，1993，3（3）.
[30] 全内腔绿光 He–Ne 激光器研讨会在宁召开. 激光集锦，1993，2（3）.
[31] 高伯龙. 王老的敬业精神使我永志不忘——追忆与王大珩院士的最后一次接触. 科学时报，2011–07–26.
[32] 高伯龙. 对宇宙起源的一点看法. 科学时报，2008–12–05.
[33] 高伯龙. 奇点质疑和反相对论的错误.

媒体报道

[34] 中央电视台. 专题片，东方时空·东方之子.
[35] 中央电视台. 专题片，走近高伯龙，人民子弟兵专栏.
[36] 马金铭、李治. “认真”成就精彩人生——记光电科学与工程学院光电信息系梁永辉教授. 国防科大报，2012–10–09.
[37] 王晓军. 208 实验室每天节水 20 吨. 国防科大报，1990–05–24.

[38] 王华. 品德的力量. 国防科大报，2012-04-17.

档案

[39] 高伯龙. 自传，1952-08. 国防科技大学档案馆所藏.
[40] 中国科学院应用物理研究所高伯龙的历史材料. 国防科技大学档案馆所藏.
[41] 军事工程学院. 审干结论，1956. 国防科技大学档案馆所藏.
[42] 清华大学. 一九五一年度第二学期应届毕业生登记表. 存于采集工程数据库.
[43] 军事工程学院. 教学干部学衔、薪金评定等级表，1956. 国防科技大学档案馆所藏.
[44] 中国科学院. 工作人员1953年年终鉴定表. 国防科技大学档案馆所藏.
[45] 中国科学院. 应用物理研究所对高伯龙情况的介绍. 国防科技大学档案馆所藏.
[46] 军事工程学院. 干部升调表，1955-11. 国防科技大学档案馆所藏.
[47] 军事工程学院. 教学干部职务、薪金评定等级表，1962-02. 国防科技大学档案馆所藏.
[48] 高伯龙在上海中学的情况，1960. 国防科技大学档案馆所藏.
[49] 军事工程学院. 干部鉴定，1961. 国防科技大学档案馆所藏.
[50] 所谓“高伯龙路线问题”，1961. 国防科技大学档案馆所藏.
[51] 军事工程学院. 职员定级、晋级报告表，1963-08. 国防科技大学档案馆所藏.
[52] 国防科技大学. 关于高伯龙同志问题的改正决定，1982-02. 国防科技大学档案馆所藏.
[53] 高伯龙同志在全体下放干部心得交流会上的发言提纲，1959-04-16. 国防科技大学档案馆所藏.
[54] 奋斗不息——记国防科技大学教授、中国工程院院士高伯龙，2011. 国防科技大学光电科学与工程学院所藏.
[55] 四频差动激光陀螺是实验室样机国家级科学技术奖申报书，1987-01. 国防科技大学光电科学与工程学院所藏.
[56] 四频差动激光陀螺工程样机研制报告，1994-11-10. 国防科技大学光电科学与工程学院所藏.
[57] 科技成果奖励申请报告书，1984-12-13. 国防科技大学光电科学与工程学院

所藏.
[58] 四频差动激光陀螺研制过程中所解决的主要理论和技术问题，1983–11. 国防科技大学光电科学与工程学院所藏.
[59] 激光陀螺仪捷联惯导系统研究，1987. 国防科技大学光电科学与工程学院所藏.
[60] DF 透反仪国家发明推荐书，1987–03–14. 国防科技大学光电科学与工程学院所藏.
[61] 科学研究完成项目（课题）登记表，1984–12–13. 国防科技大学光电科学与工程学院所藏.
[62] 高伯龙给丁衡高的信，1987–12–09. 国防科技大学光电科学与工程学院所藏.
[63] 激光陀螺“七五”研制总结，1991–10–18. 国防科技大学光电科学与工程学院所藏.
[64] 关于“八五”重点预研课题的建议之一，1989–10–24. 国防科技大学光电科学与工程学院所藏.
[65] 国防科技大学科学研究项目开题报告，1987–02–06. 国防科技大学光电科学与工程学院所藏.
[66] 国家高技术 863–409 直属主题项目课题研究总结，1990–03–10. 国防科技大学光电科学与工程学院所藏.
[67] 激光陀螺立项评议纪要，1991–12–10. 国防科技大学光电科学与工程学院所藏.
[68] 全内腔绿（黄橙红）光 He–Ne 激光器研制报告，1994–10–29. 国防科技大学光电科学与工程学院所藏.
[69] 全内腔绿（黄橙红）光 He–Ne 激光器鉴定意见，1994–10–29. 国防科技大学光电科学与工程学院所藏.
[70] 国防科技大学. 中国工程院院士候选人提名推荐书，1996–12. 国防科技大学光电科学与工程学院所藏.
[71] 国防科技预研任务综合论证报告，1990–05–10. 国防科技大学光电科学与工程学院所藏.
[72] 光纤陀螺联合项目协议，1991–07–20. 国防科技大学光电科学与工程学院所藏.
[73] 激光陀螺“八五”技术攻关实施方案，1991–10–23. 国防科技大学光电科学

与工程学院所藏.
[74] 激光技术重点实验室建设规划，1985. 国防科技大学光电科学与工程学院所藏.
[75] 低吸收耐强激光镀层研究项目申请书，1990-10-31. 国防科技大学光电科学与工程学院所藏.
[76] 空间环路四频差动激光陀螺的研制. 国防科技大学光电科学与工程学院所藏.
[77] 高伯龙 2000 年后的科研工作. 国防科技大学光电科学与工程学院所藏.
[78] 国防科技 863 重点实验室建设项目申请书，1993. 国防科技大学光电科学与工程学院所藏.
[79] 秦石乔. 2011 年主要业绩. 国防科技大学光电科学与工程学院所藏.
[80] 秦石乔. 军官任免、晋衔报告表. 国防科技大学光电科学与工程学院所藏.
[81] 龙兴武. 先进典型材料，2005-05-19. 国防科技大学光电科学与工程学院所藏.
[82] 罗晖. 教育部新世纪优秀人才支持计划申请书，2010-12-03. 国防科技大学光电科学与工程学院所藏.
[83] 光电科学与工程学院主要研究方向科研发展史. 国防科技大学光电科学与工程学院所藏.
[84] 七机部一院 12 所与国防科技大学二系关于“研制激光陀螺”的协议书，1980-04-15. 国防科技大学光电科学与工程学院所藏.
[85] 国防科技大学二系与机械电子工业部 44 所协作协议书，1991-10-25. 国防科技大学光电科学与工程学院所藏.
[86] 七机部一院 12 所与国防科技大学二系关于“研制激光陀螺”的补充协议，1982-02-11. 国防科技大学光电科学与工程学院所藏.
[87] 航天工业部 12 所与国防科技大学二系关于“研制四频差动激光陀螺工程样机”的协议，1984-03-05. 国防科技大学光电科学与工程学院所藏.
[88] 航天航空工业部 8357 所与国防科技大学二系签订的协议，1988-11-07. 国防科技大学光电科学与工程学院所藏.
[89] 内腔型四频差动激光陀螺小型化工程样机验收报告，1990-11-25. 国防科技大学光电科学与工程学院所藏.
[90] 一九八八年度惯性技术应用、基础研究资助项目（课题）技术合同，1988-11-28. 国防科技大学光电科学与工程学院所藏.
[91] 208 研究室与三系航天控制教研室（303 室）协议书. 国防科技大学光电科

学与工程学院所藏.
[92] 科研成果项目人员情况登记表，1985-01-03. 国防科技大学光电科学与工程学院所藏.
[93] 广播电影电视部对全国政协委员高伯龙提案的答复，1988-06-09. 国防科技大学光电科学与工程学院所藏.
[94] 国家统计局对高伯龙等全国政协委员提案的答复，1988-06-17. 国防科技大学光电科学与工程学院所藏.
[95] 全国政协办公厅对高伯龙等全国政协委员提案的答复，1988-12-02. 国防科技大学光电科学与工程学院所藏.
[96] 高伯龙给高寿祖的信，1989-09-28. 国防科技大学光电科学与工程学院所藏.
[97] 高伯龙给安希临、曾淳的信，1989-03-17. 国防科技大学光电科学与工程学院所藏.
[98] 高伯龙给安希临、曾淳的信，1989-08-24. 国防科技大学光电科学与工程学院所藏.
[99] 高伯龙致光电科学与工程学院学位分委员会及博士生导师的建议，2012-06-26. 国防科技大学光电科学与工程学院所藏.
[100] 上海中学 1948 届理科乙班毕业 60 周年纪念册，2008-04. 国防科技大学光电科学与工程学院所藏.

后记

承蒙高伯龙院士所在国防科技大学光电科学与工程学院领导的信任，邀我执笔撰写高伯龙院士学术成长传记。初接该学院领导约我撰稿的电话时，并不知有“老科学家学术成长资料采集工程”此一浩大之举，更遑论知其重大意义和具体要求。及至2012年11月参与上海会议，经现场观摩聆听该工程首批结题单位之汇报答辩、专家组各位专家的评审意见，方知其要求之高、难度之大。如今回头一想，若事先知其轻重深浅，或不致贸然应承撰稿之事。

自上海会议后，心情便沉重紧迫起来。而负具体组织筹划之责的光电科学与工程学院政治工作办公室主任徐晓林同志亦多次召集采集小组工作会议，具体研究部署校内外采访、各类资料收集整理等工作。至此，各项工作始进入紧锣密鼓实施阶段。而传记的撰写则必须以资料尽可能收集完备为前提。大致结束校内采访之后，光电科学与工程学院政治工作办公室副主任刘和旭同志带领采集工作小组部分同志王晓军、徐玉海（摄像）、赵志鹏，于2013年1月14日启程赴广西岑溪谢村高伯龙院士老家采访，后至桂林，采访高伯龙院士曾就读的中学、小学及中学校友，并于桂林市档案馆寻得若干资料。3月12日，刘和旭复率采集工作小组成员王晓军、周升、周富敬（摄像）往杭州、上海、北京等地采访。此次采访成果更丰。于杭州天长小学、上海中学、上海市档案馆等处皆得重要史料，而在京有幸采访到朱起鹤院士、何祚庥院士等高伯龙院士的多年同事、大中学校友多人，亦于国家图书馆查得有用资料。清华大学宣传部、物理系、校史馆均热情接待，并提供珍贵史料。在湖南图书馆亦查得相关史料。加之校内采访及高伯龙院士前任学术秘书张梅博士提供的电子版、纸质档案材料，撰写传记之前期准备工作大体就绪。虽仅得允采访高伯龙院士两次，不足十小时，却亦更显珍贵。

然撰写过程并非一帆风顺，自始至终未有一蹴而就之快意。因撰稿者究非激光陀螺研究中人，其曲折历程、其艰深理论、其复杂工艺技术等等终觉隔膜，更时受资料匮乏之困扰。好在近半年终日钻研资料，细读访谈，浸润其中，虽多遇阻滞，亦能有机连缀成篇，间或据事有所阐发。查日记所载，4 月 2 日始动笔写第一章，12 日毕。14 日撰第二章，5 月 10 日毕。其后作资料准备，至 5 月 24 日始撰第三章，6 月 9 日毕。此时从张梅处再得极为珍贵的电子版及纸质科研档案资料，皆为后面各章撰稿所需。乃一一清理归类，纸质者且需一字一字录入电脑。此资料整理工作竟费去 50 余天功夫，录入电脑者达 20 余万字。暑假期间碌碌于此，身心俱疲，且染荨麻疹，又逢 50 日无雨酷暑，甚苦。然亦为后面各章撰写奠定了扎实基础。8 月 1 日始撰第四章，11 日毕。16 日始撰第五章，其间该章结构亦作变更，将其中一节扩为第七章。第六章反是最后写成的。全稿初成后又从头梳理，各章皆有增删改动。大致定稿已至 10 月 12 日。延宕数日始撰结语、后记，后又充实修改年表，选配图片。至此，承担的工作基本完成。虽不敢言“殚精竭虑”，然亦确常“寝食不安”。且愈近终稿，心愈忐忑，因不知能达要求否。若非，则有负光电科学与工程学院领导之信任，有负采集工作小组之期望，亦负撰稿者本人半年孜孜之劳碌。

回顾历时约两年的资料采集工作，课题组曾数度向采集工程专家组汇报工作进展情况，聆听专家意见，不断改进完善有关工作，并于 2013 年 11 月如期通过专家组的结题答辩，获“良好”评价。至此，高伯龙学术成长资料采集小组也算较为圆满地完成了采集工程所赋予的任务。在此，要衷心感谢组织策划、采访事宜协调、提供资料、据采访录音整理出文字稿的诸多同志。如丁金星等多年跟随高伯龙研制激光陀螺的团队成员和秦石乔、罗晖等高伯龙院士的学生以及校外诸多老同志欣然接受采访，提供了大量珍贵的历史回忆资料；如刘和旭为两次校外采访做了大量联系协调工作，并在率队外出采访期间根据情况变化果断作出调整安排；如激光陀螺研究所协理员滕庆华，光电科学与工程学院政治办公室干事马金铭、赵志鹏，均为校内采访做了大量计划、协调、联系事宜；如高伯龙院士的前任学术秘书张梅博士提供了大量档案资料；如高伯龙院士的现任学术秘书饶谷音博士撰写提供了高院士论著内容简介和高院士部分学生的博士学位论文内容摘要；如高伯龙院士的学生王国臣博士、袁保伦博士分别撰写提供了高伯龙院士研制空间四频激光陀螺、旋转式惯导系统等有关材料；如国防科大研究生院吴丹同志提供了高院士历年培养的学生被授予博士、硕士学位的名录；如何思洁、孙亚莉等同志分别承担了将采访录音整理成文字稿的工作。另外，国防科大校报编辑部的张龙同志也在资料收集等工作中提供了支持帮助。没有上述各位领导和同志的具体支持和帮助，仅凭撰稿者一人之力，断难完成如此繁重之任务。

此次参与高伯龙学术成长资料采集小组的工作并承担研究报告撰稿任务，收获体会良多。而最大的感受乃是由对高伯龙院士日渐加深的了解，进而对他的学问、品格、贡献产生由衷的景仰。唯愿中国科技界涌现愈来愈多像高伯龙院士这样学问精深、矢志报国、始终不渝的一流科学家。如此，中国立于世界科技发展潮头之日可待，中华民族伟大复兴之日可期。

王晓军

2013 年 11 月 30 日于长沙

老科学家学术成长资料采集工程丛书

已出版（76种）

《卷舒开合任天真：何泽慧传》
《从红壤到黄土：朱显谟传》
《山水人生：陈梦熊传》
《做一辈子研究生：林为干传》
《剑指苍穹：陈士橹传》

《情系山河：张光斗传》
《金霉素·牛棚·生物固氮：沈善炯传》
《胸怀大气：陶诗言传》
《本然化成：谢毓元传》
《一个共产党员的数学人生：谷超豪传》

《含章可贞：秦含章传》
《精业济群：彭司勋传》
《肝胆相照：吴孟超传》
《新青胜蓝惟所盼：陆婉珍传》
《核动力道路上的垦荒牛：彭士禄传》

《探赜索隐　止于至善：蔡启瑞传》
《碧空丹心：李敏华传》
《仁术宏愿：盛志勇传》
《踏遍青山矿业新：裴荣富传》
《求索军事医学之路：程天民传》

《一心向学：陈清如传》
《许身为国最难忘：陈能宽》
《钢锁苍龙　霸贯九州：方秦汉传》
《一丝一世界：郁铭芳传》
《宏才大略：严东生传》

《此生情怀寄树草：张宏达传》
《梦里麦田是金黄：庄巧生传》
《大音希声：应崇福传》
《寻找地层深处的光：田在艺传》
《举重若重：徐光宪传》

《魂牵心系原子梦：钱三强传》
《往事皆烟：朱尊权传》
《智者乐水：林秉南传》
《远望情怀：许学彦传》
《没有盲区的天空：王越传》

《行有则　知无涯：罗沛霖传》
《为了孩子的明天：张金哲传》
《梦想成真：张树政传》
《情系粱菽：卢良恕传》
《笺草释木六十年：王文采传》

《妙手生花：张涤生传》
《硅芯筑梦：王守武传》
《云卷云舒：黄士松传》
《让核技术接地气：陈子元传》
《论文写在大地上：徐锦堂传》

《铃记：张兴铃传》
《寻找沃土：赵其国传》
《虚怀若谷：黄维垣传》
《乐在图书山水间：常印佛传》
《碧水丹心：刘建康传》

《我的气象生涯：陈学溶百岁自述》
《赤子丹心 中华之光：王大珩传》
《根深方叶茂：唐有祺传》
《大爱化作田间行：余松烈传》
《格致桃李半公卿：沈克琦传》
《躬行出真知：王守觉传》
《草原之子：李博传》
《我的教育人生：申泮文百岁自述》
《阡陌舞者：曾德超传》
《妙手握奇珠：张丽珠传》
《追求卓越：郭慕孙传》
《走向奥维耶多：谢学锦传》
《绚丽多彩的光谱人生：黄本立传》

《宏才大略 科学人生：严东生传》
《航空报国 杏坛追梦：范绪箕传》
《聚变情怀终不改：李正武传》
《真善合美：蒋锡夔传》
《治水殆与禹同功：文伏波传》
《用生命谱写蓝色梦想：张炳炎传》
《远古生命的守望者：李星学传》
《探究河口 巡研海岸：陈吉余传》
《胰岛素探秘者：张友尚传》
《一个人与一个系科：于同隐传》
《究脑穷源探细胞：陈宜张传》
《星剑光芒射斗牛：赵伊君传》
《蓝天事业的垦荒人：屠基达传》